市制町村制 府県制
【昭和6年初版】

由多仁吉之助 編輯

地方自治法研究
復刊大系〔第二七五巻〕

市制町村制 府県制

〔昭和六年初版〕

日本立法資料全集 別巻 1085

信山社

市制町村制
府縣制

藤谷書店

市制町村制目次

●府縣制目次

●市制（明治四十四年四月七日法律第六十八條）

改正　大正一〇年第五八號、一一年第五六號
　　　一五年第七四號、昭和四年第五六號

朕帝國議會ノ協賛ヲ經タル市制改正法律ヲ裁可シ茲ニ之ヲ公布セシム

市制

第一章　總則

第一款　市及其ノ區域

第一條　市ハ從來ノ區域ニ依ル

第二條　市ハ法人トス官ノ監督ヲ承ケ法令ノ範圍内ニ於テ其ノ公共事務竝從來法令又ハ慣例ニ依リ及將來法律勅令ニ依リ市ニ屬スル事務ヲ處理ス

第三條　市ノ廢置分合ヲ爲サムトスルトキハ關係アル市町村及府縣參事會ノ意見ヲ徵シテ内務大臣之ヲ定ム

前項ノ場合ニ於テ財產アルトキハ其ノ處分ハ關係アル市町村會ノ意見ヲ徵シ府縣參事會ノ議決ヲ經テ府縣知事之ヲ定ム

（大正十五年法律第七十四號ヲ以テ本項中改正）

第四條　市ノ境界變更ヲ爲サムトスルトキハ府縣知事ハ關係アル市町村會ノ意見ヲ徵シ府縣參事會ノ議決ヲ經内務大臣ノ許可ヲ得テ之ヲ定ム所屬未定地ヲ市ノ區域ニ編入セムトスルトキ亦同シ

前項ノ場合ニ於テ財產アルトキ其ノ處分ニ關シテハ前條第二項ノ例ニ依ル（同上）

第五條　市ノ境界ニ關スル爭論ハ府縣參事會之ヲ裁定ス其ノ裁定ニ不服アル市町村ハ行政裁判所ニ出訴スルコトヲ得

市ノ境界判明ナラサル場合ニ於テ前項ノ爭論ナキトキハ府縣知事ハ府縣參事會ノ決定ニ付スヘシ其ノ決定ニ不服アル市町村ハ行政裁判所ニ出訴スルコトヲ得

第一項ノ裁定及前項ノ決定ハ文書ヲ以テ之ヲ爲シ其ノ理由ヲ附シ之ヲ關係市町村ニ交付スヘシ

第一項ノ裁定及第二項ノ決定ニ付テハ府縣知事ヨリモ訴訟ヲ提起スルコトヲ得

第六條　勅令ヲ以テ指定スル市ノ區ハ之ヲ法人トス其ノ財產及營造物ニ關スル事務其ノ他法令ニ依リ區ニ屬スル事務ヲ處理ス

區ノ廢置分合又ハ境界變更其ノ他ノ境界ニ關シテハ前二條ノ規定ヲ準用ス但シ第四條ノ規定ヲ準用スル場合ニ於テハ關係アル市會ノ意見ヲモ徵スヘシ

第七條　市ハ其ノ名稱ヲ變更セムトスルトキハ内務大臣ノ許可ヲ受クヘシ（大正十五年法律第七十四號ヲ以テ本條第二、三項削除）

第二款　市住民及其ノ權利義務

第八條　市内ニ住所ヲ有スル者ハ其ノ市住民トス

市住民ハ本法ニ從ヒ市ノ財産及營造物ヲ共用スル權利ヲ有シ市ノ負擔ヲ分任スル義務ヲ負フ

第九條　帝國臣民タル年齢二十五年以上ノ男子ニシテ二年以來市住民タル者ハ其ノ市公民トス但シ左ノ各號ノ一ニ該當スル者ハ此ノ限ニ在ラス（大正十五年法律第七十四號ヲ以テ全條改正）

一　禁治産者及準禁治産者

二　破産者ニシテ復權ヲ得サル者

三　貧困ニ因リ生活ノ爲公私ノ救助ヲ受ケ又ハ扶助ヲ受クル者

四　一定ノ住居ヲ有セサル者

五　六年ノ懲役又ハ禁錮以上ノ刑ニ處セラレタル者

六　刑法第二編第一章、第三章、第九章、第十六章乃至第二十一章、第二十五章又ハ第三十六章乃至第三十九章ニ掲クル罪ヲ犯シ六年未滿ノ懲役ノ刑ニ處セラレ其ノ執行ヲ終リ又ハ執行ヲ受クルコトナキニ至リタル後其ノ刑期ノ二倍ニ相當スル期間ヲ經過スルニ至ル迄ノ者但シ其ノ期間五年ヨリ短キトキハ五年トス

七　六年未滿ノ禁錮ノ刑ニ處セラレ又ハ前號ニ掲クル罪ヲ犯シ六年未滿ノ懲役ノ刑ニ處セラレ其ノ執行ヲ終リ又ハ執行ヲ受クルコトナキニ至ル迄ノ者

市ハ前項二年ノ制限ヲ特免スルコトヲ得

第一項二年ノ期間ハ市町村ノ廢置分合又ハ境界變更ノ爲中斷セラルルコトナシ

第十條　市公民ハ市ノ選擧ニ參與シ市ノ名譽職ニ選擧セラルル權利ヲ有シ市ノ名譽職ヲ擔任スル義務ヲ負フ

左ノ各號ノ一ニ該當セサル者ニシテ名譽職ノ當選ヲ辭シ又ハ其ノ職ヲ辭シ若ハ其ノ職務ヲ實際ニ執行セサルトキハ市ハ一年以上四年以下其ノ市公民權ヲ停止スルコトヲ得（大正十五年法律第七十四號ヲ以テ本項中改正）

一　疾病ニ罹リ公務ニ堪ヘサル者

二　業務ノ爲常ニ市内ニ居ルコトヲ得サル者

三　年齢六十年以上ノ者

四　官公職ノ爲市ノ公務ヲ執ルコトヲ得サル者

五　四年以上名譽職市吏員、名譽職參事會員、市會議員又ハ區會議員ノ職ニ任シ爾後同一ノ期間ヲ經過セサル者

六　其ノ他市會ノ議決ニ依リ正當ノ理由アリト認ムル者

前項ノ處分ヲ受ケタル者其ノ處分ニ不服アルトキハ府縣參事會ニ訴願シ其ノ裁決ニ不服アルトキハ行政裁判所ニ出訴スルコトヲ得

第二項ノ處分ハ其ノ確定ニ至ル迄執行ヲ停止ス

第三項ノ裁決ニ付テハ府縣知事又ハ市長ヨリモ訴訟ヲ提起スルコトヲ得

第十一條　陸海軍人ニシテ現役中ノ者（未タ入營セサル者及歸休下士官兵ヲ除ク）及戰時若ハ事變ニ際シ招集中ノ者ハ市ノ公務ニ參與スルコトヲ得ス兵籍ニ編入セラレタル學生生徒（勅令ヲ以テ定ムル者ヲ除ク）及志願ニ依リ國民軍ニ編入セラレタル者亦同シ（大正十五年法律第七十四號ヲ以テ改正）

第三款　市條例及市規則

第十二條　市ハ市住民ノ權利義務又ハ市ノ事務ニ關シ市條例ヲ設クルコトヲ得

市ハ市ノ營造物ニ關シ市條例ヲ以テ規定スルモノノ外市規則ヲ設クルコトヲ得

市條例及市規則ハ一定ノ公式ニ依リ之ヲ告示スヘシ

第二章　市會

第一款　組織及選擧

第十三條　市會議員ハ其ノ被選擧權アル者ニ就キ選擧人之ヲ選擧ス

議員ノ定數左ノ如シ（大正十年法律第五十八號ヲ以テ本項改正）

一　人口五萬未滿ノ市　三十人
二　人口五萬以上十五萬未滿ノ市　三十六人
三　人口十五萬以上二十萬未滿ノ市　四十人
四　人口二十萬以上三十萬未滿ノ市　四十四人
五　人口三十萬以上ノ市　四十八人

人口三十萬ヲ超ユル市ニ於テハ人口十萬、人口五十萬ヲ超ユル市ニ於テハ人口二十萬ヲ加フル毎ニ議員四人ヲ增加ス（同上）

議員ノ定數ハ總選擧ヲ行フ場合ニ非サレハ之ヲ增減セス但シ著シク人口ノ增減アリタル場合ニ於テ內務大臣ノ許可ヲ得タルトキハ此ノ限ニ在ラス

第十四條　市公民ハ總テ選擧權ヲ有ス但シ公民權停止中ノ者又ハ第十一條ノ規定ニ該當スル者ハ此ノ限ニ在ラス（大正十年法律第五十八號同十五年第七十四號ヲ以テ改正）

第十五條　（大正十五年法律第七十四號ヲ以テ削除）

第十六條　市ハ市條例ヲ以テ選擧區ヲ設クルコトヲ得（大正十年法律第五十八號同十五年第七十四號ヲ以テ本號改正）

選擧區ノ數及其ノ區域竝各選擧區ヨリ選出スル議員數ハ前項ノ市條例中ニ之ヲ規定スヘシ

第六條ノ市ニ於テハ區ヲ以テ選擧區トス其ノ各選擧區ヨリ選出スル議員數ハ市條例ヲ以テ之ヲ定ムヘシ

選擧人ハ住所ニ依リ所屬ノ選擧區ヲ定ム第七十六條又ハ第七

十九條第二項ノ規定ニ依リ市公民タル者ニシテ市內ニ住所ヲ有セサル者ニ付テハ市長ハ本人ノ申出ニ依リ其ノ申出ナキトキハ職權ニ依リ其ノ選擧區ヲ定ムヘシ（大正十年法律第五十八號ヲ以テ改正）

被選擧人ハ各選擧區ニ通シテ選擧セラルルコトヲ得

第十七條　特別ノ事情アルトキハ市ハ區劃ヲ定メテ投票分會ヲ設クルコトヲ得（大正十五年法律第七十四號ヲ以テ本條改正）

第十八條　選擧權ヲ有スル市公民ハ被選擧權ヲ有ス（同上）

在職ノ檢事、警察官吏及收稅官吏ハ被選擧權ヲ有セス

選擧事務ニ關係アル官吏及市ノ有給吏員ハ其ノ關係區域內ニ於テ被選擧權ヲ有セス

市ノ有給ノ吏員敎員其ノ他ノ職員ニシテ在職中ノ者ハ其ノ市ノ市會議員ヲ相兼ヌルコトヲ得ス

第十九條　市會議員ハ名譽職トス

議員ノ任期ハ四年トシ總選擧ノ日ヨリ之ヲ起算ス（大正十五年法律第七十四號ヲ以テ本項改正）

議員ノ定數ニ異動ヲ生シタル爲解任ヲ要スル者アルトキハ市長抽籤シテ之ヲ定ム但シ闕員アルトキハ其ノ闕員ヲ以テ之ニ充ツヘシ（同上）

前項但書ノ場合ニ於テ闕員ノ數解任ヲ要スル者ノ數ニ滿チサルトキハ其ノ不足ノ員數ニ付市長抽籤シテ解任スヘキ者ヲ定メ闕員ノ數解任ヲ要スル者ノ數ヲ超ユルトキハ解任ヲ要スル者ニ充ツヘキ闕員ハ最モ先ニ闕員ト爲リタル者ヨリ順次之ニ充テ闕員ト爲リタル時同シトキハ市長抽籤シテ之ヲ定ム（同上ヲ以テ本項追加）

議員ノ定數ニ異動ヲ生シタル爲解任ヲ要スル者アル場合ニ於テ選擧區アルトキハ第十六條ノ市條例中ニ其ノ解任ヲ要スル者ノ選擧區ヲ規定シ市長抽籤シテ之ヲ定ム但シ解任ヲ要スル者ノ選擧區ニ闕員アリタルトキハ其ノ闕員ヲ以テ之ニ充ツヘシ此ノ場合ニ於テハ前項ノ例ニ依ル（同上）

議員ノ定數ニ異動ヲ生シタル爲新ニ選擧セラレタル議員ハ總選擧ニ依リ選擧セラレタル議員ノ任期滿了ノ日迄在任ス

選擧區又ハ其ノ配當議員數ノ變更アリタル場合ニ於テ之ニ關シ必要ナル事項ハ第十六條ノ市條例中ニ之ヲ規定スヘシ

第二十條　市會議員中闕員ヲ生シタル場合ニ於テ第三十條第二項ノ規定ノ適用ヲ受ケタル得票者ニシテ當選者ト爲ラサリシ者アルトキハ直ニ選擧會ヲ開キ其ノ者ノ中ニ就キ當選者ヲ定ムヘシ此ノ場合ニ於テハ第三十三條第三項及第四項ノ規定ヲ準用ス

前項ノ規定ノ適用ヲ受クル者ナク若ハ前項ノ規定ノ適用ニ依リ當選者ヲ定ムルモ仍其ノ闕員カ議員ノ定數ノ六分ノ一ヲ超ユルニ至リタルトキ又ハ市長若ハ市會ニ於テ必要ト認ムルト

キハ補闕選擧ヲ行フヘシ

第三十三條第五項及第六項ノ規定ハ補闕選擧ニ之ヲ準用ス

補闕議員ハ其ノ前任者ノ殘任期間在任ス

選擧區アル場合ニ於テハ補闕議員ハ前任者ノ選擧セラレタル選擧區ニ於テ之ヲ選擧スヘシ

第二十一條　市長ハ毎年九月十五日ノ現在ニ依リ選擧人名簿ヲ調製スヘシ但シ選擧區アルトキハ選擧區毎ニ之ヲ調製スヘシ

第六條ノ市ニ於テハ市長ハ區長ヲシテ前項ノ例ニ依リ選擧人名簿ヲ調製セシムヘシ

(同上)

選擧人名簿ニハ選擧人ノ氏名、住所及生年月日等ヲ記載スヘシ

第二十一條ノ二　市長ハ十一月五日ヨリ十五日間市役所(第六條ノ市ニ於テハ區役所)又ハ其ノ指定シタル場所ニ於テ選擧人名簿ヲ關係者ノ縱覽ニ供スヘシ(大正十五年法律第七十四號ヲ以テ追加)

市長ハ縱覽開始ノ日前三日目迄ニ縱覽ノ場所ヲ告示スヘシ

第二十一條ノ三　選擧人名簿ニ關シ關係者ニ於テ異議アルトキハ縱覽期間内ニ之ヲ市長(第六條ノ市ニ於テハ區長ヲ經テ)ニ申立ツルコトヲ得此ノ場合ニ於テハ市長ハ其ノ申立ヲ受ケタル日ヨリ十四日以内ニ之ヲ決定シ名簿ノ修正ヲ要スルトキハ直ニ之ヲ修正シ第六條ノ市ニ於テハ區長ヲシテ之ヲ修正セシムヘシ

前項ノ決定ニ不服アル者ハ府縣參事會ニ訴願シ其ノ裁決ニ不服アル者ハ行政裁判所ニ出訴スルコトヲ得

前項ノ裁決ニ付テハ府縣知事又ハ市長ヨリモ訴訟ヲ提起スルコトヲ得

第一項ノ規定ニ依リ決定ヲ爲シタルトキハ市長ハ直ニ其ノ要領ヲ告示シ第六條ノ市ニ於テハ區長ヲシテ之ヲ告示セシムヘシ同項ノ決定ニ依リ名簿ヲ修正シタルトキ亦同シ(昭和四年法律第五十六號ヲ以テ改正)

第二十一條ノ四　選擧人名簿ハ十二月二十五日ヲ以テ確定ス

(同上)

選擧人名簿ハ次年ノ十二月二十四日迄之ヲ据置クヘシ

前條第二項又ハ第三項ノ場合ニ於テ裁決確定シ又ハ判決アリタルニ依リ名簿ノ修正ヲ要スルトキハ市長ハ直ニ之ヲ修正シ第六條ノ市ニ於テハ區長ヲシテ之ヲ修正セシムヘシ

前項ノ規定ニ依リ名簿ヲ修正シタルトキハ市長ハ直ニ其ノ要領ヲ告示シ第六條ノ市ニ於テハ區長ヲシテ之ヲ告示セシムヘシ

投票分會ヲ設クル場合ニ於テ必要アルトキハ市長ハ確定名簿ニ依リ分會ノ區劃毎ニ名簿ノ抄本ヲ調製シ第六條ノ市ニ於テ

ハ區長ヲシテ之ヲ調製セシムヘシ

第二十一條ノ五　第二十一條ノ三ノ場合ニ於テ決定若ハ裁決確定シ又ハ判決アリタルニ依リ選擧人名簿無效ト爲リタルトキハ更ニ名簿ヲ調製スヘシ(同上)

天災事變等ノ爲必要アルトキハ更ニ名簿ヲ調製スヘシ

前二項ノ規定ニ依ル名簿ノ調製、縱覽、確定及異議ノ決定ニ關スル期日及期間ハ府縣知事ノ定ムル所ニ依ル

市ノ廢置分合又ハ境界變更アリタル場合ニ於テ名簿ニ關シ其ノ分合其ノ他必要ナル事項ハ命令ヲ以テ之ヲ定ム

第二十二條　市長ハ選擧ノ期日前七日目(第三十九條ノ二ノ市ニ於テハ二十日目)迄ニ選擧會場(投票分會場ヲ含ム以下之ニ同シ)、投票ノ日時及選擧スヘキ議員數(選擧區アル場合ニ於テハ各選擧區ニ於テ選擧スヘキ議員數)ヲ告示スヘシ投票分會ヲ設クル場合ニ於テハ併セテ其ノ區劃ヲ告示スヘシ(大正十五年法律第七十四號ヲ以テ全條改正)

總選擧ニ於ケル各選擧區ノ投票ハ同日時ニ之ヲ行フ

投票分會ノ投票ハ選擧會ト同日時ニ之ヲ行フ

天災事變等ノ爲投票ヲ行フコト能ハサルトキ又ハ更ニ投票ヲ行フノ必要アルトキハ市長ハ其ノ投票ヲ行フヘキ選擧會又ハ投票分會ノミニ付更ニ期日ヲ定メ投票ヲ行ハシムヘシ此ノ場合ニ於テ選擧會場及投票ノ日時ハ選擧ノ期日前五日目迄ニ之ヲ告示スヘシ

第二十三條　市長ハ選擧長ト爲リ選擧會ヲ開閉シ其ノ取締ニ任ス

各選擧區ノ選擧會ハ市長又ハ其ノ指名シタル吏員(第六條ノ市ニ於テハ區長)選擧長ト爲リ之ヲ開閉シ其ノ取締ニ任ス

市長(第六條ノ市ニ於テハ區長)ハ選擧人名簿ニ登錄セラレタル者ノ中ヨリ二人乃至四人ノ選擧立會人ヲ選任スヘシ但シ選擧區アルトキハ各別ニ選擧立會人ヲ設クヘシ(大正十五年法律第七十四號ヲ以テ本項改正)

投票分會ハ市長ノ指名シタル吏員投票分會長ト爲リ之ヲ開閉シ其ノ取締ニ任ス(同上)

市長(第六條ノ市ニ於テハ區長)ハ分會ノ區劃內ニ於ケル選擧人名簿ニ登錄セラレタル者ノ中ヨリ二人乃至四人ノ投票立會人ヲ選任スヘシ(同上)

選擧立會人及投票立會人ハ名譽職トス(同上ヲ以テ追加)

第二十四條　選擧人ニ非サル者ハ選擧會場ニ入ルコトヲ得ス但シ選擧會場ノ事務ニ從事スル者、選擧會場ヲ監視スル職權ヲ有スル者又ハ警察官吏ハ此ノ限ニ在ラス

選擧會場ニ於テ演說討論ヲ爲シ若ハ喧擾ニ涉リ又ハ投票ニ關シ協議若ハ勸誘ヲ爲シ其ノ他選擧會場ノ秩序ヲ紊ス者アルトキハ選擧長又ハ投票分會長ハ之ヲ制止シ命ニ從ハサルトキハ之ヲ選擧會場外ニ退出セシムヘシ(大正十五年法律第七十四

號ヲ以テ本項中改正）
前項ノ規定ニ依リ退出セシメラレタル者ハ最後ニ至リ投票ヲ爲スコトヲ得但シ選擧長又ハ投票分會長會場ノ秩序ヲ紊スノ虞ナシト認ムル場合ニ於テ投票ヲ爲サシムルヲ妨ケス（同上）

第二十五條　選擧ハ無記名投票ヲ以テ之ヲ行フ
投票ハ一人一票ニ限ル
選擧人ハ選擧ノ當日投票時間内ニ自ヲ選擧會場ニ到リ選擧人名簿又ハ其ノ抄本ノ對照ヲ經テ投票ヲ爲スヘシ
投票時間内ニ選擧會場ニ入リタル選擧人ハ其ノ時間ヲ過クルモ投票ヲ爲スコトヲ得
選擧人ハ選擧會場ニ於テ投票用紙ニ自ラ被選擧人一人ノ氏名ヲ記載シテ投函スヘシ（同上）
投票ニ關スル記載ニ付テハ勅令ヲ以テ定ムル點字ハ之ヲ文字ト看做ス（同上ヲ以テ追加）
自ラ被選擧人ノ氏名ヲ書スルコト能ハサル者ハ投票ヲ爲スコトヲ得ス
投票用紙ハ市長ノ定ムル所ニ依リ一定ノ式ヲ用ウヘシ
選擧區アル場合ニ於テ選擧人名簿ノ調製後選擧人ノ所屬ニ異動ヲ生スルコトアルモ其ノ選擧人ハ前所屬ノ選擧區ニ於テ投票ヲ爲スヘシ
投票分會ニ於テ爲シタル投票ハ投票分會長少クトモ一人ノ投票立會人ト共ニ投票函ノ儘之ヲ選擧長ニ送致スヘシ（同上ヲ以テ改正）

第二十五條ノ二　確定名簿ニ登錄セラレサル者ハ投票ヲ爲スコトヲ得ス但シ選擧人名簿ニ登錄セラルヘキ確定裁決書又ハ判決書ヲ所持シ選擧ノ當日選擧會場ニ到ル者ハ此ノ限ニ在ラス
（大正十五年法律第五十四號ヲ以テ追加）
確定名簿ニ登錄セラレタル者選擧人名簿ニ登錄セラルルコトヲ得サル者ナルトキハ投票ヲ爲スコトヲ得ス選擧ノ當日選擧權ヲ有セサル者ナルトキ亦同シ

第二十五條ノ三　投票ノ拒否ハ選擧立會人又ハ投票立會人之ヲ決定ス可否同數ナルトキハ選擧長又ハ投票分會長之ヲ決スヘシ（同上）
投票分會ニ於テ投票拒否ノ決定ヲ受ケタル選擧人不服アルトキハ投票分會長ハ假ニ投票ヲ爲サシムヘシ
前項ノ投票ハ選擧人ヲシテ之ヲ封筒ニ入レ封緘シ表面ニ自ラ其ノ氏名ヲ記載シ投函セシムヘシ
投票分會長又ハ投票立會人ニ於テ異議アル選擧人ニ對シテモ亦前二項ニ同シ

第二十六條　第三十三條若ハ第三十七條ノ選擧、增員選擧又ハ補闕選擧ヲ同時ニ行フ場合ニ於テハ一ノ選擧ヲ以テ合併シテ之ヲ行フ（大正十年法律第五十八條ヲ以テ改正）

第二十七條　市長ハ豫メ開票ノ日時ヲ告示スヘシ（大正十五年法律第七十四號ヲ以テ改正）

第二十七條ノ二　選擧長ハ投票ノ日又ハ其ノ翌日（投票分會ヲ設ケタルトキハ總テノ投票函ノ送致ヲ受ケタル日又ハ其ノ翌日）選擧立會人立會ノ上投票函ヲ開キ投票ノ總數ト投票人ノ總數トヲ計算スヘシ（同上ヲ以テ追加）

前項ノ計算終リタルトキハ選擧長ハ先ツ第二十五條ノ三第二項及第四項ノ投票ヲ調査スヘシ其ノ投票ノ受理如何ハ選擧立會人之ヲ決定ス可否同數ナルトキハ選擧長之ヲ決スヘシ

選擧長ハ選擧立會人ト共ニ投票ヲ點檢スヘシ

天災事變等ノ爲開票ヲ行フコト能ハサルトキハ市長ハ更ニ開票ノ期日ヲ定ムヘシ此ノ場合ニ於テ選擧會場ノ變更ヲ要スルトキハ豫メ更ニ其ノ場所ヲ告示スヘシ

第二十七條ノ三　選擧人ハ其ノ選擧會ノ參觀ヲ求ムルコトヲ得但シ開票開始前ハ此ノ限ニ在ラス（同上）

第二十七條ノ四　特別ノ事情アルトキハ市ハ府縣知事ノ許可ヲ得區劃ヲ定メテ開票分會ヲ設クルコトヲ得（同上）

前項ノ規定ニ依リ開票分會ヲ設クル場合ニ於テ必要ナル事項ハ命令ヲ以テ之ヲ定ム

第二十八條　左ノ投票ハ之ヲ無效トス（同上ヲ以テ本項第二項削除）

一　成規ノ用紙ヲ用ヰサルモノ

二　現ニ市會議員ノ職ニ在ル者ノ氏名ヲ記載シタルモノ

三　一投票中二人以上ノ被選擧人ノ氏名ヲ記載シタルモノ

四　被選擧人ノ何人タルカヲ確認シ難キモノ

五　被選擧權ナキ者ノ氏名ヲ記載シタルモノ

六　被選擧人ノ氏名ノ外他事ヲ記入シタルモノ但シ爵位職業身分住所又ハ敬稱ノ類ヲ記入シタルモノハ此ノ限ニ在ラス

七　被選擧人ノ氏名ヲ自書セサルモノ（大正十年法律第五十八號ヲ以テ本項追加）

第二十九條　投票ノ效力ハ選擧立會人之ヲ決定ス可否同數ナルトキハ選擧長之ヲ決スヘシ（大正十五年法律第七十四號ヲ以テ本項改正第二項削除）

第三十條　市會議員ノ選擧ハ有效投票ノ最多數ヲ得タルモノヲ以テ當選者トス但シ議員ノ定數（選擧區アル場合ニ於テハ其ノ選擧區ノ配當議員數）ヲ以テ有效投票ノ總數ヲ除シテ得タル數ノ六分ノ一以上ノ得票アルコトヲ要ス（同上ヲ以テ本項改正）

前項ノ規定ニ依リ當選者ヲ定ムルニ當リ得票ノ數同シキトキハ年長者ヲ取リ年齡同シキトキハ選擧長抽籤シテ之ヲ定ムヘシ

第三十條ノ二　當選者選擧ノ期日後ニ於テ被選擧權ヲ有セサル

ニ至リタルトキハ當選ヲ失フ

第三十一條　選舉長ハ選舉錄ヲ作リ選舉會ニ關スル顚末ヲ記載シ之ヲ朗讀シ二人以上ノ選舉立會人ト共ニ之ニ署名スヘシ

各選舉區ノ選舉長ハ選舉錄（第六條ノ市ニ於テハ其ノ寫）ヲ添ヘ當選者ノ住所氏名ヲ市長ニ報告スヘシ

投票分會長ハ投票錄ヲ作リ投票ニ關スル顚末ヲ記載シ之ヲ朗讀シ二人以上ノ投票立會人ト共ニ之ニ署名スヘシ

投票分會長ハ投票函ト同時ニ投票錄ヲ選舉長ニ送致スヘシ

選舉錄及投票錄ハ投票、選舉人名簿其ノ他ノ關係書類ト共ニ議員ノ任期間市長（第六條ノ市ニ於テハ區長）ニ於テ之ヲ保存スヘシ

第三十二條　當選者定マリタルトキハ市長ハ直ニ當選者ニ當選ノ旨ヲ告知シ（第六條ノ市ニ於テハ區長ヲシテ之ヲ告示セシメ）同時ニ當選者ノ住所氏名ヲ告示シ且選舉錄ノ寫（投票錄アルトキハ併セテ投票錄ノ寫）ヲ添ヘ之ヲ府縣知事ニ報告スヘシ當選者ナキトキハ直ニ其ノ旨ヲ告示シ且選舉錄ノ寫（投票錄アルトキハ併セテ投票錄ノ寫）ヲ添ヘ之ヲ府縣知事ニ報告スヘシ

當選者當選ヲ辭セムトスルトキハ當選ノ告知ヲ受ケタル日ヨリ五日以内ニ之ヲ市長ニ申立ツヘシ

一人ニシテ數選舉區ニ於テ當選シタルトキハ最終ニ當選ノ告知ヲ受ケタル日ヨリ五日以内ニ何レノ當選ニ應スヘキカヲ市長ニ申立ツヘシ其ノ期間内ニ之ヲ申立テサルトキハ市長抽籤シテ之ヲ定ム

官吏ニシテ當選シタル者ハ所屬長官ノ許可ヲ受クルニ非サレハ之ニ應スルコトヲ得ス

前項ノ官吏ハ當選ノ告知ヲ受ケタル日ヨリ二十日以内ニ之ニ應スヘキ旨ヲ市長ニ申立テサルトキハ其ノ當選ヲ辭シタルモノト看做ス第三項ノ場合ニ於テ何レノ當選ニ應スヘキカヲ申立テサルトキハ總テ之ヲ辭シタルモノト看做ス

市ニ對シ請負ヲ爲シ又ハ市ニ於テ費用ヲ負擔スル事業ニ付市長若ハ其ノ委任ヲ受ケタル者ニ對シ請負ヲ爲ス者若ハ其ノ支配人又ハ主トシテ同一ノ行爲ヲ爲ス法人ノ無限責任社員、役員若ハ支配人ニシテ當選シタル者ハ其ノ請負ヲ罷メ又ハ請負ヲ爲ス者ノ支配人若ハ主トシテ同一ノ行爲ヲ爲ス法人ノ無限責任社員、役員若ハ支配人タルコトナキニ至ルニ非サレハ當選ニ應スルコトヲ得ス第二項又ハ第三項ノ期限前ニ其ノ旨ヲ市長ニ申立テサルトキハ其ノ當選ヲ辭シタルモノト看做ス

前項ノ役員トハ取締役、監査役及之ニ準スヘキ者竝ニ淸算人ヲ謂フ

第三十三條　當選者左ニ掲クル事由ノ一ニ該當スルトキハ三月以内ニ更ニ選舉ヲ行フヘシ但シ第二項ノ規定ニ依リ更ニ選舉

シ行フコトナクシテ當選者ヲ定メ得ル場合ハ此ノ限ニ在ラス

一　當選ヲ辭シタルトキ

二　數選擧區ニ於テ當選シタル場合ニ於テ前條第三項ノ規定ニ依リ一ノ選擧區ノ當選ニ應シ又ハ抽籤ニ依リ一ノ選擧區ノ當選者ト定マリタル爲他ノ選擧區ニ於テ當選者タラサルニ至リタルトキ

三　第三十條ノ二ノ規定ニ依リ當選ヲ失ヒタルトキ

四　死亡者ナルトキ

五　選擧ニ關スル犯罪ニ依リ刑ニ處セラレ其ノ當選無效ト爲リタルトキ但シ同一人ニ關シ前各號ノ事由ニ依ル選擧又ハ補闕選擧ノ告示ヲ爲シタル場合ハ此ノ限ニ在ラス

前項ノ事由前條第二項、第三項若ハ第五項ノ規定ニ依ル期限前ニ生シタル場合ニ於テ第三十條第一項但書ノ得票者ニシテ當選者ト爲ラサリシ者アルトキ又ハ期限經過後ニ生シタル場合ニ於テ第三十條第二項ノ規定ノ適用ヲ受ケタル得票者ニシテ當選者ト爲ラサリシ者アルトキハ直ニ選擧會ヲ開キ其ノ者ノ中ニ就キ當選者ヲ定ムヘシ

前項ノ場合ニ於テ第三十條第一項但書ノ得票者ニシテ當選者ト爲ラサリシ者選擧ノ期日後ニ於テ被選擧權ヲ有セサルニ至リタルトキハ之ヲ當選者ト定ムルコトヲ得ス

第二項ノ場合ニ於テハ市長ハ豫メ選擧會ノ場所及日時ヲ告示スヘシ

第一項ノ期間ハ第三十六條第八項ノ規定ノ適用スル場合ニ於テハ選擧ヲ行フコトヲ得サル事由已ミタル日ノ翌日ヨリ之ヲ起算ス

第一項ノ事由議員ノ任期滿了前六月以内ニ生シタルトキハ第一項ノ選擧ハ之ヲ行ハス但シ議員ノ數其ノ定數ノ三分ノ二ニ滿チサルニ至リタルトキハ此ノ限ニ在ラス

第三十四條　第三十二條第二項ノ期間ヲ經過シタルトキ、同條第三項若ハ第五項ノ申立アリタルトキ又ハ同條第三項ノ規定ニ依リ抽籤ヲ爲シタルトキハ市長ハ直ニ當選者ノ住所氏名ヲ告示シ併セテ之ヲ府縣知事ニ報告スヘシ（大正十五年法律第七十四號ヲ以テ第一項削除）

當選者ナキニ至リタルトキ又ハ當選者其ノ選擧ニ於ケル議員ノ定數ニ達セサルニ至リタルトキハ市長ハ直ニ其ノ旨ヲ告示シ併セテ之ヲ府縣知事ニ報告スヘシ

第三十五條　選擧ノ規定ニ違反スルコトアルトキハ選擧ノ結果ニ異動ヲ生スルノ虞アル場合ニ限リ其ノ選擧ノ全部又ハ一部ヲ無效トス但シ當選ニ異動ヲ生スルノ虞ナキ者ヲ區別シ得ルトキハ其ノ者ニ限リ當選ヲ失フコトナシ

第三十六條　選擧人選擧又ハ當選ノ效力ニ關シ異議アルトキハ

選擧ニ關シテハ選擧ノ日ヨリ當選ニ關シテハ第三十二條第一項又ハ第三十四條第二項ノ告示ノ日ヨリ七日以内ニ之ヲ市長ニ申立ツルコトヲ得此ノ場合ニ於テハ市長ハ七日以内ニ市會ノ決定ニ付スヘシ市會ハ其ノ送付ヲ受ケタル日ヨリ十四日以内ニ之ヲ決定スヘシ

前項ノ決定ニ不服アル者ハ府縣參事會ニ訴願スルコトヲ得

府縣知事ハ選擧又ハ當選ノ效力ニ關シ異議アルトキハ選擧ニ關シテハ第三十二條第一項ノ報告ヲ受ケタル日ヨリ當選ニ關シテハ第三十二條第一項又ハ第三十四條第二項ノ報告ヲ受ケタル日ヨリ二十日以内ニ之ヲ府縣參事會ノ決定ニ付スルコトヲ得

前項ノ決定アリタルトキハ同一事件ニ付爲シタル異議ノ申立及市會ノ決定ハ無效トス

第二項若ハ第六項ノ裁決又ハ第三項ノ決定ニ不服アル者ハ行政裁判所ニ出訴スルコトヲ得

第一項ノ決定ニ付テハ市長ヨリモ訴願ヲ提起スルコトヲ得

第二項若ハ前項ノ裁決又ハ第三項ノ決定ニ付テハ府縣知事又ハ市長ヨリモ訴訟ヲ提起スルコトヲ得

第二十條、第三十三條又ハ第三十七條第一項若ハ第三項ノ選擧ハ之ニ關係アル選擧又ハ當選ニ關スル異議申立期間、異議ノ決定若ハ訴願ノ裁決確定セサル間又ハ訴訟ノ繫屬スル間之ヲ行フコトヲ得ス

市會議員ハ選擧又ハ當選ニ關スル決定若ハ裁決確定シ又ハ判決アル迄ハ會議ニ列席シ議事ニ參與スルノ權ヲ失ハス

第三十七條　選擧無效ト確定シタルトキハ三月以内ニ更ニ選擧ヲ行フヘシ

當選無效ト確定シタルトキハ直ニ選擧會ヲ開キ更ニ當選者ヲ定ムヘシ此ノ場合ニ於テハ第三十三條第三項及第四項ノ規定ヲ準用ス

當選者ナキトキ、當選者ナキニ至リタルトキ又ハ當選者其ノ選擧ニ於ケル議員ノ定數ニ達セサルトキ若ハ定數ニ達セサルニ至リタルトキハ三月以内ニ更ニ選擧ヲ行フヘシ

第三十三條第五項及第六項ノ規定ハ第一項及前項ノ選擧ニ之ヲ準用ス

第三十八條　市會議員被選擧權ヲ有セサル者ナルトキ又ハ第三十二條第六項ニ揭クル者ナルトキハ其ノ職ヲ失フ其ノ被選擧權ノ有無又ハ第三十二條第六項ニ揭クル者ニ該當スルヤ否ハ市會議員カ左ノ各號ノ一ニ該當スルニ因リ被選擧權ヲ有セサル場合ヲ除クノ外市會之ヲ決定ス

一　禁治產者又ハ準禁治產者ト爲リタルトキ

二　破產者ト爲リタルトキ

三　禁錮以上ノ刑ニ處セラレタルトキ

四　選擧ニ關スル犯罪ニ依リ罰金ノ刑ニ處セラレタルトキ

市長ハ市會議員中被選擧權ヲ有セサル者又ハ第三十二條第六項ニ掲クル者アリト認ムルトキハ之ヲ市會ノ決定ニ付スヘシ市會ハ其ノ送付ヲ受ケタル日ヨリ十四日以内ニ之ヲ決定スヘシ

第一項ノ決定ヲ受ケタル者其ノ決定ニ不服アルトキハ府縣參事會ニ訴願シ其ノ裁決又ハ第四項ノ裁決ニ不服アルトキハ行政裁判所ニ出訴スルコトヲ得

第一項ノ決定及前項ノ裁決ニ付テハ市長ヨリモ訴願又ハ訴訟ヲ提起スルコトヲ得

前二項ノ裁決ニ付テハ府縣知事ヨリモ訴訟ヲ提起スルコトヲ得

第三十六條第九項ノ規定ハ第一項及前三項ノ場合ニ之ヲ準用ス

第一項ノ決定ハ文書ヲ以テ之ヲ爲シ其ノ理由ヲ附シ之ヲ本人ニ交付スヘシ

第三十九條　第二十一條ノ三及第三十六條ノ場合ニ於テ府縣參事會ノ決定及裁決ハ府縣知事、市會ノ決定ハ市長直ニ之ヲ告示スヘシ

第三十九條ノ二　勅令ヲ以テ指定スル市（第六條ノ市ノ區ヲ含ム）ノ市會議員（又ハ區會議員）ノ選擧ニ付テハ府縣制第十三條ノ二、第十三條ノ三、第二十九條ノ三及第三十四條ノ二ノ規定ヲ準用ス此ノ場合ニ於テハ第二十三條第三項及第五項第二十五條第五項及第七項、第二十五條ノ三、第二十七條ノ二第二項、第二十八條、第二十九條、第三十三條第一項並第三十六條第一項ノ規定ニ拘ラス勅令ヲ以テ特別ノ規定ヲ設クルコトヲ得

第三十九條ノ三　前條ノ規定ニ依ル選擧ニ付テハ衆議院議員選擧法第十章及第十一章並第百四十條第二項及第百四十二條ノ規定ヲ準用ス但シ議員候補者一人ニ付定ムヘキ選擧事務所ノ數、選擧委員及選擧事務員ノ數並選擧運動ノ費用ノ額ニ關シテハ勅令ノ定ムル所ニ依ル

前條ノ規定ニ依ル選擧ヲ除クノ外市會議員（又ハ第六條ノ市ノ區ノ區會議員）ノ選擧ニ付テハ衆議院議員選擧法第九十一條、第九十二條、第九十八條、第九十九條第二項、第百條及第百四十二條ノ規定ヲ準用ス

第四十條　本法又ハ本法ニ基キテ發スル勅令ニ依リ設置スル議會ノ議員ノ選擧ニ付テハ衆議院議員選擧ニ關スル罰則ヲ準用ス（大正十年法律第五十八號ヲ以テ第二項削除）

第二款　職務權限

第四十一條　市會ハ市ニ關スル事件及法律勅令ニ依リ其ノ權限ニ屬スル事件ヲ議決ス

第四十二條 市會ノ議決スヘキ事件ノ概目左ノ如シ

一 市條例及規則ヲ設ケ又ハ改廢スル事

二 市費ヲ以テ支辨スヘキ事業ニ關スル事但シ第九十三條ノ事務及法律勅令ニ規定アルモノハ此ノ限ニ在ラス

三 歳入出豫算ヲ定ムル事

四 決算報告ヲ認定スル事

五 法令ニ定ムルモノヲ除クノ外使用料、手數料、加入金、市稅又ハ夫役現品ノ賦課徵收ニ關スル事

六 不動產ノ管理處分及取得ニ關スル事

七 基本財產及積立金穀等ノ設置管理及處分ニ關スル事

八 歳入出豫算ヲ以テ定ムルモノヲ除クノ外新ニ義務ノ負擔ヲ爲シ及權利ノ拋棄ヲ爲ス事

九 財產及營造物ノ管理方法ヲ定ムル事但シ法律勅令ニ規定アルモノハ此ノ限ニ在ラス

十 市吏員ノ身元保證ニ關スル事

十一 市ニ係ル訴願訴訟及和解ニ關スル事

第四十三條 市會ハ其ノ權限ニ屬スル事項ノ一部ヲ市參事會ニ委任スルコトヲ得

第四十四條 市會ハ法律命令ニ依リ其ノ權限ニ屬スル選擧ヲ行フヘシ

第四十五條 市會ハ市ノ事務ニ關スル書類及計算書ヲ檢閲シ市長ノ報告ヲ請求シテ事務ノ管理、議決ノ執行及出納ヲ檢査スルコトヲ得

市會ハ議員中ヨリ委員ヲ選擧シ市長又ハ其ノ指名シタル吏員立會ノ上實地ニ就キ前項市會ノ權限ニ屬スル事件ヲ行ハシムルコトヲ得

第四十六條 市會ハ市ノ公益ニ關スル事件ニ付意見書ヲ關係行政廳ニ提出スルコトヲ得

第四十七條 市會ハ行政廳ノ諮問アルトキハ意見ヲ答申スヘシ

市會ノ意見ヲ徵シテ處分ヲ爲スヘキ場合ニ於テ市會成立セス招集ニ應セス若ハ意見ヲ提出セス又ハ市會ヲ招集スルコト能ハサルトキハ當該行政廳ハ其ノ意見ヲ俟タスシテ直ニ處分ヲ爲スコトヲ得

第四十八條 市會ハ議員中ヨリ議長及副議長一人ヲ選擧スヘシ

議長及副議長ノ任期ハ議員ノ任期ニ依ル

第四十九條 議長故障アルトキハ副議長之ニ代リ議長及副議長共ニ故障アルトキハ臨時ニ議員中ヨリ假議長ヲ選擧スヘシ

前項假議長ノ選擧ニ付テハ年長ノ議員議長ノ職務ヲ代理ス年齡同シキトキハ抽籤ヲ以テ之ヲ定ム

第五十條 市長及其ノ委任又ハ囑託ヲ受ケタル者ハ會議ニ列席

シテ議事ニ參與スルコトヲ得但シ議決ニ加ハルコトヲ得ス
前項ノ列席者發言ヲ求ムルトキハ議長ハ直ニ之ヲ許スヘシ但シ之カ爲議員ノ演説ヲ中止セシムルコトヲ得ス

第五十一條　市會ハ市長之ヲ招集ス議員ノ定數ノ三分一以上ヨリ會議ニ付スヘキ事件ヲ示シテ市會招集ノ請求アルトキハ市長ハ之ヲ招集スヘシ
市長ハ會期ヲ定メテ市會ヲ招集スルコトヲ得此ノ場合ニ於テ必要アリト認ムルトキハ市長ハ更ニ期限ヲ定メ市會ノ會期ヲ延長スルコトヲ得
招集及會議ノ事件ハ開會ノ日前三日目迄ニ之ヲ告知スヘシ但シ急施ヲ要スル場合ハ此ノ限ニ在ラス
市會開會中急施ヲ要スル事件アルトキハ市長ハ直ニ之ヲ其ノ會議ニ付スルコトヲ得會議ニ付スル日前三日目迄ニ告知ヲ爲シタル事件ニ付亦同シ
市會ハ市長之ヲ開閉ス

第五十二條　市會ハ議員定數ノ半數以上出席スルニ非サレハ會議ヲ開クコトヲ得ス但シ第五十四條ノ除斥ノ爲半數ニ滿タサルトキ、同一ノ事件ニ付招集再回ニ至ルモ仍半數ニ滿タサルトキ又ハ招集ニ應スルモ出席議員定數ヲ闕キ議長ニ於テ出席ヲ催告シ仍半數ニ滿タサルトキハ此ノ限ニ在ラス

第五十三條　市會ノ議事ハ過半數ヲ以テ決ス可否同數ナルトキハ議長ノ決スル所ニ依ル
議長ハ其ノ職務ヲ行フ場合ニ於テモ之カ爲議員トシテ議決ニ加ハルノ權ヲ失ハス

第五十四條　議長及議員ハ自己又ハ父母、祖父母、妻、子孫、兄弟姉妹ノ一身上ニ關スル事件ニ付テハ其ノ議事ニ參與スルコトヲ得ス但シ市會ノ同意ヲ得タルトキハ會議ニ出席シ發言スルコトヲ得

第五十五條　法律勅令ニ依リ市會ニ於テ行フ選擧ニ付テハ第二十五條、第二十八條及第三十條ノ規定ヲ準用ス其ノ投票ノ效力ニ關シ意議アルトキハ市會之ヲ決定ス
市會ハ議員中異議ナキトキハ前項ノ選擧ニ付指名推選ノ法ヲ用フルコトヲ得
指名推選ノ法ヲ用フル場合ニ於テハ被指名者ヲ以テ當選者ト定ムヘキヤ否ヤヲ會議ニ付シ議員全員ノ同意ヲ得タル者ヲ以テ當選者トス
一ノ選擧ヲ以テ二人以上ヲ選擧スル場合ニ於テハ被指名者ヲ區分シテ前項ノ規定ヲ適用スルコトヲ得ス

第五十六條　市會ノ會議ハ公開ス但シ左ノ場合ハ此ノ限ニ在ラス
一　市長ヨリ傍聽禁止ノ要求ヲ受ケタルトキ
二　議長又ハ議員三人以上ノ發議ニ依リ傍聽禁止ヲ可決シタ

ルトキ
前項議長又ハ議員ノ發議ハ討論ヲ須ヰス其ノ可否ヲ決スヘシ

第五十七條　議長ハ會議ヲ總理シ會議ノ順序ヲ定メ其ノ日ノ會議ヲ開閉シ議場ノ秩序ヲ保持ス
議員定數ノ半數以上ヨリ請求アルトキハ議長ハ其ノ日ニ會議ヲ開クコトヲ要ス此ノ場合ニ於テ議長仍會議ヲ開カサルトキハ第四十九條ノ例ニ依ル
前項議員ノ請求ニ依リ會議ヲ開キタルトキ又ハ議員中異議アルトキハ議長ハ會議ノ議決ニ依ルニ非サレハ其ノ日ノ會議ヲ閉チ又ハ中止スルコトヲ得ス

第五十七條ノ二　市會議員ハ市會ノ議決スヘキ事件ニ付市會ニ議案ヲ發スルコトヲ得但シ歳入出豫算ニ付テハ此ノ限ニ在ラス
前項ノ規定ニ依ル發案ハ議員三人以上ヨリ文書ヲ以テ之ヲ爲スコトヲ要ス

第五十八條　議員ハ選擧人ノ指示又ハ委囑ヲ受クヘカラス
議員ハ會議中無禮ノ語ヲ用ヰ又ハ他人ノ身上ニ渉リ言論スルコトヲ得ス

第五十九條　會議中本法又ハ會議規則ニ違ヒ其ノ他議場ノ秩序ヲ紊ス議員アルトキハ議長ハ之ヲ制止シ又ハ發言ヲ取消サシメ命ニ從ハサルトキハ當日ノ會議ヲ終ル迄發言ヲ禁止シ又ハ議場外ニ退去セシメ必要アル場合ニ於テハ警察官吏ノ處分ヲ求ムルコトヲ得
議場騒擾ニシテ整理シ難キトキハ議長ハ當日ノ會議ヲ中止シ又ハ之ヲ閉ツルコトヲ得

第六十條　傍聽人公然可否ヲ表シ又ハ喧騒ニ渉リ其ノ他會議ノ妨害ヲ爲ストキハ議長ハ之ヲ制止シ命ニ從ハサルトキハ之ヲ退場セシメ必要アル場合ニ於テハ警察官吏ノ處分ヲ求ムルコトヲ得
傍聽席騒擾ナルトキハ議長ハ總テノ傍聽人ヲ退場セシメ必要アル場合ニ於テハ警察官吏ノ處分ヲ求ムルコトヲ得

第六十一條　市會ニ書記ヲ置キ議長ニ隷屬シテ庶務ヲ處理セシム
書記ハ議長之ヲ任免ス

第六十二條　議長ハ書記ヲシテ會議錄ヲ調製シ會議ノ顚末及出席議員ノ氏名ヲ記載セシムヘシ
會議錄ハ議長及議員二人以上之ニ署名スルコトヲ要ス其ノ議員ハ市會ニ於テ之ヲ定ムヘシ
議長ハ會議錄ヲ添ヘ會議ノ結果ヲ市長ニ報告スヘシ

第六十三條　市會ハ會議規則及傍聽人取締規則ヲ設クヘシ
會議規則ニハ本法及會議規則ニ違反シタル議員ニ對シ市會ノ議決ニ依リ五日以内出席ヲ停止スル規則ヲ設クルコトヲ得

第三章　市參事會

第一款　組織及選擧

第六十四條　市ニ市參事會ヲ置キ議長及名譽職參事會員ヲ以テ之ヲ組織ス

第六十五條　名譽職參事會員ノ定數ハ十人トス但シ勅令ヲ以テ指定スル市ニ於テハ市條例ヲ以テ十五人迄之ヲ增加スルコトヲ得

名譽職參事會員ハ市會ニ於テ其ノ議員中ヨリ之ヲ選擧スヘシ

名譽職參事會員中闕員アルトキハ直ニ補闕選擧ヲ行フヘシ

名譽職參事會員ハ隔年之ヲ選擧スヘシ

名譽職參事會員ハ後任者ノ就任スルニ至ル迄在任ス市會議員ノ任期滿了シタルトキ亦同シ

名譽職參事會員ハ其ノ選擧ニ關シ第九十條ノ處分確定シ又ハ判決アル迄ハ會議ニ列席シ議事ニ參與スルノ權ヲ失ハス

第六十六條　市參事會ハ市長ヲ以テ議長トス市長故障アルトキハ市長代理者之ヲ代理ス

第二款　職務權限

第六十七條　市參事會ノ職務權限左ノ如シ

一　市會ノ權限ニ屬スル事件ニシテ其ノ委任ヲ受ケタルモノヲ議決スル事

二　市會成立セサルトキ、第五十二條但書ノ場合ニ於テ仍會議ヲ開クコト能ハサルトキ又ハ市長ニ於テ市會ヲ招集スルノ暇ナシト認ムルトキ市會ノ權限ニ屬スル事件ヲ市會ニ代ハリテ議決スルコト

三　其ノ他法令ニ依リ市參事會ノ權限ニ屬スル事件

第六十八條　市參事會ハ市長之ヲ招集ス名譽職參事會員定數ノ半數以上ヨリ會議ニ付スヘキ事件ヲ示シテ市參事會招集ノ請求アルトキハ市長之ヲ招集スヘシ

第六十九條　市參事會ノ會議ハ傍聽ヲ許サス

第七十條　市參事會ハ議長又ハ其ノ代理者及名譽職參事會員定數ノ半數以上出席スルニ非サレハ會議ヲ開クコトヲ得ス但シ第二項ノ除斥ノ爲名譽職參事會員其ノ半數ニ滿タサルトキ、同一ノ事件ニ付招集再回ニ至ルモ仍名譽職參事會員其ノ半數ニ滿タサルトキ又ハ招集ニ應スルモ出席名譽職參事會員定數ヲ闕キ議長ニ於テ出席ヲ催告シ仍半數ニ滿タサルトキハ此ノ限ニ在ラス

議長及參事會員ハ自己又ハ父母、祖父母、妻、子孫、兄弟姉妹ノ一身上ニ關スル事件ニ付テハ其ノ議事ニ參與スルコトヲ得ス但シ市參事會ノ同意ヲ得タルトキハ會議ニ出席シ發言スルコトヲ得

議長及其ノ代理者共ニ前項ノ場合ニ當ルトキハ年長ノ名譽職參事會員議長ノ職務ヲ代理ス

第七十一條　第四十六條第四十七條第五十條第五十一條第二項及第五項第五十三條第五十五條第五十七條乃至第五十九條第六十一條竝第六十二條第一項及第二項ノ規定ハ市參事會ニ之ヲ準用ス

第四章　市吏員

第一款　組織選舉及任免

第七十二條　市ニ市長及助役一人ヲ置ク

助役ノ定數ハ市條例ヲ以テ之ヲ增加スルコトヲ得

特別ノ必要アル市ニ於テハ市條例ヲ以テ市參與ヲ置クコトヲ得其ノ定數ハ其ノ市條例中ニ之ヲ規定スヘシ

第七十三條　市長ハ有給吏員トス但シ市條例ヲ以テ名譽職ト爲スコトヲ得

市長ノ任期ハ四年トス

市長ハ市會ニ於テ之ヲ選舉ス

市長ノ在職中ニ於テ行フ後任市長ノ選舉ハ現任市長ノ任期滿了ノ日前二十日以内又ハ現任市長ノ退職ノ申立アリタル場合ニ於テ其ノ退職スヘキ日前二十日以内ニ非サレハ之ヲ行フコトヲ得ス

第三項ノ選舉ニ於テ當選者定マリタルトキハ直ニ當選者ニ當選ノ旨ヲ告知スヘシ

市長ニ當選シタルモノ當選ノ告知ヲ受ケタルトキハ告知ヲ受ケタル日ヨリ二十日以内ニ其ノ當選ニ應スルヤ否ヲ申立ツヘシ其ノ期間内ニ當選ニ應スル旨ノ申立ヲ爲サヽルトキハ當選ヲ辭シタルモノト看做ス

第三十二條第四項ノ規定ハ市長ニ當選シタルモノニ之ヲ準用ス

名譽職市長ハ市公民中選舉權ヲ有スル者ニ限ル

有給市長ハ其ノ退職セントスル日前三十日目迄ニ申立ツルニ非サレハ任期中退職スルコトヲ得ス但シ市會ノ承認ヲ得タルトキハ此ノ限ニ在ラス

第七十四條　市參與ハ名譽職トス但シ定數ノ全部又ハ一部ヲ有給吏員ト爲スコトヲ得此ノ場合ニ於テハ第七十二條第三項ノ市條例中ニ之ヲ規定スヘシ

市參與ハ市長ノ推薦ニ依リ市會之ヲ定ム

前條第四項乃至第七項ノ規定ハ市參與ニ之ヲ準用ス

名譽職市參與ハ市公民中選舉權ヲ有スル者ニ限ル

第七十五條　助役ハ有給吏員トシ其ノ任期ハ四年トス

助役ハ市長ノ推薦ニ依リ市會之ヲ定メ市長職ニ在ラサルトキハ市會ニ於テ之ヲ選舉ス

第七十三條第四項乃至第七項及第九項ノ規定ハ助役ニ之ヲ準用ス

第七十六條　有給市長有給市參與市助役ハ第九條第一項ノ規定

ニ拘ラス在職間其ノ市ノ公民トス

第七十七條　市長市參與及助役ハ第十八條第二項又ハ第四項ニ揭ケタル職ト兼ヌルコトヲ得ス又其ノ市ニ對シ請負ヲ爲シ又ハ其ノ市ニ於テ費用ヲ負擔スル事業ニ付市長若ハ其ノ委任ヲ受ケタル者ニ對シ請負ヲ爲ス者及其ノ支配人又ハ主トシテ同一ノ行爲ヲ爲ス法人ノ無限責任社員、取締役監査役若ハ之ニ準スヘキ者、淸算人及支配人タルコトヲ得ス

第七十八條　有給市長ハ府縣知事ノ許可ヲ受クルニ非サレハ他ノ報償アル業務ニ從事スルコトヲ得ス

有給市長有給市參與及助役ハ會社ノ取締役監査役若ハ之ニ準スヘキ者、淸算人又ハ支配人其ノ他ノ事務員タルコトヲ得ス

第七十九條　市ニ收入役一人ヲ置ク但シ市條例ヲ以テ副收入役ヲ置クコトヲ得

第七十三條第四項乃至第七項、第七十五條第一項及第二項、第七十六條、第七十七條竝前條第二項ノ規定ハ收入役及副收入役ニ之ヲ準用ス

市長市參與又ハ助役ト父子兄弟タル緣故アル者ハ收入役又ハ副收入役ノ職ニ在ルコトヲ得ス收入役ト父子兄弟タル緣故アル者ハ副收入役ニ在ルコトヲ得ス

第八十條　第六條ノ市ノ區ニ區長一人ヲ置キ市有給吏員トシ市長之ヲ任免ス

第七十七條第一項及第七十八條第二項ノ規定ハ區長ニ之ヲ準用ス

第八十一條　第六條ノ市ノ區ニ區收入役一人又ハ副收入役及區副收入役各一人ヲ置ク

區收入役及副收入役ハ第八十六條ノ吏員中市長、助役、市收入役市、副收入役又ハ區長トノ間及其ノ相互ノ間ニ父子兄弟タル緣故アラサル者ニ就キ市長ヲ命ス

區收入役又ハ區副收入役ト爲リタル後市長、助役、市收入役、市副收入役又ハ區長トノ間ニ父子兄弟タル緣故生シタルトキハ區收入役又ハ區副收入役ハ其ノ職ヲ失フ

前項ノ規定ハ區收入役又區副收入役相互ノ間ニ於テ區副收入役ニ之ヲ準用ス

第八十二條　第六條ノ市ヲ除キ其ノ他ノ市ハ處務便宜ノ爲區ヲ劃シ區長及其ノ代理者一名ヲ置クコトヲ得

前項ノ區長及其ノ代理者ハ名譽職トス市公民中選擧權ヲ有スル者ヨリ市長ノ推薦ニ依リ市會之ヲ定ム此ノ場合ニ於テハ第七十三條第四項乃至第七項ノ規定ヲ準用ス

內務大臣ハ前項ノ規定ニ拘ラス區長ヲ有給吏員ト爲スヘキ市ヲ指定スルコトヲ得

前項ノ區ニ付テハ第八十條第八十一條第九十四條第二項第九

十七條第四項第九十八條及第九十九條ノ規定ヲ準用スルノ外必要ナル事項ハ勅令ヲ以テ之ヲ定ム

第八十三條　市ハ臨時又ハ常設ノ委員ヲ置クコトヲ得

委員ハ名譽職トス市會議員、名譽職參事會員又ハ市公民中選擧權ヲ有スル者ヨリ市長ノ推薦ニ依リ市會之ヲ定ム但シ委員長ハ市長又ハ其ノ委任ヲ受ケタル市參與若ハ助役ヲ以テ之ニ充ツ

第七十三條第四項乃至第七項ノ規定ハ委員ニ之ヲ準用ス

委員ノ組織ニ關シテハ市條例ヲ以テ別段ノ規定ヲ設クルコトヲ得

第八十四條　市公民ニ限リテ擔任スヘキ職務ニ在ル吏員又ハ職ニ就キタルカ爲市公民タル者選擧權ヲ有セサルニ至リタルトキハ其ノ職ヲ失フ

前項ノ職務ニ在ル者ニシテ禁錮以上ノ刑ニ當ルヘキ罪ノ爲豫審又ハ公判ニ付セラレタルトキハ監督官廳ハ其ノ職務ノ執行ヲ停止スルコトヲ得此ノ場合ニ於テハ其ノ停止期間報酬又ハ給料ヲ支給スルコトヲ得ス

第八十五條　前數條ニ定ムル者ノ外市ニ必要ノ有給吏員ヲ置キ市長之ヲ任免ス

前項吏員ノ定數ハ市會ノ議決ヲ經テ之ヲ定ム

第八十六條　前數條ニ定ムル者ノ外第六條及第八十二條第三項ノ市ノ區ニ必要ノ市有給吏員ヲ置キ區長ノ申請ニ依リ市長之ヲ任免ス

前項吏員ノ定數ハ市會ノ議決ヲ經テ之ヲ定ム

第二款　職務權限

第八十七條　市長ハ市ヲ統轄シ市ヲ代表ス

市長ノ擔任スル事務ノ概目左ノ如シ

一　市會及市參事會ノ議決ヲ經ヘキ事件ニ付其ノ議案ヲ發シ及其ノ議決ヲ執行スル事

二　財產及營造物ヲ管理スル事但シ特ニ之カ管理者ヲ置キタルトキハ其ノ事務ヲ監督スル事

三　收入支出ヲ命令シ及會計ヲ監督スル事

四　證書及公文書類ヲ保管スル事

五　法令又ハ市會ノ議決ニ依リ使用料、手數料、加入金、市稅又ハ夫役現品ヲ賦課徵收スル事

六　其ノ他法令ニ依リ市長ノ職權ニ屬スル事項

第八十八條　（大正十五年法律第七十四號ヲ以テ削除）

第八十九條　市長ハ市吏員ヲ指揮監督シ之ニ對シ懲戒ヲ行フコトヲ得其ノ懲戒處分ハ譴責及十圓以下ノ過怠金トス

第九十條　市會又ハ市參事會ノ議決又ハ選擧其ノ權限ヲ超エ又ハ法令若ハ會議規則ニ背クト認ムルトキハ市長ハ其ノ意見ニ依リ又ハ監督官廳ノ指揮ニ依リ理由ヲ示シテ之ヲ再議ニ付シ

又ハ再選擧ヲ行ハシムヘシ但シ特別ノ事由アリト認ムルトキハ市長ハ議決ニ付テハ之ヲ再議ニ付セスシテ直ニ府縣參事會ノ裁決ヲ請フコトヲ得

前項ノ規定ニ依リ爲シタル市會又ハ市參事會ノ議決仍其ノ權限ヲ超エ又ハ法令若ハ會議規則ニ背クト認ムルトキハ市長ハ府縣參事會ノ裁決ヲ請フヘシ

監督官廳ハ前二項ノ議決又ハ選擧ヲ取消スコトヲ得

第一項若ハ第二項ノ裁決又ハ前項ノ處分ニ不服アル市長、市會又ハ市參事會ハ行政裁判所ニ出訴スルコトヲ得

第一項又ハ第二項ノ裁決ニ付テハ府縣知事ヨリモ訴訟ヲ提起スルコトヲ得

第九十條ノ二　市會又ハ市參事會ノ議決明ニ公益ヲ害スト認ムルトキハ市長ハ其ノ意見ニ依リ又ハ監督官廳ノ指揮ニ依リ理由ヲ示シテ之ヲ再議ニ付スヘシ但シ特別ノ事由アリト認ムルトキハ市長ハ之ヲ再議ニ付セスシテ直ニ府縣知事ノ指揮ヲ請フコトヲ得

前項ノ規定ニ依リ爲シタル市會又ハ市參事會ノ議決仍明ニ公益ヲ害スト認ムルトキハ市長ハ府縣知事ノ指揮ヲ請フヘシ

市會又ハ市參事會ノ議決收支ニ關シ執行スルコト能ハサルモノアリト認ムルトキハ前二項ノ例ニ依ル左ニ揭クル費用ヲ削除シ又ハ減額シタル場合ニ於テ其ノ費用及之ニ伴フ收入ニ付亦同シ

一　法令ニ依リ負擔スル費用、當該官廳ノ職權ニ依リ命スル費用其ノ他ノ義務ニ屬スル費用

二　非常ノ災害ニ因ル應急又ハ復舊ノ施設ノ爲ニ要スル費用、傳染病豫防ノ爲ニ要スル費用其ノ他ノ緊急避クヘカラサル費用

前三項ノ規定ニ依ル府縣知事ノ處分ニ不服アル市長、市會又ハ市參事會ハ內務大臣ニ訴願スルコトヲ得

第九十一條　市會成立セサルトキ、第五十二條但書ノ場合ニ於テ仍會議ヲ開クコト能ハサルトキ又ハ市會ヲ招集スルノ暇ナシト認ムルトキハ市長ハ市會ノ權限ニ屬スル事件ヲ市參事會ノ議決ニ付スルコトヲ得

市參事會成立セサルトキ又ハ第七十條第一項但書ノ場合ニ於テ仍會議ヲ開クコト能ハサルトキハ市長ハ府縣知事ノ指揮ヲ請ヒ其ノ議決スヘキ事件ヲ處分スルコトヲ得

市會又ハ市參事會ニ於テ其ノ議決スヘキ事件ヲ議決セサルトキハ前項ノ例ニ依ル

市會又ハ市參事會ノ決定スヘキ事件ニ關シテハ前三項ノ例ニ依ル此ノ場合ニ於ケル市參事會ノ決定又ハ市會ノ處分ニ關シテハ各本條ノ規定ニ準シ訴願又ハ訴訟ヲ提起スルコトヲ得

前四項ノ規定ニ依ル處置ニ付テハ次回ノ會議ニ於テ之ヲ市會

又　市參事會ニ報告スヘシ

第九十二條　市參事會ニ於テ議決又ハ決定スヘキ事件ニ關シ臨時急施ヲ要スル場合ニ於テ市參事會成立セサルトキ又ハ市長ニ於テ之ヲ招集スルノ暇ナシト認ムルトキハ市長ハ之ヲ專決シ次回ノ會議ニ於テ之ヲ市參事會ニ報告スヘシ

前項ノ規定ニ依リ市長ノ爲シタル處分ニ關シテハ各本條ノ規定ニ準シ訴訟ヲ提起スルコトヲ得

第九十二條ノ二　市會及市參事會ノ權限ニ屬スル事項ノ一部ハ其ノ議決ニ依リ市長ニ於テ專決處分スルコトヲ得

第九十三條　市長其ノ他市吏員ハ從來法令又ハ將來法律勅令ノ定ムル所ニ依リ國府縣其ノ他公共團體ノ事務ヲ掌ル

前項ノ事務ヲ執行スル爲要スル費用ハ市ノ負擔トス但シ法令中別段ノ規定アルモノハ此ノ限ニ在ラス

第九十四條　市長ハ其ノ事務ノ一部ヲ助役ニ分掌セシムルコトヲ得但シ市ノ事務ニ付テハ豫メ市會ノ同意ヲ得ルコトヲ要ス

第六條ノ市ノ市長ハ前項ノ例ニ依リ其ノ事務ノ一部ヲ區長ニ分掌セシムルコトヲ得

市長ハ市吏員ヲシテ其ノ事務ノ一部ヲ臨時代理セシムルコトヲ得

第九十五條　市參與ハ市長ノ指揮監督ヲ承ケ市ノ經營ニ屬スル特別ノ事業ヲ擔任ス

第九十六條　助役ハ市長ノ事務ヲ補助ス

助役ハ市長故障アルトキ之ヲ代理ス助役數人アルトキハ豫メ市長ノ定メタル順序ニ依リ之ヲ代理ス

第九十七條　收入役ハ市ノ出納其ノ他ノ會計事務及第九十三條ノ事務ニ關スル國府縣其ノ他公共團體ノ出納其ノ他ノ會計事務ヲ掌ル但シ法令中別段ノ規定アルモノハ此ノ限リニ在ラス

副收入役ハ收入役ノ事務ヲ補助シ收入役故障アルトキ之ヲ代理ス副收入役數人アルトキハ豫メ市長ノ定メタル順序ニ依リ之ヲ代理ス

市長ハ收入役ノ事務ノ一部ヲ副收入役ニ分掌セシムルコトヲ得但シ市ノ出納其ノ他ノ會計事務ニ付テハ豫メ市會ノ同意ヲ得ルコトヲ要ス

第六條ノ市ノ市長ハ前項ノ例ニ依リ收入役ノ事務ノ一部ヲ區收入役ニ分掌セシムルコトヲ得

副收入役ヲ置カサル場合ニ於テハ市會ハ市長ノ推薦ニ依リ收入役故障アルトキ之ヲ代理スヘキ吏員ヲ定ムヘシ

第九十八條　第六條ノ市ノ區長ハ市長ノ命ヲ承ケ又ハ法令ノ定ムル所ニ依リ區內ニ關スル市ノ事務及區ノ事務ヲ掌ル

區長其ノ他區所屬ノ吏員ハ市長ノ命ヲ承ケ又ハ從來法令若ハ

將來法律勅令ノ定ムル所ニ依リ國府縣其ノ他公共團體ノ事務ヲ掌ル

區長故障アルトキハ區收入役及區副收入役ニ非サル區所屬ノ吏員中上席者ヨリ順次之ヲ代理ス

第一項及第二項ノ事務ヲ執行スルニ要スル費用ハ市ノ負擔トス但シ法令中別段ノ規定アルモノハ此ノ限ニ在ラス

第九十九條　第六條ノ市ノ區收入役ハ市收入役ノ命ヲ承ケ又ハ法令ノ定ムル所ニ依リ市及區ノ出納其ノ他ノ會計事務ヲ掌リ市收入役ノ命ヲ承ケ又ハ從來法令若ハ將來法律勅令ノ定ムル所ニ依リ國府縣其ノ他公共團體ノ出納其ノ他ノ會計事務ヲ掌ル

區長ハ市長ノ許可ヲ得テ區收入役ノ事務ノ一部ヲ區副收入役ニ分掌セシムルコトヲ得但シ區ノ出納其ノ他ノ會計事務ニ付テハ豫メ區會ノ同意ヲ得ルコトヲ要ス

市長ハ市ノ出納其ノ他ノ會計事務ニ付前項ノ許可ヲ爲ス場合ニ於テハ豫メ市會ノ同意ヲ得ルコトヲ要ス

區副收入役ヲ置カサル場合ニ於テハ市長ハ區收入役故障アルトキ之ヲ代理スヘキ吏員ヲ定ムヘシ

區收入役及區副收入役ノ職務權限ニ關シテハ前四項ニ規定スルモノノ外市收入役及市副收入役ニ關スル規定ヲ準用ス

第百條　名譽職區長ハ市長ノ命ヲ承ケ市長ノ事務ニシテ區內ニ關スルモノヲ補助ス

名譽職區長代理者ハ區長ノ事務ヲ補助シ區長故障アルトキ之ヲ代理ス

第百一條　委員ハ市長ノ指揮監督ヲ承ケ財產又ハ營造物ヲ管理シ其ノ他委託ヲ承ケタル市ノ事務ヲ調査シ又ハ之ヲ處辨ス

第百二條　第八十五條ノ吏員ハ市長ノ命ヲ承ケ事務ニ從事ス

第百三條　第八十六條ノ吏員ハ區長ノ命ヲ承ケ事務ニ從事ス

區長ハ前項ノ吏員ヲシテ其ノ事務ノ一部ヲ臨時代理セシムルコトヲ得

第五章　給料及給與

第百四條　名譽職市長、名譽職市參與、市會議員、名譽職參事會員其ノ他ノ名譽職員ハ職務ノ爲要スル費用ノ辨償ヲ受クルコトヲ得

名譽職市長、名譽職市參與、名譽職區長、名譽職區長代理者及委員ニハ費用辨償ノ外勤務ニ相當スル報酬ヲ給スルコトヲ得

費用辨償額、報酬額及其ノ支給方法ハ市條例ヲ以テ之ヲ規定スヘシ

第百五條　有給市長、有給市參與、助役其ノ他ノ有給吏員ノ給料額、旅費額及其ノ支給方法ハ市條例ヲ以テ之ヲ規定スヘシ

第百六條　有給吏員ニハ市條例ノ定ムル所ニ依リ退隱料、退職

給與金、死亡給與金又ハ遺族扶助料ヲ給スルコトヲ得

第百七條　費用辨償、報酬、給料、旅費、退隱料、退職給與金、死亡給與金又ハ遺族扶助料ノ給與ニ付關係者ニ於テ異議アルトキハ之ヲ市長ニ申立ツルコトヲ得

前項ノ異議ノ申立アリタルトキハ市長ハ七日以内ニ之ヲ市參事會ノ決定ニ付スヘシ關係者其ノ決定ニ不服アルトキハ府縣參事會ニ訴願シ其ノ裁決又ハ第三項ノ裁決ニ不服アルトキハ行政裁判所ニ出訴スルコトヲ得

前項ノ決定及裁決ニ付テハ市長ヨリモ訴願又ハ訴訟ヲ提起スルコトヲ得

前二項ノ裁決ニ付テハ府縣知事ヨリモ訴訟ヲ提起スルコトヲ得

第百八條　費用辨償、報酬、給料、旅費、退隱料、退職給與金、死亡給與金、遺族扶助料其ノ他ノ給與ハ市ノ負擔トス

第六章　市ノ財務

第一款　財產營造物及市稅

第百九條　收益ノ爲ニスル市ノ財產ハ基本財產トシ之ヲ維持スヘシ

市ハ特定ノ目的ノ爲特別ノ基本財產ヲ設ケ又ハ金穀等ヲ積立ツルコトヲ得

第百十條　舊來ノ慣行ニ依リ市住民中特ニ財產又ハ營造物ヲ使用スル權利ヲ有スル者アルトキハ其ノ舊慣ニ依ル舊慣ヲ變更又ハ廢止セムトスルトキハ市會ノ議決ヲ經ヘシ

前項ノ財產又ハ營造物ヲ新ニ使用セムトスル者アルトキハ市ハ之ヲ許可スルコトヲ得

第百十一條　市ハ前條ニ規定スル財產ノ使用方法ニ關シ市規則ヲ設クルコトヲ得

第百十二條　市ハ第百十條第一項ノ使用者ヨリ使用料ヲ徵收シ同條第二項ノ使用ニ關シテハ使用料若ハ一時ノ加入金ヲ徵收シ又ハ使用料及加入金ヲ共ニ徵收スルコトヲ得

第百十三條　市ハ營造物ノ使用ニ付使用料ヲ徵收スルコトヲ得

市ハ特ニ一個人ノ爲ニスル事務ニ付手數料ヲ徵收スルコトヲ得

第百十四條　財產ノ賣却貸與、工事ノ請負及物件勞力其ノ他ノ供給ハ競爭入札ニ付スヘシ但シ臨時急施ヲ要スルトキ、入札ノ價額其ノ費用ニ比シテ得失相償ハサルトキ又ハ市會ノ同意ヲ得タルトキハ此ノ限ニ在ラス

第百十五條　市ハ其ノ公益上必要アル場合ニ於テハ寄附又ハ補助ヲ爲スコトヲ得

第百十六條　市ハ其ノ必要ナル費用及從來法令ニ依リ又ハ將來法律勅令ニ依リ市ノ負擔ニ屬スル費用ヲ支辨スル義務ヲ負

フ

市ハ其ノ財産ヨリ生スル收入、使用料、手數料、過料、過怠金其ノ他法令ニ依リ市ニ屬スル收入ヲ以テ前項ノ支出ニ充テ仍不足アルトキハ市税及夫役現品ヲ賦課徴收スルコトヲ得

第百十七條　市税トシテ賦課スルコトヲ得ヘキモノ左ノ如シ

一　直接國税及國税府縣税ノ附加税

二　特別税

直接國税又ハ府縣税ノ附加税ハ均一ノ税率ヲ以テ之ヲ徴收スヘシ但シ第百六十七條ノ規定ニ依リ許可ヲ受ケタル場合ハ此ノ限ニ在ラス

國税ノ附加税タル府縣税ニ對シテハ附加税ヲ賦課スルコトヲ得ス

特別税ハ別ニ税目ヲ起シテ課税スルノ必要アルトキハ賦課徴收スルモノトス

第百十八條　三月以上市内ニ滯在スル者ハ其ノ滯在ノ初ニ遡リ市税ヲ納ムル義務ヲ負フ

第百十九條　市内ニ住所ヲ有セス又ハ三月以上滯在スルコトナシト雖市内ニ於テ土地家屋物件ヲ所有シ使用シ若ハ占有シ、市内ニ營業所ヲ設ケテ營業ヲ爲シ又ハ市内ニ於テ特定ノ行爲ヲ爲ス者ハ其ノ土地家屋物件營業若ハ其ノ收入ニ對シ又ハ其ノ行爲ニ對シテ賦課スル市税ヲ納ムル義務ヲ負フ

第百十九條ノ二　合併後存續スル法人又ハ合併ニ因リ設立シタル法人ハ合併ニ因リ消滅シタル法人ニ對シ其ノ合併前ノ事實ニ付賦課セラルヘキ市税ヲ納ムル義務ヲ負フ

相續人又ハ相續財團ハ勅令ノ定ムル所ニ依リ被相續人ニ對シ其ノ相續開始前ノ事實ニ付賦課セラルヘキ市税ヲ納ムル義務ヲ負フ

第百二十條　納税者ノ市外ニ於テ所有シ使用シ占有スル土地家屋物件若ハ其ノ收入又ハ市外ニ於テ營業所ヲ設ケタル營業若ハ其ノ收入ニ對シテハ市税ヲ賦課スルコトヲ得ス

市ノ内外ニ於テ營業所ヲ設ケ營業ヲ爲ス者ニシテ其ノ營業又ハ收入ニ對スル本税ヲ分別シテ納メサルモノニ對シ附加税ヲ賦課スル場合及住所滯在市ノ内外ニ渉ル者ノ收入ニシテ土地家屋物件又ハ營業所ヲ設ケタル營業ヨリ生スル收入ニ非サルモノニ對シ市税ヲ賦課スル場合ニ付テハ勅令ヲ以テ之ヲ定ム

第百二十一條　所得税法第十八條ニ掲クル所得ニ對シテハ市税ヲ賦課スルコトヲ得ス

神社寺院祠宇佛堂ノ用ニ供スル建物及其ノ境内地竝教會所説教所ノ用ニ供スル建物及其ノ構内地ニ對シテハ市税ヲ賦課スルコトヲ得ス但シ有料ニテ之ヲ使用セシムル者及住宅ヲ以テ教會所説教所ノ用ニ充ツル者ニ對シテハ此ノ限ニ在ラス

國府縣市町村其ノ他公共團體ニ於テ公用ニ供スル家屋物件及

營造物ニ對シテハ市稅ヲ賦課スルコトヲ得ス但シ有料ニテ之ヲ使用セシムル者及使用收益者ニ對シテハ此ノ限ニ在ラス

國ノ事業又ハ行爲及國有ノ土地家屋物件ニ對シテハ國ニ市稅ヲ賦課スルコトヲ得ス

前四項ノ外市稅ヲ賦課スルコトヲ得サルモノハ別ニ法律勅令ノ定ムル所ニ依ル

第百二十一條ノ二　市ハ共益上其ノ他ノ事由ニ因リ課稅ヲ不適當トスル場合ニ於テハ命令ノ定ムル所ニ依リ市稅ヲ課セサルコトヲ得

第百二十二條　數人ヲ利スル營造物ノ設置維持其ノ他ノ必要ナル費用ハ其ノ關係者ニ負擔セシムルコトヲ得

市ノ一部ヲ利スル營造物ノ設置維持其ノ他ノ必要ナル費用ハ其ノ部內ニ於テ市稅ヲ納ムル義務アル者ニ負擔セシムルコトヲ得

前二項ノ場合ニ於テ營造物ヨリ生スル收入アルトキハ先ツ其ノ收入ヲ以テ其ノ費用ニ充ツヘシ前項ノ場合ニ於テ其ノ一部ノ收入アルトキ亦同シ

數人又ハ市ノ一部ヲ利スル財產ニ付テハ前三項ノ例ニ依ル

第百二十三條　市稅及其ノ賦課徵收ニ關シテハ本法其ノ他ノ法律ニ規定アルモノノ外勅令ヲ以テ之ヲ定ムルコトヲ得

第百二十四條　數人又ハ市ノ一部ニ對シ特ニ利益アル事件ニ關シテハ市ニ不均一ノ賦課ヲ爲シ又ハ數人若ハ市ノ一部ニ對シ賦課ヲ爲スコトヲ得

第百二十五條　夫役又ハ現品ハ直接市稅ヲ準率ト爲シ且之ヲ金額ニ算出シテ賦課スヘシ但シ第百六十七條ノ規定ニ依リ許可ヲ受ケタル場合ハ此ノ限ニ在ラス

學藝美術及手工ニ關スル勞務ニ付テハ夫役ヲ賦課スルコトヲ得ス

夫役ヲ賦課セラレタル者ハ本人自ラ之ニ當リ又ハ適當ノ代人ヲ出スコトヲ得

夫役又ハ現品ハ金錢ヲ以テ之ニ代フルコトヲ得

第一項及前項ノ規定ハ急迫ノ場合ニ賦課スル夫役ニ付テハ之ヲ適用セス

第百二十六條　非常災害ノ爲必要アルトキハ市ハ他人ノ土地ヲ一時使用シ又ハ其ノ土石竹木其ノ他ノ物品ヲ使用シ若ハ收用スルコトヲ得但シ其ノ損失ヲ補償スヘシ

前項ノ場合ニ於テ危險防止ノ爲必要アルトキハ市長、警察官吏又ハ監督官廳ハ市內ノ居住者ヲシテ防禦ニ從事セシムルコトヲ得

第一項但書ノ規定ニ依リ補償スヘキ金額ハ協議ニ依リ之ヲ定ム協議調ハサルトキハ鑑定人ノ意見ヲ徵シ府縣知事之ヲ決定ス決定ヲ受ケタル者其ノ決定ニ不服アルトキハ內務大臣ニ訴

願スルコトヲ得
前項ノ決定ハ文書ヲ以テ之ヲ爲シ其ノ理由ヲ附シ之ヲ本人ニ交付スヘシ
第一項ノ規定ニ依リ土地ノ一時使用ノ處分ヲ受ケタル者其ノ處分ニ不服アルトキハ府縣知事ニ訴願シ其ノ裁決ニ不服アルトキハ內務大臣ニ訴願スルコトヲ得
第百二十七條　市稅ノ賦課ニ關シ必要アル場合ニ於テハ當該吏員ハ日出ヨリ日沒迄ノ間營業者ニ關シテハ仍其ノ營業時間內家宅若ハ營業所ニ臨檢シ又ハ帳簿物件ノ檢査ヲ爲スコトヲ得
前項ノ場合ニ於テハ當該吏員ハ其ノ身分ヲ證明スヘキ證票ヲ携帶スヘシ
第百二十八條　市長ハ納稅者中特別ノ事情アル者ニ對シ納稅延期ヲ許スコトヲ得其ノ年度ヲ超ユル場合ハ市參事會ノ議決ヲ經ヘシ
市ハ特別ノ事情アル者ニ限リ市稅ヲ減免スルコトヲ得
第百二十九條　使用料手數料及特別稅ニ關スル事項ニ付テハ市條例ヲ以テ之ヲ規定スヘシ
詐僞其ノ他ノ不正ノ行爲ニ依リ使用料ノ徵收ヲ免レ又ハ市稅ヲ逋脫シタル者ニ付テハ市條例ヲ以テ其ノ徵收ヲ免レ又ハ逋脫シタル金額三倍ニ相當スル金額（其ノ金額五圓未滿ナルトキハ五圓）以下ノ過料ヲ科スル規定ヲ設クルコトヲ得
前項ニ定ムルモノヲ除クノ外使用料、手數料及市稅ノ賦課徵收ニ關シテハ市條例ヲ以テ五圓以下ノ過料ヲ科スル規定ヲ設クルコトヲ得財產又ハ營造物ノ使用ニ關シ亦同シ
過料ノ處分ヲ受ケタル者其ノ處分ニ不服アルトキハ府縣參事會ニ訴願シ其ノ裁決ニ不服アルトキハ行政裁判所ニ出訴スルコトヲ得
前項ノ裁決ニ付テハ府縣知事又ハ市長ヨリモ訴訟ヲ提起スルコトヲ得
第百三十條　市稅ノ賦課ヲ受ケタル者其ノ賦課ニ付違法又ハ錯誤アリト認ムルトキハ徵稅令書ノ交付ヲ受ケタル日ヨリ三月以內ニ市長ニ異議ノ申立ヲ爲スコトヲ得
財產又ハ營造物ヲ使用スル權利ニ關シ異議アル者ハ之ヲ市長ニ申立ツルコトヲ得
前二項ノ異議ノ申立アリタルトキハ市長ハ七日以內ニ之ヲ市參事會ノ決定ニ付スヘシ決定ヲ受ケタル者其ノ決定ニ不服アルトキハ府縣參事會ニ訴願シ其ノ裁決若ハ第五項ノ裁決ニ不服アルトキハ行政裁判所ニ出訴スルコトヲ得
第一項及前項ノ規定ハ使用料手數料及加入金ノ徵收並夫役現品ノ賦課ニ關シ之ヲ準用ス
前二項ノ規定ニ依ル決定及裁決ニ付テハ市長ヨリモ訴願又ハ

訴訟ヲ提起スルコトヲ得

前三項ノ規定ニ依ル裁決ニ付テハ府縣知事ヨリモ訴訟ヲ提起スルコトヲ得

百三十一條　市税、使用料、手數料、加入金、過料、過怠金其ノ他ノ市ノ收入ヲ定期內ニ納メサル者アルトキハ市長ハ期間ヲ指定シテ之ヲ督促スヘシ

夫役現品ノ賦課ヲ受ケタル者定期內ニ其ノ履行ヲ爲サス又ハ夫役現品ニ代フル金錢ヲ納メサルトキハ市長ハ期間ヲ指定シテ之ヲ督促スヘシ急迫ノ場合ニ賦課シタル夫役ニ付テハ更ニ之ヲ金額ニ算出シ期限ヲ指定シテ其ノ納付ヲ命スヘシ

前二項ノ場合ニ於テハ市條例ノ定ムル所ニ依リ手數料ヲ徵收スルコトヲ得

滯納者第一項又ハ第二項ノ督促又ハ命令ヲ受ケ其ノ指定ノ期間內ニ之ヲ完納セサルトキハ國税滯納處分ノ例ニ依リ之ヲ處分スヘシ

第一項乃至第三項ノ徵收金ハ府縣ノ徵收金ニ次テ先取特權ヲ有シ其ノ追徵還付及時效ニ付テハ國税ノ例ニ依ル

前三項ノ處分ニ不服アル者ハ府縣參事會ニ訴願シ其ノ裁決ニ不服アルトキハ行政裁判所ニ出訴スルコトヲ得

前項ノ裁決ニ付テハ府縣知事又ハ市長ヨリモ訴訟ヲ提起スルコトヲ得

前四項ノ處分中差押物件ノ公賣ハ處分ノ確定ニ至ル迄執行ヲ停止ス

第百三十二條　市ハ其ノ負擔ヲ償還スル爲、市ノ永久ノ利益ト爲ルヘキ支出ヲ爲ス爲又ハ天災事變等ノ爲必要アル場合ニ限リ市債ヲ起スコトヲ得

市債ヲ起スニ付市會ノ議決ヲ經ルトキハ併セテ起債ノ方法、利息ノ定率及償還ノ方法ニ付議決ヲ經ヘシ

市長ハ豫算內ノ支出ヲ爲ス爲市參事會ノ議決ヲ經テ一時ノ借入金ヲ爲スコトヲ得

前項ノ借入金ハ其ノ會計年度內ノ收入ヲ以テ償還スヘシ

第二款　歲入出豫算及決算

第百三十三條　市長ハ每會計年度歲入出豫算ヲ調製シ遲クトモ年度開始ノ一月前ニ市會ノ議決ヲ經ヘシ

市ノ會計年度ハ政府ノ會計年度ニ依ル

豫算ヲ市會ニ提出スルトキハ市長ハ併セテ事務報告書及財產表ヲ提出スヘシ

第百三十四條　市長ハ市會ノ議決ヲ經テ既定豫算ノ追加又ハ更正ヲ爲スコトヲ得

第百三十五條　市費ヲ以テ支辨スル事件ニシテ數年ヲ期シ其ノ費用ヲ支出スヘキモノハ市會ノ議決ヲ經テ其ノ年期間各年度ノ支出額ヲ定メ繼續費ト爲スコトヲ得

第百三十六條　市ハ豫算外ノ支出又ハ豫算超過ノ支出ニ充ツル爲豫備費ヲ設クヘシ
特別會計ニハ豫備費ヲ設ケサルコトヲ得
豫備費ハ市會ノ否決シタル費途ニ充ツルコトヲ得ス
第百三十七條　豫算ハ議決ヲ經タル後直ニ之ヲ府縣知事ニ報告シ且其ノ要領ヲ告示スヘシ
第百三十八條　市ハ特別會計ヲ設クルコトヲ得
第百三十九條　市會ニ於テ豫算ヲ議決シタルトキハ市長ヨリ其ノ謄本ヲ收入役ニ交付スヘシ
收入役ハ市長又ハ監督官廳ノ命令アルニ非サレハ支拂ヲ爲スコトヲ得ス命令ヲ受クルモ支出ノ豫算ナク且豫備費支出、費目流用其ノ他財務ニ關スル規定ニ依リ支出ヲ爲スコトヲ得メルトキ亦同シ
第百四十條　市ノ支拂金ニ關スル時效ニ付テハ政府ノ支拂金ノ例ニ依ル
第百四十一條　市ノ出納ハ毎月例日ヲ定メテ之ヲ檢査シ且毎會計年度少クトモ二回臨時檢査ヲ爲スヘシ
檢査ハ市長之ヲ爲シ臨時檢査ニハ名譽職參事會員ニ於テ互選シタル參事會員二人以上ノ立會ヲ要ス
第百四十二條　市ノ出納ハ翌年度五月三十一日ヲ以テ閉鎖ス
（大正十五年法律第七十四號ヲ以テ本項改正第四項削除）
決算ハ出納閉鎖後一月以内ニ證書類ヲ併セテ收入役ヨリ之ヲ市長ニ提出スヘシ市長ハ之ヲ審査シ意見ヲ付シテ次ノ通常豫算ヲ議スル會議迄ニ之ヲ市會ノ認定ニ付スヘシ
決算ハ其ノ認定ニ關スル市會ノ議決ト共ニ之ヲ府縣知事ニ報告シ且其ノ要領ヲ告示スヘシ
第百四十三條　豫算調製ノ式、費目流用其ノ他財務ニ關シ必要ナル規定ハ内務大臣之ヲ定ム

第七章　市ノ一部ノ事務

第百四十四條　市ノ一部ニシテ財産ヲ有シ又ハ營造物ヲ設ケタルモノアルトキハ其ノ財産又ハ營造物ノ管理及處分ニ付テハ本法中市ノ財産又ハ營造物ニ關スル規定ニ依ル但シ法律勅令中別段ノ規定アル場合ハ此ノ限ニ在ラス
前項ノ財産又ハ營造物ニ關シ特ニ要スル費用ハ其ノ財産又ハ營造物ノ屬スル市ノ一部ノ負擔トス
前二項ノ場合ニ於テハ市ノ一部ハ其ノ會計ヲ分別スヘシ
第百四十五條　前條ノ財産又ハ營造物ニ關シ必要アリト認ムルトキハ府縣知事ハ市會ノ意見ヲ徴シ府縣參事會ノ議決ヲ經テ市條例ヲ設定シ區會ヲ設ケテ市會ノ議決スヘキ事項ヲ議決セシムルコトヲ得
第百四十六條　區會議員ハ市ノ名譽職トス其ノ定數、任期、選擧權及被選擧權ニ關スル事項ハ前條ノ市條例中ニ之ヲ規定ス

ヘシ

區會議員ノ選擧ニ付テハ市會議員ニ關スル規定ヲ準用ス但シ選擧若ハ當選ノ效力ニ關スル異議ノ決定及被選擧權ノ有無ノ決定ハ市會ニ於テ之ヲ爲スヘシ

區會ニ關シテハ市會ニ關スル規定ヲ準用ス

第百四十七條　第百四十四條ノ場合ニ於テ市ノ一部府縣知事ノ處分ニ不服アルトキハ内務大臣ニ訴願スルコトヲ得

第百四十八條　第百四十四條ノ市ノ一部ノ事務ニ關シテハ本法ニ規定スルモノノ外勅令ヲ以テ之ヲ定ム

第八章　市町村組合

第百四十九條　市町村ハ其ノ事務ノ一部ヲ共同處理スル爲其ノ協議ニ依リ府縣知事ノ許可ヲ得テ市町村組合ヲ設クルコトヲ得

公益上必要アル場合ニ於テハ府縣知事ハ關係アル市町村會ノ意見ヲ徴シ府縣參事會ノ議決ヲ經テ前項ノ市町村組合ヲ設クルコトヲ得

市町村組合ハ法人トス

第百五十條　市町村組合ニシテ其ノ組合市町村ノ數ヲ增減シ又ハ共同事務ノ變更ヲ爲サムトスルトキハ關係市町村ノ協議ニ依リ府縣知事ノ許可ヲ受クヘシ

公益上必要アル場合ニ於テハ府縣知事ハ關係アル市町村會ノ意見ヲ徴シ府縣參事會ノ議決ヲ經テ組合市町村ノ數ヲ增減シ又ハ共同事務ノ變更ヲ爲スコトヲ得

第百五十一條　市町村組合ヲ設クルトキハ關係市町村ノ協議ニ依リ組合規約ヲ定メ府縣知事ノ許可ヲ受クヘシ組合規約ヲ變更セムトスルトキ亦同シ

公益上必要アル場合ニ於テハ府縣知事ハ關係アル市町村會ノ意見ヲ徴シ府縣參事會ノ議決ヲ經テ組合規約ヲ定メ又ハ變更スルコトヲ得

第百五十二條　組合規約ニハ組合ノ名稱、組合ヲ組織スル市町村、組合ノ共同事務、組合役場ノ位置、組合會ノ組織及組合會議員ノ選擧、組合吏員ノ組織及選任並組合費用ノ支辨方法ニ付規定ヲ設クヘシ

第百五十三條　市町村組合ヲ解カムトスルトキハ關係市町村ノ協議ニ依リ府縣知事ノ許可ヲ受クヘシ

公益上必要アル場合ニ於テハ府縣知事ハ關係アル市町村會ノ意見ヲ徴シ府縣參事會ノ議決ヲ經テ市町村組合ヲ解クコトヲ得

第百五十四條　第百五十條第一項及前條第一項ノ場合ニ於テ財産ノ處分ニ關スル事項ハ關係市町村ノ協議ニ依リ之ヲ定ム

第百五十條第二項及前條第二項ノ場合ニ於テ財産ノ處分ニ關スル事項ハ關係アル市町村會ノ意見ヲ徴シ府縣參事會ノ議決

ヲ經テ府縣知事之ヲ定ム

第百五十五條　第百四十九條第一項第百五十條第一項第百五十一條第一項第百五十三條第一項及前條第二項ノ規定ニ依ル府縣知事ノ處分ニ不服アル市町村又ハ市町村組合ハ內務大臣ニ訴願スルコトヲ得

組合費ノ分賦ニ關シ違法又ハ錯誤アリト認ムル市町村ハ其ノ告知アリタル日ヨリ三月以內ニ組合ノ管理者ニ異議ノ申立ヲ爲スコトヲ得

前項ノ異議ノ申立アリタルトキハ組合ノ管理者ハ七日以內ニ之ヲ組合會ノ決定ニ付スヘシ其ノ決定ニ不服アル市町村ハ府縣參事會ニ訴願シ其ノ裁決又ハ第四項ノ裁決ニ不服アルトキハ行政裁判所ニ出訴スル事ヲ得

前項ノ決定及裁決ニ付テハ組合ノ管理者ヨリモ訴願又ハ訴訟ヲ提起スルコトヲ得

前二項ノ裁決ニ付テハ府縣知事ヨリモ訴訟ヲ提起スルコトヲ得

第百五十六條　市町村組合ニ關シテハ法律勅令中別段ノ規定アル場合ヲ除クノ外市ニ關スル規定ヲ準用ス

第九章　市ノ監督

第百五十七條　市ハ第一次ニ於テ府縣知事之ヲ監督シ第二次ニ於テ內務大臣之ヲ監督ス

第百五十八條　本法中別段ノ規定アル場合ヲ除クノ外市ノ監督ニ關スル府縣知事ノ處分ニ不服アル市ハ內務大臣ニ訴願スルコトヲ得

第百五十九條　本法中行政裁判所ニ出訴スルコトヲ得ヘキ場合ニ於テハ內務大臣ニ訴願スルコトヲ得

第百六十條　異議ノ申立又ハ訴願ノ提起ハ處分決定又ハ裁決アリタル日ヨリ二十一日以內ニ之ヲ爲ヘスシ但シ本法中別ニ期間ヲ定メタルモノハ此ノ限ニ在ラス

行政訴訟ノ提起ハ處分決定裁定又ハ裁決アリタル日ヨリ三十日以內ニ之ヲ爲スヘシ

決定書又ハ裁決書ノ交付ヲ受ケサル者ニ關シテハ前二項ノ期間ハ告示ノ日ヨリ之ヲ起算ス

異議ノ申立ハ期限ニ關スル期間ノ計算ニ付テハ訴願法ノ規定ニ依ル

異議ノ申立ハ期限經過後ニ於テモ宥恕スヘキ事由アリト認ムルトキハ仍之ヲ受理スルコトヲ得

異議ノ決定ハ文書ヲ以テ之ヲ爲シ其ノ理由ヲ附シ之ヲ申立人ニ交付スヘシ

異議ノ申立アルモ處分ノ執行ハ之ヲ停止セス但シ行政廳ハ其ノ職權ニ依リ又ハ關係者ノ請求ニ依リ必要ト認ムルトキハ之ヲ停止スルコトヲ得

第百六十條ノ二　異議ノ決定ハ本法中別ニ期間ヲ定メタルモノヲ除クノ外其ノ決定ニ付セラレタル日ヨリ三月以内ニ之ヲ爲スヘシ
府縣參事會訴願ヲ受理シタルトキハ其ノ日ヨリ三月以内ニ之ヲ裁決スヘシ
第百六十一條　監督官廳ハ市ノ監督上必要アル場合ニ於テハ事務ノ報告ヲ爲サシメ、書類帳簿ヲ徴シ及實地ニ就キ事務ヲ視察シ又ハ出納ヲ檢閲スルコトヲ得
監督官廳ハ市ノ監督上必要ナル命令ヲ發シ又ハ處分ヲ爲スコトヲ得
上級監督官廳ハ下級監督官廳ノ市ノ監督ニ關シテ爲シタル命令又ハ處分ヲ停止シ又ハ取消スコトヲ得
第百六十二條　内務大臣ハ市會ノ解散ヲ命スルコトヲ得
市會解散ノ場合ニ於テハ三月以内ニ議員ヲ選擧スヘシ
第百六十三條　市ニ於テ法令ニ依リ負擔シ又ハ當該官廳ノ職權ニ依リ命スル費用ヲ豫算ニ載セサルトキハ府縣知事ハ理由ヲ示シテ其ノ費用ヲ豫算ニ加フルコトヲ得
市長其ノ他ノ吏員其ノ執行スヘキ事件ヲ執行セサルトキハ府縣知事又ハ其ノ委任ヲ受ケタル官吏吏員之ヲ執行スルコトヲ得但シ其ノ費用ハ市ノ負擔トス
前二項ノ處分ニ不服アル市又ハ市長其ノ他ノ吏員ハ行政裁判所ニ出訴スルコトヲ得
第百六十四條　市長、助役、收入役又ハ副收入役ニ故障アルトキハ監督官廳ハ臨時代理者ヲ選任シ又ハ官吏ヲ派遣シ其ノ職務ヲ管掌セシムルコトヲ得但シ官吏ヲ派遣シタル場合ニ於テハ其ノ旅費ハ市費ヲ以テ辨償セシムヘシ
臨時代理者ハ有給ノ市吏員トシ其ノ給料額旅費額等ハ監督官廳之ヲ定ム
第百六十五條　削除
第百六十六條　削除
第百六十七條　左ニ掲クル事件ハ府縣知事ノ許可ヲ受クヘシ但シ第一號、第四號、第六號及第十一號ニ掲クル事件ニシテ勅令ヲ以テ指定スルモノハ其ノ定ムル所ニ依リ主務大臣ノ許可ヲ受クヘシ
一　市條例ヲ設ケ又ハ改廢スルコト
二　基本財産及特別基本財産ノ處分ニ關スルコト
三　第百十條ノ規定ニ依リ舊慣ヲ變更シ又ハ廢止スルコト
四　使用料ヲ新設シ又ハ變更スルコト
五　均一ノ税率ニ依ラスシテ國税又ハ府縣税ノ附加税ヲ賦課スルコト
六　特別税ヲ新設シ又ハ變更スルコト
七　第百二十二條第一項第二項及第四項ノ規定ニ依リ數人又

ハ市ノ一部ニ費用ヲ負擔セシムルコト

八　第百二十四條ノ規定ニ依リ不均一ノ賦課ヲ爲シ又ハ數人若ハ市ノ一部ニ對シ賦課ヲ爲スコト

九　第百二十五條ノ準率ニ依ラスシテ夫役現品ヲ賦課スルコト但シ急迫ノ場合ニ賦課スル夫役ニ付テハ此ノ限ニ在ラス

十　繼續費ヲ定メ又ハ變更スルコト

十一　市債ヲ起シ竝ニ起債ノ方法、利息ノ定率及償還ノ方法ヲ定メ又ハ之ヲ變更スルコト但シ第百三十二條第三項ノ借入金ハ此ノ限ニ在ラス

第百六十八條　監督官廳ノ許可ヲ要スル事件ニ付テハ監督官廳ハ許可申請ノ趣旨ニ反セスト認ムル範圍內ニ於テ更正シテ許可ヲ與フルコトヲ得

第百六十九條　監督官廳ノ許可ヲ要スル事件ニ付テハ勅令ノ定ムル所ニ依リ其ノ許可ノ職權ヲ下級監督官廳ニ委任シ又ハ輕易ナル事件ニ限リ許可ヲ受ケシメサルコトヲ得

第百七十條　府縣知事ハ市長、市參與、助役、收入役、副收入役、區長、區長代理者、委員其ノ他ノ市吏員ニ對シ懲戒ヲ行フコトヲ得其ノ懲戒處分ハ譴責、二十五圓以下ノ過怠金及解職トス但シ市長、市參與、助役、收入役、副收入役及第六條又ハ第八十二條第三項ノ市ノ區長ニ對スル解職ハ懲戒審查會ノ議決ヲ經ルコトヲ要ス

懲戒審查會ハ內務大臣ノ命シタル府縣高等官三人及府縣名譽職參事會員ニ於テ互選シタル者三人ヲ以テ其ノ會員トシ府縣知事ヲ以テ會長トス知事故障アルトキハ其ノ代理者會長ノ職務ヲ行フ

府縣名譽職參事會員ノ互選スヘキ會員ノ選擧補闕及任期竝懲戒審查會ノ招集及會議ニ付テハ府縣制中名譽職參事會員及府縣參事會ニ關スル規定ヲ準用ス但シ補充員ハ之ヲ設クルノ限ニ在ラス

解職ノ處分ヲ受ケタル者其ノ處分ニ不服アルトキハ內務大臣ニ訴願スルコトヲ得

府縣知事ハ市長、市參與、助役、收入役、副收入役及第六條又ハ第八十二條第三項ノ市ノ區長ノ解職ヲ行ハムトスル前其ノ停職ヲ命スルコトヲ得此ノ場合ニ於テハ其ノ停職期間報酬又ハ給料ヲ支給スルコトヲ得ス

懲戒ニ依リ解職セラレタル者ハ二年間北海道、府縣、市町村其ノ他之ニ準スヘキモノノ公職ニ就クコトヲ得ス

第百七十一條　市吏員ノ服務紀律、賠償責任、身元保證及事務引繼ニ關スル規定ハ命令ヲ以テ之ヲ定ム

前項ノ命令ニハ事務引繼ヲ拒ミタル者ニ對シ二十五圓以上ノ過料ヲ科スル規定ヲ設クルコトヲ得

第十章　雜則

第百七十二條　府縣知事又ハ府縣參事會ノ職權ニ屬スル事件ニシテ數府縣ニ涉ルモノアルトキハ内務大臣ハ關係府縣知事ノ具狀ニ依リ其ノ事件ヲ管理スヘキ府縣知事又ハ府縣參事會ヲ指定スヘシ

第百七十三條　本法ニ規定スルモノノ外第六條ノ市ノ有給吏員ノ組織任用分限及其ノ區ニ關シ必要ナル事項ハ勅令ヲ以テ之ヲ定ム

第百七十四條　第十三條ノ人口ハ内務大臣ノ定ムル所ニ依ル

第百七十五條　本法ニ於ケル直接稅及間接稅ノ種類ハ内務大臣及大藏大臣之ヲ定ム

第百七十六條　市又ハ市町村組合ノ廢置分合又ハ境界變更アリタル場合ニ於テ市ノ事務ニ付必要ナル事項ハ本法ニ規定スルモノノ外勅令ヲ以テ之ヲ定ム

第百七十七條　本法中府縣、府縣制、府縣知事、府縣參事會、府縣名譽職參事會員、府縣高等官、所屬府縣ノ官吏若ハ有給吏員、府縣稅又ハ直接府縣稅ニ關スル規定ハ北海道ニ付テハ各地方費、道會法、道廳長官、道參事會、道名譽職參事會員、道廳高等官、道廳ノ官吏若ハ地方費ノ有給吏員、北海道地方稅又ハ直接北海道地方稅ニ、町村又ハ町村會ニ關スル規定ハ北海道ニ付テハ各町村又ハ町村會ニ該當スルモノニ關シ之ヲ適用ス

第百七十七條ノ二　本法中官吏ニ關スル規定ハ待遇官吏ニ之ヲ適用ス

附　則

第百七十八條　本法施行ノ期日ハ勅令ヲ以テ之ヲ定ム（明治四十四年勅令第二百三十八號ヲ以テ同年十月一日ヨリ之ヲ施行ス）

第百七十九條　本法施行ノ際現ニ市會議員又ハ區會議員ノ職ニ在ル者ハ從前ノ規定ニ依ル最近ノ定期改選期ニ於テ總テ其ノ職ヲ失フ

本法施行ノ際現ニ市長助役又ハ收入役ノ職ニ在ル者ハ從前ノ規定ニ依ル任期滿了ノ日ニ於テ其ノ職ヲ失フ

第百八十條　舊刑法ノ重罪ノ刑ニ處セラレタル者ハ本法ノ適用ニ付テハ六年ノ懲役又ハ禁錮以上ノ刑ニ處セラレタル者ト看做ス但シ復權ヲ得タル者ハ此ノ限ニ在ラス

舊刑法ノ禁錮以上ノ刑ハ本法ノ適用ニ付テハ禁錮以上ノ刑ト看做ス

第百八十一條　本法施行ノ際必要ナル規定ハ命令ヲ以テ之ヲ定ム

附　則（大正十年法律第五十八號附則）

本法中公民權及選擧ニ關スル規定ハ次ノ總選擧ヨリ之ヲ施行シ

其ノ他ノ規定ノ施行ノ期日ハ勅令ヲ以テ之ヲ定ム（大正十年勅令第百八十九號ヲ以テ公民權及選擧ニ關スル規定ヲ除クノ外大正十年五月二十日ヨリ之ヲ施行ス）

沖繩縣ノ區ヲ廢シテ市ヲ置カムトスルトキハ第三條ノ例ニ依ル

附　則　（大正十一年法律第五十六號附則）

本法施行ノ期日ハ勅令ヲ以テ之ヲ定ム（大正十一年勅令第二百五十五號ヲ以テ同年五月十五日ヨリ之ヲ施行ス）

北海道ノ區ヲ廢シテ市ヲ置カムトスルトキハ第三條ノ例ニ依ル

附　則　（大正十五年法律第七十四號附則）

本法中公民權及議員選擧ニ關スル規定ハ次ノ總選擧ヨリ之ヲ施行シ其ノ他ノ施行ノ期日ハ勅令ヲ以テ之ヲ定ム（大正十五年勅令第二百七號ヲ以テ公民權及議員選擧ニ關スル規定ヲ除クノ外同年七月一日ヨリ之ヲ施行ス）

本法ニ依リ初テ議員ヲ選擧スル場合ニ於テ必要ナル選擧人名簿ニ關シ第二十一條乃至第二十一條ノ五ニ規定スル期間ニ依リ難キトキハ命令ヲ以テ別ニ其ノ期日又ハ期間ヲ定ム但シ其ノ選擧人名簿ハ次ノ選擧人名簿確定迄其ノ效力ヲ有ス

本法施行ノ際大正十四年法律第四十七號衆議院議員選擧法又ハ大正十五年府縣制中改正法律未タ施行セラレサル場合ニ於テハ本法ノ適用ニ付テハ同法ハ既ニ施行セラレタルモノト看做ス

本法施行ノ際必要ナル規定ハ命令ヲ以テ之ヲ定ム

附　則　（昭和四年法律第五十六號附則）

本法施行ノ期日ハ勅令ヲ以テ之ヲ定ム（昭和四年勅令第百八十四號ヲ以テ同年七月一日ヨリ施行ス）

本法施行ノ際必要ナル規定ハ命令ヲ以テ之ヲ定ム

●町村制（明治四十四年四月七日法律第六十九號）

（改正大正十年第五十九號、十五年第七十五號昭和四年第五十七號）

朕帝國議會ノ協贊ヲ經タル町村制改正法律ヲ裁可シ茲ニ之ヲ公布セシム

町村制

第一章　總則

第一款　町村及其ノ區域

第一條　町村ハ從來ノ區域ニ依ル

第二條　町村ハ法人トス官ノ監督ヲ承ケ法令ノ範圍内ニ於テ其ノ公共事務竝從來法令又ハ慣例ニ依リ及將來法律勅令ニ依リ町村ニ屬スル事務ヲ處理ス

第三條　町村ノ廢置分合又ハ境界變更ヲ爲サムトスルトキハ府縣知事ハ關係アル市町村會ノ意見ヲ徴シ府縣參事會ノ議決ヲ經内務大臣ノ許可ヲ得テ之ヲ定ム所屬未定地ヲ町村ノ區域ニ編入セムトスルトキ亦同シ

前項ノ場合ニ於テ財産アルトキハ其ノ處分ハ關係アル市町村會ノ意見ヲ徴シ府縣參事會ノ議決ヲ經テ府縣知事之ヲ定ム

第一項ノ場合ニ於テ市ノ廢置分合ヲ伴フトキハ市制第三條ノ規定ニ依ル

第四條　町村ノ境界ニ關スル爭論ハ府縣參事會之ヲ裁定ス其ノ裁定ニ不服アル町村ハ行政裁判所ニ出訴スルコトヲ得

町村ノ境界判明ナラサル場合ニ於テ前項ノ爭論ナキトキハ府縣知事ハ府縣參事會ノ決定ニ付スヘシ其ノ決定ニ不服アル町村ハ行政裁判所ニ出訴スルコトヲ得

第一項ノ裁定及前項ノ決定ハ文書ヲ以テ之ヲ爲シ其ノ理由ヲ附シ之ヲ關係町村ニ交付スヘシ

第一項ノ裁定及第二項ノ決定ニ付テハ府縣知事ヨリモ訴訟ヲ提起スルコトヲ得

第五條　町村ノ名稱ヲ變更セムトスルトキ、村ヲ町ト爲シ若ハ町ヲ村ト爲サムトスルトキ又ハ町村役場ノ位置ヲ定メ若ハ之ヲ變更セムトスルトキハ町村ハ府縣知事ノ許可ヲ受クヘシ

第二款　町村住民及其ノ權利義務

第六條　町村内ニ住所ヲ有スル者ハ其ノ町村住民トス

町村住民ハ本法ニ從ヒ町村ノ財産及營造物ヲ共用スル權利ヲ有シ町村ノ負擔ヲ分任スル義務ヲ負フ

第七條　帝國臣民タル年齡二十五年以上ノ男子ニシテ二年以來町村住民タル者ハ其ノ町村公民トス但シ左ノ各號ノ一ニ該當スル者ハ此ノ限ニ在ラス

一　禁治産者及準禁治産者

二　破産者ニシテ復權ヲ得サル者

三　貧困ニ因リ生活ノ爲公私ノ救助ヲ受ケ又ハ扶助ヲ受クル者

四　一定ノ住居ヲ有セサル者

五　六年ノ懲役又ハ禁錮以上ノ刑ニ處セラレタル者

六　刑法第二編第一章、第三章、第九章、第十六章乃至第二十一章、第二十五章又ハ第三十六章乃至第三十九章ニ掲クル罪ヲ犯シ六年未滿ノ懲役ノ刑ニ處セラレ其ノ施行ヲ終リ又ハ施行ヲ受クルコトナキニ至リタル後其ノ刑期ノ二倍ニ相當スル期間ヲ經過スルニ至ル迄ノ者但シ其ノ期間五年ヨリ短キトキハ五年トス

七　六年未滿ノ禁錮ノ刑ニ處セラレ又ハ前號ニ掲クル罪以外ノ罪ヲ犯シ六年未滿ノ懲役ノ刑ニ處セラレ其ノ施行ヲ終リ又ハ施行ヲ受クルコトナキニ至ル迄ノ者

町村ハ前項二年ノ制限ヲ特免スルコトヲ得

第一項二年ノ期間ハ市町村ノ廢置分合又ハ境界變更ノ爲中斷セラルルコトナシ

第八條　町村公民ハ町村ノ選擧ニ參與シ町村ノ名譽職ニ選擧セラルル權利ヲ有シ町村ノ名譽職ヲ擔任スル義務ヲ負フ

左ノ各號ノ一ニ該當セサル者ニシテ名譽職ノ當選ヲ辭シ又ハ其ノ職ヲ辭シ若ハ其ノ職務ヲ實際ニ施行セサルトキハ町村ハ一年以上四年以下其ノ町村公民權ヲ停止スルコトヲ得

一　疾病ニ罹リ公務ニ堪ヘサル者

二　業務ノ爲常ニ町村内ニ居ルコトヲ得サル者

三　年齡六十年以上ノ者

四　官公職ノ爲町村ノ公務ヲ執ルコトヲ得サル者

五　四年以上名譽職町村吏員、町村會議員又ハ區會議員ノ職ニ任シ爾後同一ノ期間ヲ經過セサル者

六　其ノ他町村會ノ議決ニ依リ正當ノ理由アリト認ムル者

前項ノ處分ヲ受ケタル者其ノ處分ニ不服アルトキハ府縣參事會ニ訴願シ其ノ裁決ニ不服アルトキハ行政裁判所ニ出訴スルコトヲ得

第二項ノ處分ハ其ノ確定ニ至ル迄執行ヲ停止ス

第三項ノ裁決ニ付テハ府縣知事又ハ町村長ヨリモ訴訟ヲ提起スルコトヲ得

第九條　陸海軍人ニシテ現役中ノ者（未タ入營セサル者及歸休下士官兵ヲ除ク）及戰時若ハ事變ニ際シ召集中ノ者ハ町村ノ公務ニ參與スルコトヲ得ス兵籍ニ編入セラレタル學生生徒（勅令ヲ以テ定ムル者ヲ除ク）及志願ニ依リ國民軍ニ編入セラレタル者亦同シ

第三款　町村條例及町村規則

第十條　町村ハ町村住民ノ權利義務又ハ町村ノ事務ニ關シ町村條例ヲ設クルコトヲ得

町村ハ町村ノ營造物ニ關シ町村條例ヲ以テ規定スルモノノ外町村規則ヲ設クルコトヲ得

町村條例及町村規則ハ一定ノ公告式ニ依リ之ヲ告示スヘシ

第二章 町村會

第一款 組織及選擧

第十一條 町村會議員ハ其ノ被選擧權アル者ニ就キ選擧人之ヲ選擧ス

議員ノ定數左ノ如シ

一 (大正十五年法律第七十五號ヲ以テ本項削除)

二 人口五千未滿ノ町村 十二人

三 人口五千以上一萬未滿ノ町村 十八人

四 人口一萬以上二萬未滿ノ町村 二十四人

五 人口二萬以上ノ町村 三十人

議員ノ定數ハ町村條例ヲ以テ特ニ之ヲ增減スルコトヲ得

議員ノ定數ハ總選擧ヲ行フ場合ニ非サレハ之ヲ增減セス但シ著シク人口ノ增減アリタル場合ニ於テ府縣知事ノ許可ヲ得タルトキハ此ノ限ニ在ラス

第十二條 町村公民ハ總テ選擧權ヲ有ス但シ公民權停止中ノ者又ハ第九條ノ規定ニ該當スル者ハ此ノ限ニ在ラス

第十三條 (大正十五年法律第七十五號ヲ以テ削除)

第十四條 特別ノ事情アルトキハ町村ハ區劃ヲ定メテ投票分會ヲ設クルコトヲ得

第十五條 選擧權ヲ有スル町村公民ハ被選擧權ヲ有ス

在職ノ檢事、警察官吏及收稅官吏ハ被選擧權ヲ有セス

選擧事務ニ關係アル官吏及町村ノ有給吏員ハ其ノ關係區域內ニ於テ被選擧權ヲ有セス

町村ノ有給ノ吏員教員其ノ他ノ職員ニシテ在職中ノ者ハ其ノ町村會議員ト相兼ヌルコトヲ得ス

第十六條 町村會議員ハ名譽職トス

議員ノ任期ハ四年トシ總選擧ノ日ヨリ之ヲ起算ス

議員ノ定數ニ異動ヲ生シタル爲解任ヲ要スル者アルトキハ町村長抽籤シテ之ヲ定ム但シ闕員アルトキハ其ノ闕員ヲ以テ之ニ充ツヘシ

前項但書ノ場合ニ於テ闕員ノ數解任ヲ要スル者ノ數ニ滿チサルトキハ其ノ不足ノ員數ニ付町村長抽籤シテ解任スヘキ者ヲ定メ闕員ノ數解任ヲ要スル者ノ數ヲ超ユルトキハ解任ヲ要スル者ニ充ツヘキ闕員ハ最モ先ニ闕員ト爲リタル者ヨリ順次之ニ充テ闕員ト爲リタル時同シキトキハ町村長抽籤シテ之ヲ定ム

議員ノ定數ニ異動ヲ生シタル爲新ニ選擧セラレタル議員ハ總選擧ニ依リ選擧セラレタル議員ノ任期滿了ノ日迄在任ス

第十七條 町村會議員中闕員ヲ生シタル場合ニ於テ第二十七條

第二項ノ規定ノ適用ヲ受ケタル得票者ニシテ當選者ト爲ラサリシ者アルトキハ直ニ選擧會ヲ開キ其ノ者ノ中ニ就キ當選者ヲ定ムヘシ此ノ場合ニ於テハ第三十條第三項及第四項ノ規定ヲ準用ス

前項ノ規定ノ適用ヲ受クル者ナク若ハ前項ノ規定ノ適用ニ依リ當選者ヲ定ムルモ仍其ノ闕員カ議員定數ノ六分ノ一ヲ超ユルニ至リタルトキ又ハ町村長若ハ町村會ニ於テ必要ト認ムルトキハ補闕選擧ヲ行フヘシ

第三十條第五項及第六項ノ規定ハ補闕選擧ニ之ヲ準用ス

補闕議員ハ其ノ前任者ノ殘任期間在任ス

第十八條　町村長ハ毎年九月十五日ノ現在ニ依リ選擧人名簿ヲ調製スヘシ

選擧人名簿ニハ選擧人ノ氏名、住所及生年月日等ヲ記載スヘシ

第十八條ノ二　町村長ハ十一月五日ヨリ十五日間町村役場又ハ其ノ指定シタル場所ニ於テ選擧人名簿ヲ關係者ノ縱覽ニ供スヘシ

町村長ハ縱覽開始ノ日前三日目迄ニ縱覽ノ場所ヲ告示スヘシ

第十八條ノ三　選擧人名簿ニ關シ關係者ニ於テ異議アルトキハ縱覽期間內ニ之ヲ町村長ニ申立ツルコトヲ得此ノ場合ニ於テハ町村長ハ其ノ申立ヲ受ケタル日ヨリ十四日以內ニ之ヲ決定シ名簿ノ修正ヲ要スルトキハ直ニ之ヲ修正スヘシ

前項ノ決定ニ不服アル者ハ府縣參事會ニ訴願シ其ノ裁決ニ不服アル者ハ行政裁判所ニ出訴スルコトヲ得

前項ノ裁決ニ付テハ府縣知事又ハ町村長ヨリモ訴訟ヲ提起スルコトヲ得

第一項ノ規定ニ依リ決定ヲ爲シタルトキハ町村長ハ直ニ其ノ要領ヲ告示スヘシ同項ノ規定ニ依リ名簿ヲ修正シタルトキ亦同シ

第十八條ノ四　選擧人名簿ハ十二月二十五日ヲ以テ確定ス

選擧人名簿ハ次年ノ十二月二十四日迄之ヲ据置クヘシ

前條第二項又ハ第三項ノ場合ニ於テ裁決確定シ又ハ判決アリタルニ依リ名簿ノ修正ヲ要スルトキハ町村長ハ直ニ之ヲ修正スヘシ

前項ノ規定ニ依リ名簿ヲ修正シタルトキハ町村長ハ直ニ其ノ要領ヲ告示スヘシ

投票分會ヲ設クル場合ニ於テ必要アルトキハ町村長ハ確定名簿ニ依リ分會ノ區劃毎ニ名簿ノ抄本ヲ調製スヘシ

第十八條ノ五　第十八條ノ三ノ場合ニ於テ決定若ハ裁決確定シ又ハ判決アリタルニ依リ選擧人名簿無效ト爲リタルトキハ更ニ名簿ヲ調製スヘシ

天災事變ノ爲必要アルトキハ更ニ名簿ヲ調製スヘシ

前二項ノ規定ニ依ル名簿ノ調製、縱覽、確定及異議ノ決定ニ關スル期日及期間ハ府縣知事ノ定ムル所ニ依ル

町村ノ廢置分合又ハ境界變更アリタル場合ニ於テ名簿ニ關シ其ノ分合其ノ他必要ナル事項ハ命令ヲ以テ之ヲ定ム

第十九條　町村長ハ選擧ノ期日前七日目迄ニ選擧會場（投票分會場ヲ含ム以下之ニ同シ）、投票ノ日時及選擧スヘキ議員數ヲ告示スヘシ投票分會ヲ設クル場合ニ於テハ併セテ其ノ區劃ヲ告示スヘシ

投票分會ノ投票ハ選擧會ト同日時ニ之ヲ行フ

天災事變等ノ爲投票ヲ行フコト能ハサルトキ又ハ更ニ投票ヲ行フノ必要アルトキハ町村長ハ其ノ投票ヲ行フヘキ選擧會又ハ投票分會ノミニ付更ニ期日ヲ定メ投票ヲ行ハシムヘシ此ノ場合ニ於テ選擧會場及投票ノ日時ハ選擧ノ期日前五日目迄ニ之ヲ告示スヘシ

第二十條　町村長ハ選擧長ト爲リ選擧會ヲ開閉シ其ノ取締ニ任ス

町村長ハ選擧人名簿ニ登錄セラレタル者ノ中ヨリ二人乃至四人ノ選擧立會人ヲ選任スヘシ

投票分會ハ町村長ノ指名シタル吏員投票分會長ト爲リ之ヲ開閉シ其ノ取締ニ任ス

町村長ハ分會ノ區劃內ニ於ケル選擧人名簿ニ登錄セラレタル者ノ中ヨリ二人乃至四人ノ投票立會人ヲ選任スヘシ

選擧立會人及投票立會人ハ名譽職トス

第二十一條　選擧人ニ非サル者ハ選擧會場ニ入ルコトヲ得ス但シ選擧會場ノ事務ニ從事スル者、選擧會場ヲ監視スル職權ヲ有スル者又ハ警察官吏ハ此ノ限ニ在ラス

選擧會場ニ於テ演說討論ヲ爲シ若ハ喧擾ニ涉リ又ハ投票ニ關シ協議若ハ勸誘ヲ爲シ其ノ他選擧會場ノ秩序ヲ紊ス者アルトキハ選擧長又ハ投票分會長ハ之ヲ制止シ命ニ從ハサルトキハ之ヲ選擧會場外ニ退出セシムヘシ

前項ノ規定ニ依リ退出セシメラレタル者ハ最後ニ至リ投票ヲ爲スコトヲ得但シ選擧長又ハ投票分會長會場ノ秩序ヲ紊スノ虞ナシト認ムル場合ニ於テ投票ヲ爲サシムルヲ妨ケス

第二十二條　選擧ハ無記名投票ヲ以テ之ヲ行フ

投票ハ一人一票ニ限ル

選擧人ハ選擧ノ當日投票時間內ニ自ラ選擧會場ニ到リ選擧人名簿又ハ其ノ抄本ノ對照ヲ經テ投票ヲ爲スヘシ

投票時間內ニ選擧會場ニ入リタル選擧人ハ其ノ時間ヲ過クルモ投票ヲ爲スコトヲ得

選擧人ハ選擧會場ニ於テ投票用紙ニ自ラ被選擧人一人ノ氏名ヲ記載シテ投函スヘシ（大正十年法律第五十九號ヲ以テ本項但書削除）

投票ニ關スル記載ニ付テハ勅令ヲ以テ定ムル點字ハ之ヲ文字ト看做ス

自ラ被選擧人ノ氏名ヲ書スルコト能ハサル者ハ投票ヲ爲スコトヲ得ス

投票用紙ハ町村長ノ定ムル所ニ依リ一定ノ式ヲ用ウヘシ

投票分會ニ於テ爲シタル投票ハ投票分會長少クトモ一人ノ立會人ト共ニ投票函ノ儘之ヲ選擧長ニ送致スヘシ

第二十二條ノ二　確定名簿ニ登錄セラレサル者ハ投票ヲ爲スコトヲ得ス但シ選擧人名簿ニ登錄セラルヘキ確定裁決書又ハ判決書ヲ所持シ選擧ノ當日選擧會場ニ到ル者ハ此ノ限ニ在ラス

確定名簿ニ登錄セラレタル者選擧人名簿ニ登錄セラルルコトヲ得サル者ナルトキハ投票ヲ爲スコトヲ得ス選擧ノ當日選擧權ヲ有セサル者ナルトキ亦同シ

第二十二條ノ三　投票ノ拒否ハ選擧立會人又ハ投票立會人之ヲ決定ス可否同數ナルトキハ選擧長又ハ投票分會長之ヲ決スヘシ

投票分會ニ於テ投票拒否ノ決定ヲ受ケタル選擧人不服アルトキハ投票分會長ハ假ニ投票ヲ爲サシムヘシ

前項ノ投票ハ選擧人ヲシテ之ヲ封筒ニ入レ封緘シ表面ニ自ラ其ノ氏名ヲ記載シ投函セシムヘシ

投票分會長又ハ投票立會人ニ於テ異議アル選擧人ニ對シテモ亦前二項ニ同シ

第二十三條　第三十條若ハ第三十四條ノ選擧、增員選擧又ハ補闕選擧ヲ同時ニ行フ場合ニ於テハ一ノ選擧ヲ以テ合併シテ之ヲ行フ

第二十四條　町村長ハ豫メ開票ノ日時ヲ告示スヘシ

第二十四條ノ二　選擧長ハ投票ノ日又ハ其ノ翌日（投票分會ヲ設ケタルトキハ總テノ投票函ノ送致ヲ受ケタル日又ハ其ノ翌日）選擧立會人立會ノ上投票函ヲ開キ投票ノ總數ト投票人ノ總數トヲ計算スヘシ

前項ノ計算終リタルトキハ選擧長ハ先ツ第二十二條ノ三第二項及第四項ノ投票ヲ調査スヘシ其ノ投票ノ受理如何ハ選擧立會人之ヲ決定ス可否同數ナルトキハ選擧長之ヲ決スヘシ

選擧長ハ選擧立會人ト共ニ投票ヲ點檢スヘシ

天災事變等ノ爲開票ヲ行フコト能ハサルトキハ町村長ハ更ニ開票ノ期日ヲ定ムヘシ此ノ場合ニ於テ選擧會場ノ變更ヲ要スルトキハ豫メ更ニ其ノ場所ヲ告示スヘシ

第二十四條ノ三　選擧人ハ其ノ選擧會ノ參觀ヲ求ムルコトヲ得但シ開票開始前ハ此ノ限ニ在ラス

第二十四條ノ四　特別ノ事情アルトキハ町村ハ府縣知事ノ許可

ヲ得區劃ヲ定メテ開票分會ヲ設クルコトヲ得

前項ノ規定ニ依リ開票分會ヲ設クル場合ニ於テ必要ナル事項ハ命令ヲ以テ之ヲ定ム

第二十五條　左ノ投票ハ之ヲ無效トス

一　成規ノ用紙ヲ用ヰサルモノ

二　現ニ町村會議員ノ職ニ在ル者ノ氏名ヲ記載シタルモノ

三　一投票中二人以上ノ被選擧人ノ氏名ヲ記載シタルモノ

四　被選擧人ノ何人タルカヲ確認シ難キモノ

五　被選擧權ナキ者ノ氏名ヲ記載シタルモノ

六　被選擧人ノ氏名ノ外他事ヲ記入シタルモノ但シ爵位職業身分住所又ハ敬稱ノ類ヲ記入シタルモノハ此ノ限ニ在ラス

七　被選擧人ノ氏名ヲ自書セサルモノ

第二十六條　投票ノ效力ハ選擧立會人之ヲ決定ス可否同數ナルトキハ選擧長之ヲ決スヘシ（大正十五年法律第七十五號ヲ以テ本項改正第二項削除）

第二十七條　町村會議員ノ選擧ハ有效投票ノ最多數ヲ得タル者ヲ以テ當選者トス但シ議員ノ定數ヲ以テ有效投票ノ總數ヲ除シテ得タル數ノ六分ノ一以上ノ得票アルコトヲ要ス

前項ノ規定ニ依リ當選者ヲ定ムルニ當リ得票ノ數同シキトキハ年長者ヲ取リ年齡同シキトキハ選擧長抽籤シテ之ヲ定ムヘシ

第二十七條ノ二　當選者選擧ノ期日後ニ於テ被選擧權ヲ有セサルニ至リタルトキハ當選ヲ失フ

第二十八條　選擧長ハ選擧錄ヲ作リ選擧會ニ關スル顚末ヲ記載シ之ヲ朗讀シ二人以上ノ選擧立會人ト共ニ之ニ署名スヘシ

投票分會長ハ投票錄ヲ作リ投票ニ關スル顚末ヲ記載シ之ヲ朗讀シ二人以上ノ投票立會人ト共ニ之ニ署名スヘシ

投票分會長ハ投票函ト同時ニ投票錄ヲ選擧長ニ送致スヘシ

選擧錄及投票錄ハ投票、選擧人名簿其ノ他ノ關係書類ト共ニ議員ノ任期間町村長ニ於テ之ヲ保存スヘシ

第二十九條　當選者定マリタルトキハ町村長ハ直ニ當選者ニ當選ノ旨ヲ告知シ同時ニ當選者ノ住所氏名ヲ告知シ且選擧錄ノ寫（投票錄アルトキハ併セテ投票錄ノ寫）ヲ添ヘ之ヲ府縣知事ニ報告スヘシ當選者ナキトキハ直ニ其ノ旨ヲ告示シ且選擧錄ノ寫（投票錄アルトキハ併セテ投票錄ノ寫）ヲ添ヘ之ヲ府縣知事ニ報告スヘシ

當選者當選ヲ辭セムトスルトキハ當選ノ告知ヲ受ケタル日ヨリ五日以內ニ之ヲ町村長ニ申立ツヘシ

官吏ニシテ當選シタル者ハ所屬長官ノ許可ヲ受クルニ非サレハ之ニ應スルコトヲ得ス

前項ノ官吏ハ當選ノ告知ヲ受ケタル日ヨリ二十日以內ニ之ニ

應スヘキ旨ヲ町村長ニ申立テサルトキハ其ノ當選ヲ辭シタルモノト看做ス

町村ニ對シ請負ヲ爲シ又ハ町村ニ於テ費用ヲ負擔スル事業ニ付町村長若ハ其ノ委任ヲ受ケタル者ニ對シ請負ヲ爲ス者若ハ其ノ支配人又ハ主トシテ同一ノ行爲ヲ爲ス法人ノ無限責任社員、役員若ハ支配人ニシテ當選シタル者ハ其ノ請負ヲ罷メ又ハ請負ヲ爲ス者ノ支配人若ハ主トシテ同一ノ行爲ヲ爲ス法人ノ無限責任社員、役員若ハ支配人タルコトナキニ至ルニ非サレハ當選ニ應スルコトヲ得ス第二項ノ期限前ニ其ノ旨ヲ町村長ニ申立テサルトキハ其ノ當選ヲ辭シタルモノト看做ス

前項ノ役員トハ取締役、監査役及之ニ準スヘキ者竝淸算人ヲ謂フ

第三十條　當選者左ニ掲クル事由ノ一ニ該當スルトキハ三月以内ニ更ニ選擧ヲ行フヘシ但シ第二項ノ規定ニ依リ更ニ選擧ヲ行フコトナクシテ當選者ヲ定メ得ル場合ハ此ノ限ニ在ラス

一　當選ヲ辭シタルトキ

二　第二十七條ノ二ノ規定ニ依リ當選ヲ失ヒタルトキ

三　死亡者ナルトキ

四　選擧ニ關スル犯罪ニ依リ刑ニ處セラレ其ノ當選無效ト爲リタルトキ但シ同一人ニ關シ前各號ノ事由ニ依ル選擧又ハ補闕選擧ノ告示ヲ爲シタル場合ハ此ノ限ニ在ラス

前項ノ事由前條第二項若ハ第四項ノ規定ニ依ル期限前ニ生シタル場合ニ於テ第二十七條第一項但書ノ得票者ニシテ當選者ト爲ラサリシ者アルトキ又ハ其ノ期限經過後ニ生シタル場合ニ於テ第二十七條第二項ノ規定ノ適用ヲ受ケタル得票者ニシテ當選者ト爲ラサリシ者アルトキハ直ニ選擧會ヲ開キ其ノ者ノ中ニ就キ當選者ヲ定ムヘシ

前項ノ場合ニ於テ第二十七條第一項但書ノ得票者ニシテ當選者ト爲ラサリシ者選擧ノ期日後ニ於テ被選擧權ヲ有セサルニ至リタルトキハ之ヲ當選者ト定ムルコトヲ得ス

第二項ノ場合ニ於テハ町村長ハ豫メ選擧會ノ場所及日時ヲ告示スヘシ

第一項ノ期間ハ第三十三條第八項ノ規定ノ適用アル場合ニ於テハ選擧ヲ行フコトヲ得サル事由已ミタル日ノ翌日ヨリ之ヲ起算ス

第一項ノ事由議員ノ任期滿了前六月以内ニ生シタルトキハ第一項ノ選擧ハ之ヲ行ハス但シ議員ノ數其ノ定數ノ三分ノ二ニ滿チサルニ至リタルトキハ此ノ限ニ在ラス

第三十一條　第二十九條第二項ノ期間ヲ經過シタルトキ又ハ同條第四項ノ申立アリタルトキハ町村長ハ直ニ當選者ニ住所氏名ヲ告示シ併セテ之ヲ府縣知事ニ告示スヘシ

當選者ナキニ至リタルトキ又ハ當選者其ノ選擧ニ於ケル議員

ノ定數ニ達セサルニ至リタルトキハ町村長ハ直ニ其ノ旨ヲ告示シ併セテ之ヲ府縣知事ニ報告スヘシ

第三十二條　選擧ノ規定ニ違反スルコトアルトキハ選擧ノ結果ニ異動ヲ生スルノ虞アル場合ニ限リ其ノ選擧ノ全部又ハ一部ヲ無效トス但シ當選ニ異動ヲ生スルノ虞ナキ者ヲ區分シ得ルトキハ其ノ者ニ限リ當選ヲ失フコトナシ

第三十三條　選擧人選擧又ハ當選ノ效力ニ關シ異議アルトキハ選擧ニ關シテハ選擧ノ日ヨリ當選ニ關シテハ第二十九條第一項又ハ第三十一條第二項ノ告示ノ日ヨリ七日以內ニ之ヲ町村長ニ申立ツルコトヲ得此ノ場合ニ於テハ町村長ハ七日以內ニ町村會ノ決定ニ付スヘシ町村會ハ其ノ送付ヲ受ケタル日ヨリ十四日以內ニ之ヲ決定スヘシ

前項ノ決定ニ不服アル者ハ府縣參事會ニ訴願スルコトヲ得

府縣知事ハ選擧又ハ當選ノ效力ニ關シ異議アルトキハ選擧ニ關シテハ第二十九條第一項ノ報告ヲ受ケタル日ヨリ、當選ニ關シテハ第二十九條第一項又ハ第三十一條第二項ノ報告ヲ受ケタル日ヨリ二十日以內ニ之ヲ府縣參事會ノ決定ニ付スルコトヲ得

前項ノ決定アリタルトキハ同一事件ニ付爲シタル異議ノ申立及町村會ノ決定ハ無效トス

第二項若ハ第六項ノ裁決又ハ第三項ノ決定ニ不服アル者ハ行政裁判所ニ出訴スルコトヲ得

第一項ノ決定ニ付テハ町村長ヨリモ訴願ヲ提起スルコトヲ得

第二項若ハ前項ノ裁決又ハ第三項ノ決定ニ付テハ府縣知事又ハ町村長ヨリモ訴訟ヲ提起スルコトヲ得

第十七條、第三十條又ハ第三十四條第一項若ハ第三項ノ選擧ハ之ニ關係アル選擧又ハ當選ニ關スル異議申立期間、異議ノ決定若ハ訴願ノ裁決確定セサル間又ハ訴訟ノ繫屬スル間之ヲ行フコトヲ得ス

町村會議員ハ選擧又ハ當選ニ關スル決定若ハ裁決確定シ又ハ判決アル迄ハ會議ニ列席シ議事ニ參與スルノ權ヲ失ハス

第三十四條　選擧無效ト確定シタルトキハ三月以內ニ更ニ選擧ヲ行フヘシ

當選無效ト確定シタルトキハ直ニ選擧會ヲ開キ更ニ當選者ヲ定ムヘシ此ノ場合ニ於テハ第三十條第三項及第四項ノ規定ヲ準用ス

當選者ナキトキ、當選者ナキニ至リタルトキ又ハ當選者其ノ選擧ニ於ケル議員ノ定數ニ達セサルトキ若ハ定數ニ達セサルニ至リタルトキハ三月以內ニ更ニ選擧ヲ行フヘシ

第三十條第五項及第六項ノ規定ハ第一項及前項ノ選擧ニ之ヲ準用ス

第三十五條　町村會議員被選擧權ヲ有セサル者ナルトキ又ハ第二十九條第五項ニ掲クル者ナルトキハ其ノ職ヲ失フ其ノ被選擧權ノ有無又ハ第二十九條第五項ニ掲クル者ニ該當スルヤ否ハ町村會議員カ左ノ各號ノ一ニ該當スルニ因リ被選擧權ヲ有セサル場合ヲ除クノ外町村會之ヲ決定ス

一　禁治産者又ハ準禁治産者ト爲リタルトキ
二　破産者ト爲リタルトキ
三　禁錮以上ノ刑ニ處セラレタルトキ
四　選擧ニ關スル犯罪ニ依リ罰金ノ刑ニ處セラレタルトキ

町村長ハ町村會議員中被選擧權ヲ有セサル者又ハ第二十九條第五項ニ掲クル者アリト認ムルトキハ之ヲ町村會ノ決定ニ付スヘシ町村會ハ其ノ送付ヲ受ケタル日ヨリ十四日以内ニ之ヲ決定スヘシ

第一項ノ決定ヲ受ケタル者其ノ決定ニ不服アルトキハ府縣參事會ニ訴願シ其ノ裁決又ハ第四項ノ裁決ニ不服アルトキハ行政裁判所ニ出訴スルコトヲ得

第一項ノ決定及前項ノ裁決ニ付テハ町村長ヨリモ訴願又ハ訴訟ヲ提起スルコトヲ得

前二項ノ裁決ニ付テハ府縣知事ヨリモ訴訟ヲ提起スルコトヲ得

第三十三條第九項ノ規定ハ第一項及前三項ノ場合ニ之ヲ準用ス

第一項ノ決定ハ文書ヲ以テ之ヲ爲シ其ノ理由ヲ附シ之ヲ本人ニ交付スヘシ

第三十六條　第十八條ノ三及第三十三條ノ場合ニ於テ府縣參事會ノ決定及裁決ハ府縣知事、町村會ノ決定ハ町村長直ニ之ヲ告示スヘシ

第三十六條ノ二　町村會議員ノ選擧ニ付テハ衆議院議員選擧法第九十一條、第九十二條、第九十八條、第九十九條第二項、第百條及第百四十二條ノ規定ヲ準用ス

第三十七條　本法又ハ本法ニ基キテ發スル勅令ニ依リ設置スル議會ノ議員ノ選擧ニ付テハ衆議院議員選擧ニ關スル罰則ヲ準用ス

第三十八條　特別ノ事情アル町村ニ於テハ府縣知事ハ其ノ町村ヲシテ町村會ヲ設ケス選擧權ヲ有スル町村公民ノ總會ヲ以テ之ヲ充テシムルコトヲ得

町村總會ニ關シテハ町村會ニ關スル規定ヲ準用ス

第二款　職務權限

第三十九條　町村會ハ町村ニ關スル事件及法律勅令ニ依リ其ノ權限ニ屬スル事件ヲ議決ス

第四十條　町村會ノ議決スヘキ事件ノ概目左ノ如シ

一　町村條例及町村規則ヲ設ケ又ハ改廢スル事

二　町村費ヲ以テ支辨スヘキ事業ニ關スル事但シ第七十七條ノ事務及法律勅令ニ規定アルモノハ此ノ限ニ在ラス

三　歳入出豫算ヲ定ムル事

四　決算報告ヲ認定スル事

五　法令ニ定ムルモノヲ除クノ外使用料、手數料、加入金、町村税又ハ夫役現品ノ賦課徴收ニ關スル事

六　不動産ノ管理處分及取得ニ關スル事

七　基本財産及積立金穀等ノ設置管理及處分ニ關スル事

八　歳入出豫算ヲ以テ定ムルモノヲ除クノ外新ニ義務ノ負擔ヲ爲シ及權利ノ拋棄ヲ爲ス事

九　財産及營造物ノ管理方法ヲ定ムル事但シ法律勅令ニ規定アルモノハ此ノ限ニ在ラス

十　町村吏員ノ身元保證ニ關スル事

十一　町村ニ係ル訴願訴訟及和解ニ關スル事

第四十一條　町村會ハ法律勅令ニ依リ其ノ權限ニ屬スル選擧ヲ行フヘシ

第四十二條　町村會ハ町村ノ事務ニ關スル書類及計算書ヲ檢閲シ町村長ノ報告ヲ請求シテ事務ノ管理、議決ノ執行及出納ヲ檢査スルコトヲ得

町村會ハ議員中ヨリ委員ヲ選擧シ町村長又ハ其ノ指名シタル吏員立會ノ上實地ニ就キ前項町村會ノ權限ニ屬スル事件ヲ行ハシムルコトヲ得

第四十三條　町村會ハ町村ノ公益ニ關スル事件ニ付意見書ヲ關係行政廳ニ提出スルコトヲ得

第四十四條　町村會ハ行政廳ノ諮問アルトキハ意見ヲ答申スヘシ

町村會ノ意見ヲ徴シテ處分ヲ爲スヘキ場合ニ於テ町村會成立セス、招集ニ應セス若ハ意見ヲ提出セス又ハ町村會ヲ招集スルコト能ハサルトキハ當該行政廳ハ其ノ意見ヲ俟タスシテ直ニ處分ヲ爲スコトヲ得

第四十五條　町村會ハ町村長ヲ以テ議長トス町村長故障アルトキハ其ノ代理者議長ノ職務ヲ代理ス町村長及其ノ代理者共ニ故障アルトキハ臨時ニ議員中ヨリ假議長ヲ選擧スヘシ

前項假議長ノ選擧ニ付テハ年長ノ議員議長ノ職務ヲ代理ス年齢同シキトキハ抽籤ヲ以テ之ヲ定ム

特別ノ事情アル町村ニ於テハ第一項ノ規定ニ拘ラス町村條例ヲ以テ町村會ノ選擧ニ依ル議長及其ノ代理者一人ヲ置クコトヲ得此ノ場合ニ於テハ市制第四十八條及第四十九條ノ規定ヲ準用ス

第四十六條　町村長及其ノ委任又ハ囑託ヲ受ケタル者ハ會議ニ列席シテ議事ニ參與スルコトヲ得但シ議決ニ加ハルコトヲ得ス

前項ノ列席者發言ヲ求ムルトキハ議長ハ直ニ之ヲ許スヘシ但シ之カ爲議員ノ演說ヲ中止セシムルコトヲ得ス

第四十七條　町村會ハ町村長之ヲ招集ス議員定數ノ三分ノ一以上ヨリ會議ニ付スヘキ事件ヲ示シテ町村會招集ノ請求アルトキハ町村長ハ之ヲ招集スヘシ

町村長ハ會期ヲ定メテ町村會ヲ招集スルコトヲ得此ノ場合ニ於テ必要アリト認ムルトキハ町村長ハ更ニ期限ヲ定メ町村會ノ會期ヲ延長スルコトヲ得

招集及會議ノ事件ハ開會ノ日前三日目迄ニ之ヲ告知スヘシ但シ急施ヲ要スル場合ハ此ノ限ニ在ラス

町村會開會中急施ヲ要スル事件アルトキハ町村長ハ直ニ之ヲ其ノ會議ニ付スルコトヲ得會議ニ付スル日前三日目迄ニ告知ヲ爲シタル事件ニ付亦同シ

町村會ハ町村長之ヲ開閉ス

第四十八條　町村會ハ議員定數ノ半數以上出席スルニ非サレハ會議ヲ開クコトヲ得ス但シ第五十條ノ除斥ノ爲半數ニ滿タサルトキ、同一ノ事件ニ付招集再回ニ至ルモ仍半數ニ滿タサルトキ又ハ招集ニ應スルモ出席議員定數ヲ闕キ議長ニ於テ出席ヲ催告シ仍半數ニ滿タサルトキハ此ノ限ニ在ラス

第四十九條　町村會ノ議事ハ過半數ヲ以テ決ス可否同數ナルトキハ議長ノ決スル所ニ依ル

議長ハ其ノ職務ヲ行フ場合ニ於テモ之カ爲議員トシテ議決ニ加ハルノ權ヲ失ハス

第五十條　議長及議員ハ自己又ハ父母、祖父母、妻、子孫、兄弟姉妹ノ一身上ニ關スル事件ニ付テハ其ノ議事ニ參與スルコトヲ得ス但シ町村會ノ同意ヲ得タルトキハ會議ニ出席シ發言スルコトヲ得

第五十一條　法律勅令ニ依リ町村會ニ於テ行フ選擧ニ付テハ第二十二條、第二十五條及第二十七條ノ規定ヲ準用ス其ノ投票ノ效力ニ關シ異議アルトキハ町村會之ヲ決定ス

町村會ハ議員中異議ナキトキハ前項ノ選擧ニ付指名推選ノ法ヲ用フルコトヲ得

指名推選ノ法ヲ用フル場合ニ於テハ被指名者ヲ以テ當選者ト定ムヘキヤ否ヲ會議ニ付シ議員全員ノ同意ヲ得タル者ヲ以テ當選者トス

一ノ選擧ヲ以テ二人以上ヲ選擧スル場合ニ於テハ被指名者ヲ區分シテ前項ノ規定ヲ適用スルコトヲ得

第五十二條　町村會ノ會議ハ公開ス但シ左ノ場合ハ此ノ限ニ在ラス

一　議長ノ意見ヲ以テ傍聽ヲ禁止シタルトキ

二　議員二人以上ノ發議ニ依リ傍聽禁止ヲ可決シタルトキ

前項議員ノ發議ハ討論ヲ須ヰス其ノ可否ヲ決スヘシ

第四十五條第三項ノ町村ニ於ケル町村會ノ會議ニ付テハ前二項ノ規定ニ拘ラス市制第五十六條ノ規定ヲ準用ス

第五十三條　議長ハ會議ヲ總理シ會議ノ順序ヲ定メ其ノ日ノ會議ヲ開閉シ議場ノ秩序ヲ保持ス

議員定數ノ半數以上ヨリ請求アルトキハ議長ハ其ノ日ノ會議ヲ開クコトヲ要ス此ノ場合ニ於テ議長仍會議ヲ開カサルトキハ第四十五條ノ例ニ依ル

前項議員ノ請求ニ依リ會議ヲ開キタルトキ又ハ議員中異議アルトキハ議長ハ會議ノ議決ニ依ルニ非サレハ其ノ日ノ會議ヲ閉チ又ハ中止スルコトヲ得ス

第五十三條ノ二　町村會議員ハ町村會ノ議決スヘキ事件ニ付町村會ニ議案ヲ發スルコトヲ得但シ歳入出豫算ニ付テハ此ノ限ニ在ラス

前項ノ規定ニ依ル發案ハ議員三人以上ヨリ文書ヲ以テ之ヲ爲スコトヲ要ス

第五十四條　議員ハ選擧人ニ指示又ハ委囑ヲ受クヘカラス

議員ハ會議中無禮ノ語ヲ用キ又ハ他人ノ身上ニ渉リ言論スルコトヲ得ス

第五十五條　會議中本法又ハ會議規則ニ違ヒ其ノ他議場ノ秩序ヲ紊ス議員アルトキハ議長ハ之ヲ制止シ又ハ發言ヲ取消サシメ命ニ從ハサルトキハ當日ノ會議ヲ終ル迄發言ヲ禁止シ又ハ議場外ニ退去セシメ必要アル場合ニ於テハ警察官吏ノ處分ヲ求ムルコトヲ得

議場騷擾ニシテ整理シ難キトキハ議長ハ當日ノ會議ヲ中止シ又ハ之ヲ閉ツルコトヲ得

第五十六條　傍聽人公然可否ヲ表シ又ハ喧騷ニ渉リ其ノ他會議ノ妨害ヲ爲ストキハ議長ハ之ヲ制止シ命ニ從ハサルトキハ之ヲ退場セシメ必要アル場合ニ於テハ警察官吏ノ處分ヲ求ムルコトヲ得

傍聽席騷擾ナルトキハ議長ハ總テノ傍聽人ヲ退場セシメ必要アル場合ニ於テハ警察官吏ノ處分ヲ求ムルコトヲ得

第五十七條　町村會ニ書記ヲ置キ議長ニ隷屬シテ庶務ヲ整理セシム

書記ハ議長之ヲ任免ス

第五十八條　議長ハ書記ヲシテ會議録ヲ調製シ會議ノ顛末及出席議員ノ氏名ヲ記載セシムヘシ

會議録ハ議長及議員二人以上之ニ署名スルコトヲ要ス其ノ議員ハ町村會ニ於テ之ヲ定ムヘシ

第四十五條第三項ノ町村ニ於ケル町村會ノ會議ニ付テハ市制第六十二條第三項ノ規定ヲ準用ス

第五十九條　町村會ハ會議規則及傍聽人取締規則ヲ設クヘシ

會議規則ニハ本法及會議規則ニ違反シタル議員ニ對シ町村會

ノ議決ニ依リ五日以內出席ヲ停止スル規定ヲ設クルコトヲ得

第三章　町村吏員

第一款　組織選擧及任免

第六十條　町村ニ町村長及助役一人ヲ置ク但シ町村條例ヲ以テ助役ノ定數ヲ增加スルコトヲ得

第六十一條　町村長及助役ハ名譽職トス

町村ハ町村條例ヲ以テ町村長又ハ助役ヲ有給ト爲スコトヲ得

第六十二條　町村長及助役ノ任期ハ四年トス

第六十三條　町村長ハ町村會ニ於テ之ヲ選擧ス

町村長ノ在職中ニ於テ行フ後任町村長ノ選擧ハ現任町村長ノ任期滿了ノ日前二十日以內又ハ現任町村長ノ退職ノ申立アリタル場合ニ於テ其ノ退職スヘキ日前二十日以內ニ非サレハ之ヲ行フコトヲ得ス

第一項ノ選擧ニ於テ當選者定マリタルトキハ直ニ當選者ニ當選ノ旨ヲ告知スヘシ

町村長ニ當選シタル者當選ノ告知ヲ受ケタルトキハ其ノ告知ヲ受ケタル日ヨリ二十日以內ニ其ノ當選ニ應スルヤ否ヲ申立ツヘシ其ノ期間內ニ當選ニ應スル旨ノ申立ヲ爲ササルトキハ當選ヲ辭シタルモノト看做ス

第二十九條第三項ノ規定ハ町村長ニ當選シタル者ニ之ヲ準用ス

助役ハ町村長ノ推薦ニ依リ町村會之ヲ定ム町村長職ニ在ラサルトキハ第一項ノ例ニ依ル

第二項乃至第五項ノ規定ハ助役ニ之ヲ準用ス

名譽職町村長及名譽職助役ハ其ノ町村公民中選擧權ヲ有スル者ニ限ル

有給町村長及有給助役ハ第七條第一項ノ規定ニ拘ラス在職ノ間其ノ町村ノ公民トス

第六十四條　有給町村長及有給助役ハ其ノ退職セムトスル日前三十日目迄ニ申立ツルニ非サレハ任期中退職スルコトヲ得ス但シ町村會ノ承認ヲ得タルトキハ此ノ限ニ在ラス

第六十五條　町村長及助役ハ第十五條第二項又ハ第四項ニ掲ケタル職ト兼ヌルコトヲ得ス又其ノ町村ニ對シ請負ヲ爲シ又ハ其ノ町村ニ於テ費用ヲ負擔スル事業ニ付町村長若ハ其ノ委任ヲ受ケタル者ニ對シ請負ヲ爲ス者及其ノ支配人又ハ主トシテ同一ノ行爲ヲ爲ス法人ノ無限責任社員、取締役監査役若ハ之ニ準スヘキ者、淸算人及支配人タルコトヲ得ス

第六十六條　有給町村長ハ府縣知事ノ許可ヲ受クルニ非サレハ他ノ報償アル業務ニ從事スルコトヲ得ス

有給町村長及有給助役ハ會社ノ取締役監査役若ハ之ニ準スヘ

キ者、清算人又ハ支配人其ノ他ノ事務員タルコトヲ得ス

第六十七條　町村ニ收入役一人ヲ置ク但シ特別ノ事情アル町村ニ於テハ町村條例ヲ以テ副收入役一人ヲ置クコトヲ得

收入役副收入役ハ有給吏員トシ其ノ任期ハ四年トス

第六十三條第二項乃至第六項及第九項、第六十五條並前條第二項ノ規定ハ收入役及副收入役ニ之ヲ準用ス

町村長又ハ助役ト父子兄弟タル緣故アル者ハ收入役又ハ副收入役ノ職ニ在ルコトヲ得ス收入役ト父子兄弟タル緣故アル者ハ副收入役ノ職ニ在ルコトヲ得ス

特別ノ事情アル町村ニ於テハ府縣知事ノ許可ヲ得テ町村長又ハ助役ヲシテ收入役ノ事務ヲ兼掌セシムルコトヲ得

第六十八條　町村ハ處務便宜ノ爲區ヲ劃シ區長及其ノ代理者一人ヲ置クコトヲ得

區長及其ノ代理者ハ名譽職トス町村公民中選擧權ヲ有スル者ヨリ町村長ノ推薦ニ依リ町村會之ヲ定ム此ノ場合ニ於テハ第六十三條第二項乃至第五項ノ規定ヲ準用ス

第六十九條　町村ハ臨時又ハ常設ノ委員ヲ置クコトヲ得

委員ハ名譽職トス町村會議員又ハ町村公民中選擧權ヲ有スル者ヨリ町村長ノ推薦ニ依リ町村會之ヲ定ム但シ委員長ハ町村長又ハ其ノ委任ヲ受ケタル助役ヲ以テ之ニ充ツ

第六十三條第二項乃至第五項ノ規定ハ委員ニ之ヲ準用ス

委員ノ組織ニ關シテハ町村條例ヲ以テ別段ノ規定ヲ設クルコトヲ得

第七十條　町村公民ニ限リテ擔任スヘキ職務ニ在ル吏員又ハ職ニ就キタルカ爲町村公民タル者選擧權ヲ有セサルニ至リタルトキハ其ノ職ヲ失フ

前項ノ職務ニ在ル者ニシテ禁錮以上ノ刑ニ當ルヘキ罪ノ爲豫審又ハ公判ニ付セラレタルトキハ監督官廳ハ其ノ職務ノ執行ヲ停止スルコトヲ得此ノ場合ニ於テハ其ノ停止期間報酬又ハ給料ヲ支給スルコトヲ得ス

第七十一條　前數條ニ定ムル者ノ外町村ニ必要ノ有給吏員ヲ置キ町村長之ヲ任免ス

前項吏員ノ定數ハ町村會ノ議決ヲ經テ之ヲ定ム

第二款　職務權限

第七十二條　町村長ハ町村ヲ統轄シ町村ヲ代表ス

町村長ノ擔任スル事務ノ概目左ノ如シ

一　町村會ノ議決ヲ經ヘキ事件ニ付其ノ議案ヲ發シ及其ノ議決ヲ執行スル事

二　財產及營造物ヲ管理スル事但シ特ニ之カ管理者ヲ置キタルトキハ其ノ事務ヲ監督スル事

三　收入支出ヲ命令シ及會計ヲ監督スル事

四　證書及公文書類ヲ保管スル事

五　法令又ハ町村會ノ議決ニ依リ使用料、手數料、加入金、町村稅又ハ夫役現品ヲ賦課徵收スル事
六　其ノ他法令ニ依リ町村長ノ職權ニ屬スル事項

第七十三條　町村長ハ町村吏員ヲ指揮監督シ之ニ對シ懲戒ヲ行フコトヲ得其ノ懲戒處分ハ譴責及五圓以下ノ過怠金トス

第七十四條　町村會ノ議決又ハ選擧其ノ權限ヲ超エ又ハ法令若ハ會議規則ニ背クト認ムルトキハ町村長ハ其ノ意見ニ依リ又ハ監督官廳ノ指揮ニ依リ理由ヲ示シテ之ヲ再議ニ付シ又ハ再選擧ヲ行ハシムヘシ但シ特別ノ事由アリト認ムルトキハ町村長ハ議決ニ付テハ之ヲ再議ニ付セスシテ直ニ府縣參事會ノ裁決ヲ請フコトヲ得

前項ノ規定ニ依リ爲シタル町村會ノ議決仍其ノ權限ヲ超エ又ハ法令若ハ會議規則ニ背クト認ムルトキハ町村長ハ府縣參事會ノ裁決ヲ請フヘシ

監督官廳ハ前二項ノ議決又ハ選擧ヲ取消スコトヲ得

第一項若ハ第二項ノ裁決又ハ前項ノ處分ニ不服アル町村長又ハ町村會ハ行政裁判所ニ出訴スルコトヲ得

第一項又ハ第二項ノ裁決ニ付テハ府縣知事ヨリモ訴訟ヲ提起スルコトヲ得

第七十四條ノ二　町村會ノ議決明ニ公益ヲ害スト認ムルトキハ町村長ハ其ノ意見ニ依リ又ハ監督官廳ノ指揮ニ依リ理由ヲ示シテ之ヲ再議ニ付スヘシ但シ特別ノ事由アリト認ムルトキハ町村長ハ之ヲ再議ニ付セスシテ直ニ府縣知事ノ指揮ヲ請フコトヲ得

前項ノ規定ニ依リ爲シタル町村會ノ議決仍明ニ公益ヲ害スト認ムルトキハ町村長ハ府縣知事ノ指揮ヲ請フヘシ

町村會ノ議決收支ニ關シ執行スルコト能ハサルモノアリト認ムルトキハ前二項ノ例ニ依ル

左ニ揭クル費用ヲ削除シ又ハ減額シタル場合ニ於テ其ノ費用及之ニ伴フ收入ニ付亦同シ

一　法令ニ依リ負擔スル費用、當該官廳ノ職權ニ依リ命スル費用其ノ他ノ町村ノ義務ニ屬スル費用
二　非常ノ災害ニ因ル應急又ハ復舊ノ施設ノ爲ニ要スル費用、傳染病豫防ノ爲ニ要スル費用其ノ他ノ緊急避クヘカラサル費用

前三項ノ規定ニ依ル府縣知事ノ處分ニ不服アル町村長又ハ町村會ハ內務大臣ニ訴願スルコトヲ得

第七十五條　町村會成立セサルトキ又ハ第四十八條但書ノ場合ニ於テ仍會議ヲ開クコト能ハサルトキハ町村長ハ府縣知事ニ具狀シテ指揮ヲ請ヒ町村會ノ議決スヘキ事件ヲ處置スルコトヲ得

町村會ニ於テ其ノ議決スヘキ事件ヲ議決セサルトキハ前項ノ

例ニ依ル

町村會ノ決定スヘキ事件ニ關シテハ前二項ノ例ニ依ル此ノ場合ニ於ケル町村長ノ處置ニ關シテハ各本條ノ規定ニ準シ訴願又ハ訴訟ヲ提起スルコトヲ得

前三項ノ規定ニ依ル處置ニ付テハ次回ノ會議ニ於テ之ヲ町村會ニ報告スヘシ

第七十六條　町村會ニ於テ議決又ハ決定スヘキ事件ニ關シ臨時急施ヲ要スル場合ニ於テ町村會成立セサルトキ又ハ町村長ニ於テ之ヲ招集スルノ暇ナシト認ムルトキハ町村長ハ之ヲ專決シ次回ノ會議ニ於テ之ヲ町村會ニ報告スヘシ

前項ノ規定ニ依リ町村長ノ爲シタル處分ニ關シテハ各本條ノ規定ニ準シ訴願又ハ訴訟ヲ提起スルコトヲ得

第七十六條ノ二　町村會ノ權限ニ屬スル事項ノ一部ハ其ノ議決ニ依リ町村長ニ於テ專決處分スルコトヲ得

第七十七條　町村長其ノ他町村吏員ハ從來法令又ハ將來法律勅令ノ定ムル所ニ依リ國府縣其ノ他公共團體ノ事務ヲ掌ル

前項ノ事務ヲ執行スル爲要スル費用ハ町村ノ負擔トス但シ法令中別段ノ規定アルモノハ此ノ限ニ在ラス

第七十八條　町村長ハ其ノ事務ノ一部ヲ助役又ハ區長ニ分掌セシムルコトヲ得但シ町村ノ事務ニ付テハ豫メ町村會ノ同意ヲ得ルコトヲ要ス

町村長ハ町村吏員ヲシテ其ノ事務ノ一部ヲ臨時代理セシムルコトヲ得

第七十九條　助役ハ町村長ノ事務ヲ補助ス

助役ハ町村長故障アルトキ之ヲ代理ス助役數人アルトキハ豫メ町村長ノ定メタル順序ニ依リ之ヲ代理ス

第八十條　收入役ハ町村ノ出納其ノ他ノ會計事務及第七十七條ノ事務ニ關スル國府縣其ノ他公共團體ノ出納其ノ他ノ會計事務ヲ掌ル但シ法令中別段ノ規定アルモノハ此ノ限ニ在ラス

町村會ハ町村長ノ推薦ニ依リ收入役故障アルトキ之ヲ代理スヘキ吏員ヲ定ムヘシ但シ副收入役ヲ置キタル町村ハ此ノ限ニ在ラス

副收入役ハ收入役ノ事務ヲ補助シ收入役故障アルトキ之ヲ代理ス

町村長ハ收入役ノ事務ノ一部ヲ副收入役ニ分掌セシムルコトヲ得但シ町村ノ出納其ノ他ノ會計事務ニ付テハ豫メ町村會ノ同意ヲ得ルコトヲ要ス

第八十一條　區長ハ町村長ノ命ヲ承ケ町村長ノ事務ニシテ區内ニ關スルモノヲ補助ス

區長代理者ハ區長ノ事務ヲ補助シ區長故障アルトキ之ヲ代理ス

第八十二條　委員ハ町村長ノ指揮監督ヲ承ケ財產又ハ營造物ヲ

管理シ其ノ他委託ヲ承ケタル町村ノ事務ヲ調査シ又ハ之ヲ處辨ス

第八十三條　第七十一條ノ吏員ハ町村長ノ命ヲ承ケ事務ニ從事ス

第四章　給料及給與

第八十四條　名譽職町村長、名譽職助役、町村會議員其ノ他ノ名譽職員ハ職務ノ爲要スル費用ノ辨償ヲ受クルコトヲ得

名譽職町村長、名譽職助役、區長、區長代理者及委員ニハ費用辨償ノ外勤務ニ相當スル報酬ヲ給スルコトヲ得

費用辨償額、報酬額及其ノ支給方法ハ町村條例ヲ以テ之ヲ規定スヘシ

第八十五條　有給町村長、有給助役其ノ他ノ有給吏員ノ給料額、旅費額及其ノ支給方法ハ町村條例ヲ以テ之ヲ規定スヘシ

第八十六條　有給吏員ニハ町村條例ノ定ムル所ニ依リ隱退料、退職給與金、死亡給與金又ハ遺族扶助料ヲ給スルコトヲ得

第八十七條　費用辨償、報酬、給料、旅費、退隱料、退職給與金、死亡給與金又ハ遺族扶助料ノ給與ニ付關係者ニ於テ異議アルトキハ之ヲ町村長ニ申立ツルコトヲ得

前項ノ異議ノ申立アリタルトキハ町村長ハ七日以内ニ之ヲ町村會ノ決定ニ付スヘシ關係者其ノ決定ニ不服アルトキハ府縣參事會ニ訴願シ其ノ裁決又ハ第三項ノ裁決ニ不服アルトキハ行政裁判所ニ出訴スルコトヲ得

前項ノ決定及裁決ニ付テハ町村長ヨリモ訴願又ハ訴訟ヲ提起スルコトヲ得

前二項ノ裁決ニ付テハ府縣知事ヨリモ訴訟ヲ提起スルコトヲ得

第八十八條　費用辨償、報酬、給料、旅費、退隱料、退職給與金、死亡給與金、遺族扶助料其ノ他ノ給與ハ町村ノ負擔トス

第五章　町村ノ財務

第一款　財産營造物及町村稅

第八十九條　收益ノ爲ニスル町村ノ財産ハ基本財産トシ之ヲ維持スヘシ

町村ハ特定ノ目的ノ爲特別ノ基本財産ヲ設ケ又ハ金穀等ヲ積立ツルコトヲ得

第九十條　舊來ノ慣行ニ依リ町村住民中特ニ財産又ハ營造物ヲ使用スル權利ヲ有スル者アルトキハ其ノ舊慣ニ依ル舊慣ヲ變更又ハ廢止セムトスルトキハ町村會ノ議決ヲ經ヘシ

前項ノ財産又ハ營造物ヲ新ニ使用セムトスル者アルトキハ町村ハ之ヲ許可スルコトヲ得

第九十一條　町村ハ前條ニ規定スル財産ノ使用方法ニ關シ町村規則ヲ設クルコトヲ得

第九十二條　町村ハ第九十條第一項ノ使用者ヨリ使用料ヲ徴收シ同條第二項ノ使用ニ關シテハ使用料若ハ一時ノ加入金ヲ徴收シ又ハ使用料及加入金ヲ共ニ徴收スルコトヲ得

第九十三條　町村ハ營造物ノ使用ニ付使用料ヲ徴收スルコトヲ得

町村ハ特ニ一個人ノ爲ニスル事務ニ付手數料ヲ徴收スルコトヲ得

第九十四條　財產ノ賣却貸與、工事ノ請負及物件勞力其ノ他ノ供給ハ競爭入札ニ付スヘシ但シ臨時急施ヲ要スルトキ、入札ノ價額其ノ費用ニ比シテ得失相償ハサルトキ又ハ町村會ノ同意ヲ得タルトキハ此ノ限ニ在ラス

第九十五條　町村ハ其ノ公益上必要アル場合ニ於テハ寄附又ハ補助ヲ爲スコトヲ得

第九十六條　町村ハ其ノ必要ナル費用及從來法令ニ依リ町村ノ負擔ニ屬スル費用ヲ支辨スル義務ヲ負フ

町村ハ其ノ財產ヨリ生スル收入、使用料、手數料、過料、過怠金其ノ他法令ニ依リ町村ニ屬スル收入ヲ以テ前項ノ支出ニ充テ仍不足アルトキハ町村稅及夫役現品ヲ賦課徴收スルコトヲ得

第九十七條　町村稅トシテ賦課スルコトヲ得ヘキモノ左ノ如シ

一　直接國稅及府縣稅ノ附加稅

二　特別稅

直接國稅又ハ府縣稅ノ附加稅ハ均一ノ稅率ヲ以テ之ヲ徴收スヘシ但シ第百四十七條ノ規定ニ依リ許可ヲ受ケタル場合ハ此ノ限ニ在ラス

國稅ノ附加稅タル府縣稅ニ對シテハ附加稅ヲ賦課スルコトヲ得ス

特別稅ハ別ニ稅目ヲ起シテ課稅スルノ必要アルトキハ賦課徴收スルモノトス

第九十八條　三月以上町村內ニ滯在スル者ハ其ノ滯在ノ初ニ遡リ町村稅ヲ納ムル義務ヲ負フ

第九十九條　町村內ニ住所ヲ有セス又ハ三月以上滯在スルコトナシト雖町村內ニ於テ土地家屋物件ヲ所有シ使用シ若ハ占有シ町村內ニ營業所ヲ設ケテ營業ヲ爲シ又ハ町村內ニ於テ特定ノ行爲ヲ爲ス者ハ其ノ土地家屋物件營業若ハ其ノ收入ニ對シ又ハ其ノ行爲ニ對シテ賦課スル町村稅ヲ納ムル義務ヲ負フ

第九十九條ノ二　合併後存續スル法人又ハ合併ニ因リ設立シタル法人ハ合併ニ因リ消滅シタル法人ニ對シ其ノ合併前ノ事實ニ付賦課セラルヘキ町村稅ヲ納ムル義務ヲ負フ

相續人又ハ相續財團ハ勅令ノ定ムル所ニ依リ被相續人ニ對シ其ノ相續開始前ノ事實ニ付賦課セラルヘキ町村稅ヲ納ムル義

務ヲ負フ

第百條　納税者ノ町村外ニ於テ所有シ使用シ占有スル土地家屋物件若ハ其ノ收入又ハ町村外ニ於テ營業所ヲ設ケタル營業若ハ其ノ收入ニ對シテハ町村税ヲ賦課スルコトヲ得ス

町村ノ内外ニ於テ營業所ヲ設ケ營業ヲ爲ス者ニシテ其ノ營業又ハ收入ニ關スル本税ヲ分別シテ納メサルモノニ對シ附加税ヲ賦課スル場合及住所滯在町村ノ内外ニ渉ル者ノ收入ニシテ土地家屋物件又ハ營業所ヲ設ケタル營業ヨリ生スル收入ニ非サルモノニ對シ町村税ヲ賦課スル場合ニ於テハ勅令ヲ以テ之ヲ定ム

第百一條　所得税法第十八條ニ掲クル所得ニ對シテハ町村税ヲ賦課スルコトヲ得ス

神社寺院祠宇佛堂ノ用ニ供スル建物及其ノ境内地竝教會所説教所ノ用ニ供スル建物及其ノ構内地ニ對シテハ町村税ヲ賦課スルコトヲ得ス但シ有料ニテ之ヲ使用セシムル者及住宅ヲ以テ教會所説教所ノ用ニ充ツル者ニ對シテハ此ノ限ニ在ラス

國府縣市町村其ノ他公共團體ニ於テ公用ニ供スル家屋物件及營造物ニ對シテハ町村税ヲ賦課スルコトヲ得ス但シ有料ニテ之ヲ使用セシムル者及使用收益者ニ對シテハ此ノ限ニ在ラス

國ノ事業又ハ行爲及國有ノ土地家屋物件ニ對シテハ國ニ町村税ヲ賦課スルコトヲ得ス

前四項ノ外町村税ヲ賦課スルコトヲ得サルモノハ別ニ法律勅令ノ定ムル所ニ依ル

第百一條ノ二　町村ハ公益上其ノ他ノ事由ニ因リ課税ヲ不適當トスル場合ニ於テハ命令ノ定ムル所ニ依リ町村税ヲ課セサルコトヲ得

第百二條　數人ヲ利スル營造物ノ設置維持其ノ他ノ必要ナル費用ハ其ノ關係者ニ負擔セシムルコトヲ得

町村ノ一部ヲ利スル營造物ノ設置維持其ノ他ノ必要ナル費用ハ其ノ部内ニ於テ町村税ヲ納ムル義務アル者ニ負擔セシムルコトヲ得

前二項ノ場合ニ於テ營造物ヨリ生スル收入アルトキハ先ツ其ノ收入ヲ以テ其ノ費用ニ充ツヘシ前項ノ場合ニ於テ其ノ一部ノ收入アルトキ亦同シ

數人又ハ町村ノ一部ヲ利スル財産ニ付テハ前三項ノ例ニ依ル

第百三條　町村税及其ノ賦課徴收ニ關シテハ本法其ノ他ノ法律ニ規定アルモノノ外勅令ヲ以テ之ヲ定ムルコトヲ得

第百四條　數人又ハ町村ノ一部ニ對シ特ニ利益アル事件ニ關シテハ町村ハ不均一ノ賦課ヲ爲シ又ハ數人若ハ町村ノ一部ニ對シ賦課ヲ爲スコトヲ得

第百五條　夫役又ハ現品ハ直接町村税ヲ準率ト爲シ直接町村税

ヲ賦課セサル町村ニ於テハ直接國税ヲ準率ト爲シ且之ヲ金額ニ算出シテ賦課スヘシ但シ第百四十七條ノ規定ニ依リ許可ヲ受ケタル場合ハ此ノ限ニ在ラス

學藝美術及手工ニ關スル勞務ニ付テハ夫役ヲ賦課スルコトヲ得ス

夫役ヲ賦課セラレタル者ハ本人自ラ之ニ當リ又ハ適當ノ代人ヲ出スコトヲ得

夫役又ハ現品ハ金錢ヲ以テ之ニ代フルコトヲ得

第一項及前項ノ規定ハ急迫ノ場合ニ賦課スル夫役ニ付テハ之ヲ適用セス

第百六條　非常災害ノ爲必要アルトキハ町村ハ他人ノ土地ヲ一時使用シ又ハ其ノ土石竹木其ノ他ノ物品ヲ使用シ若ハ收用スルコトヲ得但シ其ノ損失ヲ補償スヘシ

前項ノ場合ニ於テ危險防止ノ爲必要アルトキハ町村長、警察官吏又ハ監督官廳ハ町村内ノ居住者ヲシテ防禦ニ從事セシムルコトヲ得

第一項但書ノ規定ニ依リ補償スヘキ金額ハ協議ニ依リ之ヲ定ム協議調ハサルトキハ鑑定人ノ意見ヲ徴シ府縣知事之ヲ決定ス決定ヲ受ケタル者其ノ決定ニ不服アルトキハ内務大臣ニ訴願スルコトヲ得

前項ノ決定ハ文書ヲ以テ之ヲ爲シ其ノ理由ヲ附シ之ヲ本人ニ交付スヘシ

第一項ノ規定ニ依リ土地ノ一時使用ノ處分ヲ受ケタル者其ノ處分ニ不服アルトキハ府縣知事ニ訴願シ其ノ裁決ニ不服アルトキハ内務大臣ニ訴願スルコトヲ得

第百七條　町村税ノ賦課ニ關シ必要アル場合ニ於テハ當該吏員ハ日出ヨリ日沒迄ノ間營業者ニ關シテハ仍其ノ營業時間内家宅若ハ營業所ニ臨検シ又ハ帳簿物件ノ検査ヲ爲スコトヲ得

前項ノ場合ニ於テハ當該吏員ハ其ノ身分ヲ證明スヘキ證票ヲ携帶スヘシ

第百八條　町村長ハ納税者中特別ノ事情アル者ニ對シ納税延期ヲ許スコトヲ得其ノ年度ヲ越ユル場合ハ町村會ノ議決ヲ經ヘシ

町村ハ特別ノ事情アル者ニ限リ町村税ヲ減免スルコトヲ得

第百九條　使用料手數料及特別税ニ關スル事項ニ付テハ町村條例ヲ以テ之ヲ規定スヘシ

詐僞其ノ他ノ不正ノ行爲ニ依リ使用料ノ徴收ヲ免レ又ハ町村税ヲ逋脱シタル者ニ付テハ町村條例ヲ以テ其ノ徴收ヲ免レ又ハ逋脱シタル金額ノ三倍ニ相當スル金額（其ノ金額五圓未満ナルトキハ五圓）以下ノ過料ヲ科スル規定ヲ設クルコトヲ得

前項ニ定ムルモノヲ除クノ外使用料手數料及町村税ノ賦課徴

收ニ關シテハ町村條例ヲ以テ五圓以下ノ過料ヲ科スル規定ヲ設クルコトヲ得財産又ハ營造物ノ使用ニ關シ亦同シ

過料ノ處分ヲ受ケタル者其ノ處分ニ不服アルトキハ府縣參事會ニ訴願シ其ノ裁決ニ不服アルトキハ行政裁判所ニ出訴スルコトヲ得

前項ノ裁決ニ付テハ府縣知事又ハ町村長ヨリモ訴訟ヲ提起スルコトヲ得

第百十條　町村税ノ賦課ヲ受ケタル者其ノ賦課ニ付違法又ハ錯誤アリト認ムルトキハ徴税令書ノ交付ヲ受ケタル日ヨリ三月以内ニ町村長ニ異議ノ申立ヲ爲スコトヲ得

財産又ハ營造物ヲ使用スル權利ニ關シ異議アル者ハ之ヲ町村長ニ申立ツルコトヲ得

前二項ノ異議ノ申立アリタルトキハ町村長ハ七日以内ニ之ヲ町村會ノ決定ニ付スヘシ決定ヲ受ケタル者其ノ決定ニ不服アルトキハ府縣參事會ニ訴願シ其ノ裁決又ハ第五項ノ裁決ニ不服アルトキハ行政裁判所ニ出訴スルコトヲ得

第一項及前項ノ規定ハ使用料手數料及加入金ノ徴收竝夫役現品ノ賦課ニ關シ之ヲ準用ス

前二項ノ規定ニ依ル決定及裁決ニ付テハ町村長ヨリモ訴願又ハ訴訟ヲ提起スルコトヲ得

前三項ノ規定ニ依ル裁決ニ付テハ府縣知事ヨリモ訴訟ヲ提起スルコトヲ得

第百十一條　町村税、使用料、手數料、加入金、過料、過怠金其ノ他ノ町村ノ收入ヲ定期内ニ納メサルトキハ町村長ハ期限ヲ指定シテ之ヲ督促スヘシ

夫役現品ノ賦課ヲ受ケタル者定期内ニ其ノ履行ヲ爲サス又ハ夫役現品ニ代フル金錢ヲ納メサルトキハ町村長ハ期限ヲ指定シテ之ヲ督促スヘシ急迫ノ場合ニ賦課シタル夫役ニ付テハ更ニ之ヲ金額ニ算出シ期限ヲ指定シテ其ノ納付ヲ命スヘシ

前二項ノ場合ニ於テハ町村條例ノ定ムル所ニ依リ手數料ヲ徴收スルコトヲ得

滯納者第一項又ハ第二項ノ督促又ハ命令ヲ受ケ其ノ指定ノ期限內ニ之ヲ完納セサルトキハ國税滯納處分ノ例ニ依リ之ヲ處分スヘシ

第一項乃至第三項ノ徴收金ハ府縣ノ徴收金ニ次テ先取特權ヲ有シ其ノ追徴還付及時效ニ付テハ國税ノ例ニ依ル

前三項ノ處分ニ不服アル者ハ府縣參事會ニ訴願シ其ノ裁決ニ不服アルトキハ行政裁判所ニ出訴スルコトヲ得

前項ノ裁決ニ付テハ府縣知事又ハ町村長ヨリモ訴訟ヲ提起スルコトヲ得

第四項ノ處分中差押物件ノ公賣ハ處分ノ確定ニ至ル迄執行ヲ停止ス

第百十二條　町村ハ其ノ負債ヲ償還スル爲、町村ノ永久ノ利益ト爲ルヘキ支出ヲ爲ス爲又ハ天災事變等ノ爲必要アル場合ニ限リ町村債ヲ起スコトヲ得

町村債ヲ起スニ付町村會ノ議決ヲ經ルトキハ併セテ起債ノ方法、利息ノ定率及償還ノ方法ニ付議決ヲ經ヘシ

町村ハ豫算内ノ支出ヲ爲ス爲一時ノ借入金ヲ爲スコトヲ得

前項ノ借入金ハ其ノ會計年度内ノ收入ヲ以テ償還スヘシ

第二款　歳入出豫算及決算

第百十三條　町村長ハ毎會計年度歳入出豫算ヲ調製シ遲クトモ年度開始ノ一月前ニ町村會ノ議決ヲ經ヘシ

町村ノ會計年度ハ政府ノ會計年度ニ依ル

豫算ヲ町村會ニ提出スルトキハ町村長ハ併セテ事務報告書及財産表ヲ提出スヘシ

第百十四條　町村長ハ町村會ノ議決ヲ經テ既定豫算ノ追加又ハ更正ヲ爲スコトヲ得

第百十五條　町村費ヲ以テ支辨スル事件ニシテ數年ヲ期シテ其ノ費用ヲ支出スヘキモノハ町村會ノ議決ヲ經テ其ノ年期間各年度ノ支出額ヲ定メ繼續費ト爲スコトヲ得

第百十六條　町村ハ豫算外ノ支出又ハ豫算超過ノ支出ニ充ツル爲豫備費ヲ設クヘシ

特別會計ニハ豫備費ヲ設ケサルコトヲ得

豫備費ハ町村會ノ否決シタル費途ニ充ツルコトヲ得ス

第百十七條　豫算ハ議決ヲ經タル後直ニ之ヲ府縣知事ニ報告シ且其ノ要領ヲ告示スヘシ

第百十八條　町村ハ特別會計ヲ設クルコトヲ得

第百十九條　町村會ニ於テ豫算ヲ議決シタルトキハ町村長ヨリ其ノ謄本ヲ收入役ニ交付スヘシ

收入役ハ町村長又ハ監督官廳ノ命令アルニ非サレハ支拂ヲ爲スコトヲ得ス命令ヲ受クルモ支出ノ豫算ナク且豫備費支出、費目流用其ノ他財務ニ關スル規定ニ依リ支出ヲ爲スコトヲ得サルトキ亦同シ

前二項ノ規定ハ收入役ノ事務ヲ兼掌シタル町村長又ハ助役ニ之ヲ準用ス

第百二十條　町村ノ支拂金ニ關スル時效ニ付テハ政府ノ支拂金ノ例ニ依ル

第百二十一條　町村ノ出納ハ毎月例日ヲ定メテ之ヲ檢査シ且毎會計年度少クトモ二回臨時檢査ヲ爲スヘシ

檢査ハ町村長之ヲ爲シ臨時檢査ニハ町村會ニ於テ選擧シタル議員二人以上ノ立會ヲ要ス

第百二十二條　町村ノ出納ハ翌年度五月三十一日ヲ以テ閉鎖ス

決算ハ出納閉鎖後一月以内ニ證書類ヲ併セテ收入役ヨリ之ヲ

町村長ニ提出スヘシ町村長ハ之ヲ審査シ意見ヲ付シテ次ノ通常豫算ヲ議スル迄ニ之ヲ町村會ノ認定ニ付スヘシ

第六十七條第五項ノ場合ニ於テハ前項ノ例ニ依ル但シ町村長ニ於テ兼掌シタルトキハ直ニ町村會ノ認定ニ付スヘシ

決算ハ其ノ認定ニ關スル町村會ノ議決ト共ニ之ヲ府縣知事ニ報告シ且其ノ要領ヲ告示スヘシ

決算ノ認定ニ關スル會議ニ於テハ町村長及助役共ニ議長ノ職務ヲ行フコトヲ得ス

第百二十三條　豫算調製ノ式、費目流用其ノ他財務ニ關シ必要ナル規定ハ内務大臣之ヲ定ム

第六章　町村ノ一部ノ事務

第百二十四條　町村ノ一部ニシテ財産ヲ有シ又ハ營造物ヲ設ケタルモノアルトキハ其ノ財産又ハ營造物ノ管理及處分ニ付テハ本法中町村ノ財産又ハ營造物ニ關スル規定ニ依ル但シ法律勅令中別段ノ規定アル場合ハ此ノ限ニ在ラス

前項ノ財産又ハ營造物ニ關シ特ニ要スル費用ハ其ノ財産又ハ營造物ノ屬スル町村ノ一部ノ負擔トス

前二項ノ場合ニ於テハ町村ノ一部ハ其ノ會計ヲ分別スヘシ

第百二十五條　前條ノ財産又ハ營造物ニ關シ必要アリト認ムルトキハ府縣知事ハ町村會ノ意見ヲ徴シテ町村條例ヲ設定シ區會又ハ區總會ヲ設ケテ町村會ノ議決スヘキ事項ヲ議決セシムルコトヲ得

第百二十六條　區會議員ハ町村ノ名譽職トス其ノ定數、任期、選擧權及被選擧權ニ關スル事項ハ前條ノ町村條例中ニ之ヲ規定スヘシ區總會ノ組織ニ關スル事項ニ付亦同シ

區會議員ノ選擧ニ付テハ町村會議員ニ關スル規定ヲ準用ス但シ選擧若ハ當選ノ效力ニ關スル異議ノ決定及被選擧權ノ有無ノ決定ハ町村會ニ於テ之ヲ爲スヘシ

區會又ハ區總會ニ關シテハ町村會ニ關スル規定ヲ準用ス

第百二十七條　第百二十四條ノ場合ニ於テ町村ノ一部府縣知事ノ處分ニ不服アルトキハ内務大臣ニ訴願スルコトヲ得

第百二十八條　第百二十四條ノ町村ノ一部ノ事務ニ關シテハ本法ニ規定スルモノノ外勅令ヲ以テ之ヲ定ム

第七章　町村組合

第百二十九條　町村ハ其ノ事務ノ一部ヲ共同處理スル爲其ノ協議ニ依リ府縣知事ノ許可ヲ得テ町村組合ヲ設クルコトヲ得此ノ場合ニ於テ組合内各町村ノ町村會又ハ町村吏員ノ職務ニ屬スル事項ナキニ至リタルトキハ其ノ町村會又ハ町村吏員ハ組合成立ト同時ニ消滅ス

町村ハ特別ノ必要アル場合ニ於テハ其ノ協議ニ依リ府縣知事ノ許可ヲ得テ其ノ事務ノ全部ヲ共同處理スル爲町村組合ヲ設クルコトヲ得此ノ場合ニ於テハ組合内各町村ノ町村會及町村

吏員ハ組合成立ト同時ニ消滅ス

公益上必要アル場合ニ於テハ府縣知事ハ關係アル町村會ノ意見ヲ徴シ府縣參事會ノ議決ヲ經テ前二項ノ町村組合ヲ設クルコトヲ得

町村組合ハ法人トス

第百三十條　前條第一項ノ町村組合ニシテ其ノ組合町村ノ數ヲ增減シ又ハ共同事務ノ變更ヲ爲サムトスルトキハ關係町村ノ協議ニ依リ府縣知事ノ許可ヲ受クヘシ

前條第二項ノ町村組合ニシテ其ノ組合町村ノ數ヲ減少セムトスルトキハ組合會ノ議決ニ依リ其ノ組合町村ノ數ヲ增加セムトスルトキハ其ノ町村組合ト新ニ加ハラムトスル町村トノ協議ニ依リ府縣知事ノ許可ヲ受クヘシ

公益上必要アル場合ニ於テハ府縣知事ハ關係アル町村會又ハ組合會ノ意見ヲ徴シ府縣參事會ノ議決ヲ經テ組合町村ノ數ヲ增減シ又ハ一部事務ノ爲設クル組合ノ共同事務ノ變更ヲ爲スコトヲ得

第百三十一條　町村組合ヲ設クルトキハ關係町村ノ協議ニ依リ組合規約ヲ定メ府縣知事ノ許可ヲ受クヘシ

組合規約ヲ變更セムトスルトキハ一部事務ノ爲ニ設クル組合ニ在リテハ關係町村ノ協議ニ依リ全部事務ノ爲ニ設クル組合ニ在リテハ組合會ノ議決ヲ經府縣知事ノ許可ヲ受クヘシ

公益上必要アル場合ニ於テハ府縣知事ハ關係アル町村會又ハ組合會ノ意見ヲ徴シ府縣參事會ノ議決ヲ經テ組合規約ヲ定メ又ハ變更スルコトヲ得

第百三十二條　組合規約ニハ組合ノ名稱、組合ヲ組織スル町村組合ノ共同事務及組合役場ノ位置ヲ定ムヘシ

一部事務ノ爲ニ設クル組合ノ組合規約ニハ前項ノ外組合會ノ組織及組合會議員ノ選擧、組合吏員ノ組織及選任竝組合費用ノ支辨方法ニ付規定ヲ設クヘシ

第百三十三條　町村組合ヲ解カムトスルトキハ一部事務ノ爲ニ設クル組合ニ於テハ關係町村ノ協議ニ依リ全部事務ノ爲ニ設クル組合ニ於テハ組合會ノ議決ニ依リ府縣知事ノ許可ヲ受クヘシ

公益上必要アル場合ニ於テハ府縣知事ハ關係アル町村會又ハ組合會ノ意見ヲ徴シ府縣參事會ノ議決ヲ經テ町村組合ヲ解クコトヲ得

第百三十四條　第百三十條第一項第二項及前條第一項ノ場合ニ於テ財産ノ處分ニ關スル事項ハ關係町村ノ協議、關係町村ト組合トノ協議又ハ組合會ノ議決ニ依リ之ヲ定ム

第百三十條第三項及前條第二項ノ場合ニ於テ財産ノ處分ニ關スル事項ハ關係アル町村會又ハ組合會ノ意見ヲ徴シ府縣參事會ノ議決ヲ經テ府縣知事之ヲ定ム

第百三十五條　第百二十九條第一項及第二項第百三十條第一項及第二項第百三十一條第一項及第二項第百三十三條第一項竝前條第二項ノ規定ニ依ル府縣知事ノ處分ニ不服アル町村又ハ町村組合ハ内務大臣ニ訴願スルコトヲ得

組合費ノ分賦ニ關シ違法又ハ錯誤アリト認ムル町村ハ其ノ告知アリタル日ヨリ三月以内ニ組合ノ管理者ニ異議ノ申立ヲ爲スコトヲ得

前項ノ異議ノ申立アリタルトキハ組合ノ管理者ハ七日以内ニ之ヲ組合會ノ決定ニ付スヘシ其ノ決定ニ不服アル町村ハ府縣參事會ニ訴願シ其ノ裁決又ハ第四項ノ裁決ニ不服アルトキハ行政裁判所ニ出訴スルコトヲ得

前項ノ決定及裁決ニ付テハ組合ノ管理者ヨリモ訴願又ハ訴訟ヲ提起スルコトヲ得

前二項ノ裁決ニ付テハ府縣知事ヨリモ訴訟ヲ提出スルコトヲ得

第百三十六條　町村組合ニ關シテハ法律勅令中別段ノ規定アル場合ヲ除クノ外町村ニ關スル規定ヲ準用ス

第八章　町村ノ監督

第百三十七條　町村ハ第一次ニ於テ府縣知事之ヲ監督シ第二次ニ於テ内務大臣之ヲ監督ス

第百三十八條　本法中別段ノ規定アル場合ヲ除クノ外町村ノ監督ニ關スル府縣知事ノ處分ニ不服アル町村ハ内務大臣ニ訴願スルコトヲ得

第百三十九條　本法中行政裁判所ニ出訴スルコトヲ得ヘキ場合ニ於テハ内務大臣ニ訴願スルコトヲ得ス

第百四十條　異議ノ申立又ハ訴願ノ提起ハ處分決定又ハ裁決アリタル日ヨリ二十一日以内ニ之ヲ爲スヘシ但シ本法中別ニ期間ヲ定メタルモノハ此ノ限ニ在ラス

行政訴訟ノ提起ハ處分決定又ハ裁決アリタル日ヨリ三十日以内ニ之ヲ爲スヘシ

決定書又ハ裁決書ノ交付ヲ受ケサル者ニ關シテハ前二項ノ期間ハ告示ノ日ヨリ之ヲ起算ス

異議ノ申立ニ關スル期間ノ計算ニ付テハ訴願法ノ規定ニ依ル

異議ノ申立ハ期限經過後ニ於テモ宥恕スヘキ事由アリト認ムルトキハ仍之ヲ受理スルコトヲ得

異議ノ決定ハ文書ヲ以テ之ヲ爲シ其ノ理由ヲ附シ之ヲ申立人ニ交付スヘシ

異議ノ申立アルモ處分ノ執行ハ之ヲ停止セス但シ行政廳ハ其ノ職權ニ依リ又ハ關係者ノ請求ニ依リ必要ト認ムルトキハ之ヲ停止スルコトヲ得

第百四十條ノ二　異議ノ決定ハ本法中別ニ期間ヲ定メタルモノヲ除クノ外其ノ決定ニ付セラレタル日ヨリ三月以内ニ之ヲ爲

スヘシ
府縣參事會訴願ヲ受理シタルトキハ其ノ日ヨリ三月以內ニ之ヲ裁決スヘシ

第百四十一條　監督官廳ハ町村ノ監督上必要アル場合ニ於テハ事務ノ報告ヲ爲サシメ、書類帳簿ヲ徵シ及實地ニ就キ事務ヲ視察シ又ハ出納ヲ檢閱スルコトヲ得
監督官廳ハ町村ノ監督上必要ナル命令ヲ發シ又ハ處分ヲ爲スコトヲ得
上級監督官廳ハ下級監督官廳ノ町村ノ監督ニ關シテ爲シタル命令又ハ處分ヲ停止シ又ハ取消スコトヲ得

第百四十二條　內務大臣ハ町村會ノ解散ヲ命スルコトヲ得
町村會解散ノ場合ニ於テハ三月以內ニ議員ヲ選擧スヘシ

第百四十三條　町村ニ於テ法令ニ依リ負擔シ又ハ當該官廳ノ職權ニ依リ命スル費用ヲ豫算ニ載セサルトキハ府縣知事ハ理由ヲ示シテ其ノ費用ヲ豫算ニ加フルコトヲ得
町村長其ノ他ノ吏員其ノ執行スヘキ事件ヲ執行セサルトキハ府縣知事又ハ其ノ委任ヲ受ケタル官吏吏員之ヲ執行スルコトヲ得但シ其ノ費用ハ町村ノ負擔トス
前二項ノ處分ニ不服アル町村又ハ町村長其ノ他ノ吏員ハ行政裁判所ニ出訴スルコトヲ得

第百四十四條　町村長、助役、收入役又ハ副收入役ニ故障アルトキハ監督官廳ハ臨時代理者ヲ選任シ又ハ官吏ヲ派遣シ其ノ職務ヲ管掌セシムルコトヲ得但シ官吏ヲ派遣シタル場合ニ於テハ其ノ旅費ハ町村費ヲ以テ辨償セシムヘシ
臨時代理者ハ有給ノ町村吏員トシ其ノ給料額旅費額等ハ監督官廳之ヲ定ム

第百四十五條　削除

第百四十六條　削除

第百四十七條　左ニ掲クル事件ハ府縣知事ノ許可ヲ受クヘシ但シ第一號、第四號、第六號及第十一號ニ掲クル事件ニシテ勅令ヲ以テ指定スルモノハ其ノ定ムル所ニ依リ主務大臣ノ許可ヲ受クヘシ

一　町村條例ヲ設ケ又ハ改廢スルコト
二　基本財產及特別基本財產竝ニ林野ノ處分ニ關スルコト
三　第九十條ノ規定ニ依リ舊慣ヲ變更シ又ハ廢止スルコト
四　使用料ヲ新設シ又ハ變更スルコト
五　均一ノ稅率ニ依ラスシテ國稅又ハ府縣稅ノ附加稅ヲ賦課スルコト
六　特別稅ヲ新設シ又ハ變更スルコト
七　第百二條第一項、第二項及第四項ノ規定ニ依リ數人又ハ町村ノ一部ニ費用ヲ負擔セシムルコト
八　第百四條ノ規定ニ依リ不均一ノ賦課ヲ爲シ又ハ數人若ハ

町村ノ一部ニ對シ賦課ヲ爲スコト

九　第百五條ノ準率ニ依ラスシテ夫役現品ヲ賦課スルコト但シ急迫ノ場合ニ賦課スル夫役ニ付テハ此ノ限ニ在ラス

十　繼續費ヲ定メ又ハ變更スルコト

十一　町村債ヲ起シ並ニ起債ノ方法、利息ノ定率及償還ノ方法ヲ定メ又ハ之ヲ變更スルコト但シ第百十二條第三項ノ借入金ハ此ノ限ニ在ラス

第百四十八條　監督官廳ノ許可ヲ要スル事件ニ付テハ監督官廳ハ許可申請ノ趣旨ニ反セスト認ムル範圍内ニ於テ更正シテ許可ヲ與フルコトヲ得

第百四十九條　監督官廳ノ許可ヲ要スル事件ニ付テハ勅令ノ定ムル所ニ依リ其ノ許可ノ職權ヲ下級監督官廳ニ委任シ又ハ輕易ナル事件ニ限リ許可ヲ受ケシメサルコトヲ得

第百五十條　府縣知事ハ町村長、助役、收入役、副收入役、區長、區長代理者、委員其ノ他ノ町村吏員ニ對シ懲戒ヲ行フコトヲ得其ノ懲戒處分ハ譴責、二十五圓以下ノ過怠金及解職トス但シ町村長、助役、收入役、副收入役ニ對スル解職ハ懲戒審査會ノ議決ヲ經テ府縣知事之ヲ行フ

懲戒審査會ハ内務大臣ノ命シタル府縣高等官三人及府縣名譽職參事會員ニ於テ互選シタル者三人ヲ以テ其ノ會員トシ府縣知事ヲ以テ會長トス知事故障アルトキハ其ノ代理者會長ノ職務ヲ行フ

府縣名譽職參事會員ノ互選スヘキ會員ノ選擧補闕及任期並懲戒審査會ノ招集及會議ニ付テハ府縣制中名譽職參事會員及府縣參事會ニ關スル規定ヲ準用ス但シ補充員ハ之ヲ設クルノ限ニ在ラス

解職ノ處分ヲ受ケタル者其ノ處分ニ不服アルトキハ内務大臣ニ訴願スルコトヲ得

府縣知事ハ町村長、助役、收入役及副收入役ノ解職ヲ行ハムトスル前其ノ停職ヲ命スルコトヲ得此ノ場合ニ於テハ其ノ停職期間報酬又ハ給料ヲ支給スルコトヲ得ス

懲戒ニ依リ解職セラレタル者ハ二年間北海道府縣市町村其ノ他之ニ準スヘキモノノ公職ニ就クコトヲ得ス

第百五十一條　町村吏員ノ服務紀律、賠償責任、身元保證及事務引繼ニ關スル規定ハ命令ヲ以テ之ヲ定ム

前項ノ命令ニハ事務引繼ヲ拒ミタル者ニ對シ二十五圓以下ノ過料ヲ科スル規定ヲ設クルコトヲ得

第百五十二條　削除

第九章　雜則

第百五十三條　府縣知事ハ府縣參事會ノ職權ニ屬スル事件ニシテ數府縣ニ渉ルモノアルトキハ内務大臣ハ關係府縣知事ノ具狀ニ依リ其ノ事件ヲ管理スヘキ府縣知事又ハ府縣參事會ヲ指

定ムヘシ
第百五十四條　第十一條ノ人口ハ内務大臣ノ定ムル所ニ依ル
第百五十五條　本法ニ於ケル直接税及間接税ノ種類ハ内務大臣及大藏大臣之ヲ定ム
第百五十六條　町村又ハ町村組合ノ廢置分合又ハ境界變更アリタル場合ニ於テ町村ノ事務ニ付必要ナル事項ハ本法ニ規定スルモノノ外勅令ヲ以テ之ヲ定ム
第百五十六條ノ二　本法中官吏ニ關スル規定ハ待遇官吏ニ之ヲ適用ス
第百五十七條　本法ハ北海道其ノ他勅令ヲ以テ指定スル島嶼ニ之ヲ施行セス
前項ノ地域ニ付テハ勅令ヲ以テ別ニ本法ニ代ハルヘキ制ヲ定ムルコトヲ得

附　則

第百五十八條　本法施行ノ期日ハ勅令ヲ以テ之ヲ定ム（明治四十四年勅令第二百三十八號ヲ以テ同年十月一日ヨリ之ヲ施行ス）
第百五十九條　本法施行ノ際現ニ町村會議員、區會議員又ハ全部事務ノ爲ニ設クル町村組合會議員ノ職ニ在ル者ハ從前ノ規定ニ依ル最近ノ定期改選期ニ於テ總テ其ノ職ヲ失フ
第百六十條　舊刑法ノ重罪ノ刑ニ處セラレタル者ハ本法ノ適用ニ付テハ六年ノ懲役又ハ禁錮以上ノ刑ニ處セラレタル者ト看做ス但シ復權ヲ得タル者ハ此ノ限ニ在ラス
舊刑法ノ禁錮以上ノ刑ハ本法ノ適用ニ付テハ禁錮以上ノ刑ト看做ス
第百六十一條　本法施行ノ際必要ナル規定ハ命令ヲ以テ之ヲ定ム

附　則（大正十年法律第五十九號附則）

本法中公民權及選擧ニ關スル規定ハ次ノ總選擧ヨリ之ヲ施行シ其ノ他ノ規定ノ施行ノ期日ハ勅令ヲ以テ之ヲ定ム（大正十年勅令第百八十九號ヲ以テ公民權ニ關スル規定ヲ除クノ外大正十年五月二十日ヨリ之ヲ施行ス）

附　則（大正十五年法律第七十五號附則）

本法中公民權及議員選擧ニ關スル規定ハ次ノ總選擧ヨリ之ヲ施行シ其ノ他ノ規定ノ施行ノ期日ハ勅令ヲ以テ之ヲ定ム（大正十五年勅令第二百八號ヲ以テ公民權及選擧ニ關スル規定ヲ除クノ外大正十五年七月一日ヨリ之ヲ施行ス）
第三十八條ノ規定ニ依リ町村會ヲ設ケサル町村ニ付テハ本法ノ施行ノ期日ハ勅令ヲ以テ之ヲ定ム（大正十五年勅令第二百八號ヲ以テ大正十五年七月一日ヨリ施行ス）
次ノ總選擧ニ至ル迄ノ間從前ノ第十四條、第十七條、第十八條、第三十一條、第三十三條及第三十六條ノ規定ニ依リ難キ事項ニ

付テハ勅令ヲ以テ特別ノ規定ヲ設クルコトヲ得

本法ニ依リ初テ議員ヲ選擧スル場合ニ於テ必要ナル選擧人名簿ニ關シ第十八條乃至第十八條ノ五ニ規定スル期日又ハ期間ニ依リ難キトキハ命令ヲ以テ別ニ其ノ期日又ハ期間ヲ定ム但シ其ノ選擧人名簿ハ次ノ選擧人名簿確定迄其ノ效力ヲ有ス

本法施行ノ際大正十四年法律第四十七號衆議院議員選擧法未タ施行セラレサル場合ニ於テハ本法ノ適用ニ付テハ同法ハ既ニ施行セラレタルモノト看做ス

本法施行ノ際必要ナル規定ハ命令ヲ以テ之ヲ定ム

附　則　（昭和四年四月十三日法律第五十七號）

本法施行ノ期日ハ勅令ヲ以テ之ヲ定ム（昭和四年六月勅令第百八十五號ヲ以テ同年七月一日ヨリ施行ス）

本法施行ノ際必要ナル規定ハ命令ヲ以テ之ヲ定ム

●市制町村制改正經過規程　（昭和四年六月十八日勅令第百八十七號）

朕昭和四年市制町村制改正經過規程ヲ裁可シ玆ニ之ヲ公布セシム

昭和四年市制町村制改正經過規程

第一條　昭和四年七月一日前ニ補闕選擧ノ告示アリタル市町村會議員ノ補闕ニ關シテハ仍從前ノ規定ニ依ル

第二條　從前ノ市制第二十一條ノ三第一項又ハ町村制第十八條ノ三第一項ノ規定ニ依リ市町村長ニ申立テタル異議ニシテ昭和四年六月三十日迄ニ市町村會ノ決定ニ付セサルモノハ之ヲ新規定ニ依リ市町村長ニ申立テタル異議ト看做シ之ヲ決定スヘキ期間ハ昭和四年七月一日ヨリ起算ス

從前ノ市制第二十一條ノ三第一項又ハ町村制第十八條ノ三第一項ノ規定ニ依リ市町村會ノ決定ニ付シタル異議ニ關シテハ仍從前ノ規定ニ依ル

前二項ノ規定ハ市制第百四十六條第二項又ハ町村制第百二十六條第二項ノ規定ニ依ル選擧人名簿ノ異議ニ關シ之ヲ準用ス

第三條　市制第六十五條第一項ノ規定ニ依リ增員セラレタル名譽職參事會員ノ任期ハ其ノ選擧ノ日ニ於テ現ニ在任スル名譽職參事會員ノ任期ニ依ル

第四條　從前ノ市制第七十二條第一項但書ノ規定ニ依リ定メタル東京市及京都市ノ助役ノ定數ハ市制第七十二條第二項ノ規定ニ依リ市條例ヲ以テ定メタルモノト看做ス

第五條　市制第七十三條第五項乃至第七項ノ規定竝ニ之ヲ準用スル第七十四條第三項、第七十五條第三項、第七十九條第二項、第八十二條第二項及第八十三條第三項ノ規定ハ昭和四年七月一日前ニ市長、助役、收入役若ハ副收入役ニ選擧セラレ又ハ市參與、助役、收入役、副收入役、區長、區長代理者若ハ委員ニ決定セラレ昭和四年六月三十日迄ニ就職セサル者ニ付テハ之ヲ適用セス

町村制第六十三條第三項乃至第五項ノ規定並ニ之ヲ準用スル同條第七項、第六十七條第三項、第六十八條第二項及第六十九條第三項ノ規定ハ昭和四年七月一日前ニ町村長、助役、收入役若ハ副收入役ニ選擧セラレ又ハ助役、收入役、副收入役區長、區長代理者若ハ委員ニ決定セラレ昭和四年六月三十日迄ニ就職セサル者ニ付テハ之ヲ適用セス

第六條　從前ノ市制第九十條第一項若ハ第五項ノ規定ニ依リ再議ニ付シ又ハ同條第二項若ハ第六項ノ規定ニ依リ府縣參事會ノ裁決ヲ請ヒタル市會又ハ市參事會ノ議決ニ關シテハ仍從前ノ規定ニ依ル同條第三項ノ規定ニ依リ爲シタル取消處分ニ關シ亦同シ

從前ノ町村制第七十四條第一項若ハ第五項ノ規定ニ依リ再議ニ付シ、同條第二項ノ規定ニ依リ府縣參事會ノ裁決ヲ請ヒ又ハ同條第六項ノ規定ニ依リ府縣知事ノ處分ヲ請ヒタル町村會ノ議決ニ關シテハ仍從前ノ規定ニ依ル同條第三項ノ規定ニ依リ爲シタル取消處分ニ關シ亦同シ

第七條　市會若ハ市參事會ノ議決シ若ハ決定スヘキ事件ニシテ從前ノ市制第九十一條第三項乃至第五項ノ規定ニ依リ府縣參事會ノ議決若ハ決定ヲ請ヒタルモノ又ハ同條第三項乃至第五項ノ規定ニ依リ爲シタル處置ニ關シテハ仍從前ノ規定ニ依ル

第八條　新規定ニ依リ市町村條例ヲ以テ定ムルコトヲ要スル事項ニ關シ從前ノ規定ニ依リ定メタルモノハ之ヲ新規定ニ依ル市町村條例ト看做ス

第九條　新規定施行前懲戒處分トシテ爲サレタル解職ノ效力ニ關シテハ仍從前ノ規定ニ依ル

附　則

本令ハ昭和四年七月一日ヨリ之ヲ施行ス

●六大都市行政監督特例中改正ノ件

（昭和四年六月十八日　勅令第百八十八號）

朕六大都市行政監督特例中改正ノ件ヲ裁可シ玆ニ之ヲ公布セシム

六大都市行政監督特例中左ノ通改正ス

第一號及第二號ヲ左ノ如ク改ム

一　市制中府縣知事ノ許可ヲ要スル事項但シ市制第百六十七條第六號及第十一號ニ掲クルコト、市長カ他ノ報償アル業務ニ從事スルコト、市町村組合ニ關スルコト及三年度ヲ超ユル繼續費ニ關スルコトヲ除ク

二　借入ノ翌年度ニ於テ償還スル市債ニ關スルコト但シ借入

金ヲ以テ償還スルモノヲ除ク

附　則

本令ハ昭和四年七月一日ヨリ之ヲ施行ス

【參照】

大正十五年六月二十四日勅令第二百十二號六大都市行政監督特例

市行政ニ關シ府縣知事ノ許可ヲ要スル事項中左ニ掲クルモノハ東京市、京都市、大阪市、横濱市、神戸市及名古屋市ニ於テハ其ノ許可ヲ受クルコトヲ要セス

一　市制中府縣知事ノ許可ヲ要スル事項但シ市長カ他ノ報償アル業務ニ從事スルコト、市町村組合ニ關スルコト及三年度ヲ超ユル繼續費ニ關スルコトヲ除ク

二　市制町村制施行令第五十九條ノ規定ニ依リ府縣知事ノ許可ヲ要スル事項但シ同條第五號乃至第七號ニ掲クルコトヲ除ク

●市制第六十五條第一項但書ノ規定ニ依リ市ヲ指定スルノ件

（昭和四年六月十八日勅令第百八十九號）

朕市制第六十五條第一項但書ノ規定ニ依リ市ヲ指定スルノ件ヲ裁可シ茲ニ之ヲ公布セシム

勅令第百八十九號

市制第六十五號第一項但書ノ規定ニ依リ市ヲ指定スルコト左ノ如シ

東京市　京都市　大阪市　横濱市　神戸市　名古屋市

附　則

本令ハ昭和四年七月一日ヨリ之ヲ施行ス

【參照】

明治四十四年四月七日公布法律第六十八號市制抄錄

第六十五條第一項　名譽職參事會員ノ定數ハ十人トス但シ勅令ヲ以テ指定スル市ニ於テハ市條例ヲ以テ十五人迄之ヲ增加スルコトヲ得

●市制町村制改正經過規程

（大正十五年六月二十四日勅令第二百十號）

朕市制町村制改正經過規程ヲ裁可シ茲ニ之ヲ公布セシム

市制町村制改正經過規程

第一條　從前ノ市制第十條第二項又ハ町村制第八條第二項ノ規定ニ依リ爲シタル市町村税增課ノ處分ニ付テハ仍從前ノ規定ニ依ル

第二條　大正十五年七月一日現ニ在任スル名譽職參事會員及其ノ補闕名譽職參事會員ノ任期ニ付テハ仍從前ノ規定ニ依ル

第三條　市會ニ於テ市長候補者ヲ選擧推薦シ大正十五年六月三十日迄ニ裁可ヲ得サル場合ニ於テハ仍從前ノ規定ニ依ル

町村會ニ於テ町村長ヲ選擧シ大正十五年六月三十日迄ニ認可ヲ得サル場合ニ於テハ同年七月一日町村會ニ於テ之ヲ選擧シタルモノト看做ス

第四條　市町村會ニ於テ市町村助役、市町村收入役又ハ市町村副收入役ヲ定メ又ハ選擧シ大正十五年六月三十日迄ニ認可ヲ得サル場合ニ於テハ同年七月一日市町村會ニ於テ之ヲ定メ又ハ選擧シタルモノト看做ス

第五條　町村會ニ於テ町村長ヲ選擧シ又ハ市町村會ニ於テ市町村助役ヲ定メ若ハ選擧シタル場合ニ於テ從前ノ町村制第六十四條第一項又ハ市制第七十五條第二項ノ規定ニ依リ府縣知事ノ爲シタル不認可ノ處分ニ不服アルモノアルトキハ仍從前ノ規定ニ依ル

第六條　市長又ハ市助役退職ノ認可ノ申請ヲ爲シ大正十五年六月三十日迄ニ認可ヲ得サル場合ニ於テハ同年七月一日市制第七十三條第三項又ハ第七十五條第三項ノ規定ニ依リ退職ノ申立ヲ爲シタルモノト看做ス

有給町村長又ハ有給町村助役退職ノ申立ヲ爲シ大正十五年六月三十日迄ニ退職セサル場合ニ於テハ同年七月一日町村制第六十四條ノ規定ニ依リ退職ノ申立ヲ爲シタルモノト看做ス但シ同日ヨリ三十日以內ニ從前ノ規定ニ依ル期間ノ滿了スル場合ニ於テハ仍從前ノ規定ニ依ル

第七條　市會ニ於テ市參與ヲ選擧シ大正十五年六月三十日迄ニ認可ヲ得サル場合ニ於テハ仍從前ノ規定ニ依ル

第八條　市町村ニ於テ市町村收入役故障アルトキ之ヲ代理スヘキ吏員ヲ定メ大正十五年六月三十日迄ニ認可ヲ得サル場合ニ於テハ仍從前ノ規定ニ依ル

第九條　從前ノ町村制第百二十五條ノ規定ニ依リ郡長ニ於テ町村會ノ意見ヲ徵シタル場合ニ於テハ町村制第百二十五條ノ規定ニ依リ府縣知事ニ於テ町村會ノ意見ヲ徵シタルモノト看做

ス

第十條　從前ノ規定ニ依リ郡長ニ爲シタル許可ノ申請ニシテ大正十五年六月三十日迄ニ許可ヲ得サルモノハ新規定ニ依リ府縣知事ノ許可ヲ要スル事項ニ限リ之ヲ府縣知事ニ爲シタル許可ノ申請ト看做ス

前項ノ規定ハ從前ノ町村制第七十四條第六項ノ規定ニ依リ郡長ニ爲シタル處分ノ申請又ハ從前ノ町村制第七十五條第一項乃至第三項ノ規定ニ依リ郡長ニ爲シタル指揮ノ申請ニ之ヲ準用ス

第十一條　從前ノ町村制第百六條第五項ノ規定ニ依リ郡長ニ爲シタル訴願ニシテ大正十五年六月三十日迄ニ裁決ナキモノハ之ヲ町村制第百六條第五項ノ規定ニ依リ府縣知事ニ爲シタル訴願ト看做ス

第十二條　從前ノ市制第百五十四條第一項又ハ町村制第百三十四條第一項ノ規定ニ依リ府縣知事ノ爲シタル處分ニ對スル訴願ニ付テハ仍從前ノ規定ニ依ル

第十三條　從前ノ規定ニ依リ郡長ノ爲シタル處分又ハ裁決ニ關スル訴願ニ付テハ仍從前ノ規定ニ依ル、此ノ場合ニ於テハ訴願ノ提起ハ處分又ハ裁決ヲ爲シタル行政廳ヲ經由スルコトヲ要セス

前項ノ訴願ノ裁決ニ對スル訴願及訴訟ニ付テハ仍從前ノ規定ニ依ル

第十四條　從前市町村長ニ申立テタル異議ニシテ大正十五年六月三十日迄ニ市參事會又ハ町村會ノ決定ニ付セラレサルモノニ付テハ市制第百七條第二項若ハ第百三十條第三項又ハ町村制第八十七條第二項若ハ第百十條第三項ノ期間ハ同年七月一日ヨリ之ヲ起算ス

第十五條　從前市町村組合又ハ町村組合ノ管理者ニ申立テタル異議ニシテ大正十五年六月三十日迄ニ組合會ノ決定ニ付セラレサルモノニ付テハ市制第百五十五條第三項又ハ町村制第百三十五條第三項ノ期間ハ同年七月一日ヨリ之ヲ起算ス

第十六條　從前市參事會、町村會若ハ市町村組合町村組合ノ組合會ノ決定ニ付セラレタル異議又ハ府縣參事會ニ於テ受理シタル訴願ニシテ大正十五年六月三十日迄ニ決定又ハ裁決ナキモノニ付テハ市制第百六十條ノ二又ハ町村制第百四十條ノ二ノ期間ハ同年七月一日ヨリ之ヲ起算ス

第十七條　本令中郡長ニ關スル規定ハ島司ニ之ヲ適用ス

附　則

本令ハ大正十五年七月一日ヨリ之ヲ施行ス

●町村制暫行特例

（大正十五年六月二十四日勅令第二百九號）

朕町村制暫行特例ヲ裁可シ茲ニ之ヲ公布セシム

町村制暫行特例

第一條　本令ハ大正十五年町村制中改正法律附則第三項ノ規定ニ依ル特例ヲ定ムルモノトス

第二條　町村制第十四條、第十七條第一項、第十八條第十三項及第三十一條ノ規定ニ依ル郡長ノ職務權限ハ府縣知事之ヲ行フ

第三條　府縣知事ハ選擧又ハ當選ノ效力ニ關シ異議アルトキハ選擧ニ關シテハ町村制第三十一條第一項ノ報告ヲ受ケタル日ヨリ、當選ニ關シテハ同條第二項ノ報告ヲ受ケタル日ヨリ二十日以内ニ之ヲ府縣參事會ノ決定ニ付スルコトヲ得

前項ノ決定アリタルトキハ同一事件ニ付爲シタル異議ノ申立及町村會ノ決定ハ無效トス

第一項ノ決定ニ不服アル者ハ行政裁判所ニ出訴スルコトヲ得

第一項ノ決定ニ付テハ府縣知事又ハ町村長ヨリモ訴訟ヲ提起スルコトヲ得

第四條　本令ニ依ル異議、訴願及訴訟ニ付テハ町村制第三十六條及第百四十條ノ例ニ依ル

第五條　本令中郡長ニ關スル規定ハ島司ニ之ヲ適用ス

附　則

本令ハ大正十五年七月一日ヨリ之ヲ施行ス

町村制第十四條ノ規定ニ依リ郡長ニ爲シタル許可ノ申請ハ之ヲ府縣知事ニ爲シタル許可ノ申請ト看做ス

町村制第三十三條第三項ノ規定ニ依リ郡長ノ爲シタル處分ニ不服アル者ハ府縣知事ニ異議ノ申立ヲ爲スコトヲ得、此ノ場合ニ於テハ府縣知事ハ二十日以内ニ府縣參事會ノ決定ニ付スヘシ

前項ノ決定ニ不服アル者ハ行政裁判所ニ出訴スルコトヲ得

第三項ノ決定ニ付テハ府縣知事又ハ町村長ヨリモ訴訟ヲ提起スルコトヲ得

●市制町村制ノ施行ニ關スル件

（明治四十四年九月二十二日勅令第二百四十三號）

朕市制町村制ノ施行ニ關スル件ヲ裁可シ茲ニ之ヲ公布セシム

第一條　市制町村制施行前舊市制町村制ニ依リ爲シタル手續其ノ他ノ行爲ハ本令ニ別段ノ規定アル場合ヲ除クノ外之ヲ市制町村制ニ依リ爲シタルモノト看做ス

第二條　町村ノ境界ニ關スル爭論ニシテ郡參事會ニ於テ受理シタルモノハ之ヲ府縣參事會ニ於テ受理シタルモノト看做ス其ノ郡參事會ニ於テ爲シタル裁決ニ不服アル者ハ從前ノ規定ニ依ル訴願期間内ニ府縣參事會ノ裁定ヲ請フコトヲ得

郡參事會ノ裁決ニ不服アルカ爲府縣參事會ニ爲シタル訴願ハ

之ヲ其ノ裁定ヲ請ヒタルモノト看做ス
市町村ノ境界ニ關スル爭論ニ付府縣參事會ノ爲シタル裁決ハ之ヲ裁定ト看做ス

第三條　町村名譽職ノ當選ヲ辭シ又ハ其ノ職ヲ辭シ若ハ其ノ職務ヲ實際ニ執行セサルカ爲受ケタル町村公民權停止及町村費增課ノ處分ニ關スル訴願ニシテ郡參事會ニ於テ受理シタルモノハ之ヲ府縣參事會ニ於テ受理シタルモノト看做ス其ノ郡參事會ニ於テ爲シタル裁決ニ不服アル者ハ從前ノ規定ニ依ル訴願期間內ニ府縣參事會ニ訴願スルコトヲ得
市制町村制施行前市町村ニ於テ爲シタル市町村公民權停止及市町村費增課ノ處分ニ對スル訴願ノ期間ニ付テハ前項ノ規定ヲ準用ス

第四條　市町村營造物ニ關スル從前ノ市町村規則中市町村條例ヲ以テ規定スヘキ事項ニ關スル規定ハ市町村條例ト同一ノ效力ヲ有ス

第五條　市會議員ノ定數市制第十三條ノ議員ノ定數ニ滿タサルニ依リ其ノ不足ヲ補フカ爲選擧シタル議員ハ從前ノ規定ニ依ル最近ノ定期改選期ニ於テ其ノ職ヲ失フ

第六條　市町村會議員、區會議員又ハ全部事務ノ爲ニ設ケタル町村組合會議員ノ補闕又ハ增員ニ付從前ノ規定ニ依ル最近ノ定期改選期前ニ於テ其ノ選擧ヲ行ヒタルトキハ其ノ補闕議員又ハ增員議員ハ從前ノ規定ニ依ル最近ノ定期改選期ニ於テ其ノ職ヲ失フ當選ヲ辭シ又ハ選擧若ハ當選無效ト爲リタルカ爲選擧セラレタル議員ニ付亦同シ

第七條　市制町村制施行前ノ選擧ニ關スル選擧人名簿又ハ選擧若ハ當選ノ效力ニ付テハ從前ノ規定ニ依ル
選擧人名簿又ハ選擧若ハ當選ノ效力ニ關スル訴願ニシテ市制町村制施行前市町村長ニ於テ受理シタルモノ又ハ市町村會ニ付議シタルモノハ之ヲ市町村會ノ決定ニ付シタルモノト看做ス其ノ決定及市町村會ニ於テ爲シタル裁決ハ之ヲ異議ノ決定ト看做シ其ノ市制町村制施行前ニ爲シタル裁決ニ對スル訴願ハ從前ノ規定ニ依ル訴願期間內ニ之ヲ提起スヘシ
市制町村制施行前ニ於ケル選擧又ハ當選ノ效力ニ關スル異議ハ從前ノ規定ニ依ル訴願期間內ニ之ヲ申立ツヘシ
第二項ノ裁決ニ不服アル者ノ提起シタル訴願ニシテ郡參事會ニ於テ受理シタルモノハ之ヲ府縣會ニ於テ受理シタルモノト看做ス其ノ郡參事會ニ於テ爲シタル裁決ニ不服アル者ハ從前ノ規定ニ依ル訴願期間內ニ府縣參事會ニ訴願スルコトヲ得

第八條　市制町村制施行前家資分散若ハ破產ノ宣告ヲ受ケ又ハ禁錮以上ノ刑ニ當ルヘキ罪ノ爲公判ニ付セラレタル者ノ選擧權及被選擧權ノ有無ニ關シテハ前條ノ規定ヲ準用ス

第九條　選擧又ハ當選ノ效力ニ關スル府縣知事ノ異議ニシテ市

制施行前府縣參事會ニ付議シタルモノハ之ヲ府縣參事會ノ決定ニ付シタルモノト看做シ其ノ府縣參事會ニ於テ爲シタル裁決ハ之ヲ決定ト看做ス

選擧又ハ當選ノ效力ニ關スル郡長ノ異議ニシテ町村制施行前郡參事會ニ付議シタルモノアリタルトキハ郡長ニ於テ直ニ府縣知事ノ指揮ヲ受ケ之ヲ處分スヘシ其ノ郡參事會ニ於テ爲シタル裁決ハ之ニ對スル訴願ハ從前ノ規定ニ依ル訴願期間內ニ之ヲ提起スヘシ

第十條　市制施行ノ際現ニ市會議長及其ノ代理者タル者ノ任期ハ從前ノ規定ニ依ル

前項ノ議長代理者ハ之ヲ副議長ト看做ス

第十一條　從前ノ規定ニ依ル市町村助役ノ選擧及收入役ノ選任ニ付テハ市町村長ノ推薦ニ依リ市町村會ニ於テ定メタルモノト看做ス

第十二條　町村長ニ於テ町村會ノ議決其ノ權限ヲ超エ又ハ法令ニ背クト認メ裁決ノ申請ヲ爲シ郡參事會ニ於テ受理シタルモノハ之ヲ府縣參事會ニ於テ受理シタルモノト看做ス其ノ郡參事會ニ於テ爲シタル裁決ニ不服アル者ハ從前ノ規定ニ依ル訴願期間內ニ府縣參事會ニ訴願スルコトヲ得

町村長ニ於テ町村會ノ議決公衆ノ利益ヲ害スト認メ裁決ノ申請ヲ爲シ郡參事會ニ於テ受理シタルモノハ之ヲ郡長ニ於テ受理シタルモノト看做ス其ノ郡參事會ニ於テ爲シタル裁決ハ之ヲ郡長ノ處分ト看做シ之ニ對スル訴願ハ從前ノ規定ニ依ル訴願期間內ニ之ヲ提起スヘシ

前項ノ事件ニ付町村制施行前府縣參事會ノ爲シタル裁決ニ不服アル者ハ從前ノ規定ニ依ル訴願期間內ニ內務大臣ニ訴願スルコトヲ得

市參事會ニ於テ市會ノ議決公衆ノ利益ヲ害スト認メ府縣參事會ニ爲シタル裁決ノ申請ハ之ヲ市長ノ申請ト看做ス市制施行前其ノ府縣參事會ニ於テ爲シタル裁決ニ不服アル者ニ付テハ前項ノ規定ヲ準用ス

第十三條　市制施行前市ノ有給吏員ノ給料若ハ退隱料又ハ名譽職員ノ實費辨償若ハ報酬ノ給與ニ關シ府縣參事會ニ於テ受理シタル異議ハ之ヲ訴願ト看做シ其ノ府縣參事會ニ於テ爲シタル異議ノ裁決ハ之ヲ訴願ノ裁決ト看做ス

町村ノ有給吏員ノ給料若ハ退隱料、名譽職員ノ實費辨償若ハ報酬又ハ町村長ノ書記料ノ給與ニ關スル異議ノ申立ニシテ郡參事會ニ於テ受理シタルモノハ之ヲ府縣參事會ニ於テ受理シタルモノト看做ス其ノ郡參事會ニ於テ爲シクル裁決ニ不服トル者ハ從前ノ規定ニ依ル訴願期間內ニ府縣參事會ニ訴願スルコトヲ得

町村長ノ書記料ノ給與ニ關スル異議、訴願及訴訟ニ付テハ給

料ニ關スル規定ヲ準用ス
市制町村制施行前前三項ノ給與ニ關シ爲シタル處分ニ對スル異議ノ申立期間ハ市制町村制施行ノ日ヨリ之ヲ起算ス
第十四條　從前ノ使用料、手數料及特別稅ニシテ市町村條例ニ依ラサルモノハ之ヲ市町村條例ヲ以テ規定シタルモノト看做ス
使用料、手數料及特別稅ニ關シ從前市町村條例ニ規定シタル科料ハ之ヲ過料ト看做ス但シ市制町村制施行前科料ノ處分ヲ受ケタル者ノ出訴ニ付テハ從前ノ規定ニ依ル
第十五條　市制町村制施行前市町村稅ノ賦課又ハ市町村ノ營造物、市町村有財産若ハ其ノ所得ヲ使用スル權利ニ關シ市參事會又ハ町村長ニ申立テタル訴願ハ之ヲ市長又ハ町村長ニ爲シタル異議ノ申立ト看做シ其ノ爲シタル裁決ニ不服アル者ハ從前ノ規定ニ依ル訴願期間内ニ府縣參事會ニ訴願スルコトヲ得
前項ノ事件ニ關スル訴願ニシテ郡參事會ニ於テ受理シタルモノハ之ヲ府縣參事會ニ於テ受理シタルモノト看做シ其ノ郡參事會ニ於テ爲シタル裁決ニ不服アル者ハ從前ノ規定ニ依ル訴願期間内ニ府縣參事會ニ訴願スルコトヲ得
市制町村制施行前市町村ノ營造物、市町村有財産又ハ其ノ所得ヲ使用スル權利ニ付爲シタル處分ニ對スル異議ハ從前ノ規定ニ依ル訴願期間内ニ之ヲ申立ツヘシ
第十六條　手數ノ徵收及市町村稅ノ滯納處分ニ關スル訴願ニシテ郡長又ハ府縣知事ニ於テ受理シタルモノハ之ヲ府縣參事會ニ於テ受理シタルモノト看做ス其ノ内務大臣ノ受理シタルモノニ付テハ從前ノ規定ニ依ル
市制町村制施行前ノ手數料ノ徵收ニ付テハ從前ノ規定ニ依ル訴願期間内ニ市町村長ニ異議ノ申立ヲ爲スコトヲ得其ノ郡長ニ於テ爲シタル訴願ノ裁決ニ不服アル者ハ從前ノ規定ニ依ル訴願期間内ニ府縣參事會ニ訴願スルコトヲ得其ノ府縣知事ニ於テ爲シタル裁決ハ府縣參事會ニ於テ爲シタル裁決ト看做ス
市制町村制施行前ノ市町村稅ノ滯納處分又ハ町村稅ノ滯納處分ニ關スル郡長ノ裁決ニ不服アル者ニ付テハ前項ノ規定ヲ準用ス
第十七條　市町村ノ一部ニ屬スル財産又ハ營造物ニ關シ區會又ハ區總會ヲ設クルカ爲市町村條例ノ設定ニ付府縣參事會又ハ郡參事會ヨリ内務大臣ニ提出シタル申請ハ之ヲ府縣知事又ハ郡長ノ申請ト看做ス
第十八條　町村組合ヲ解カムトスルノ申請ニシテ郡長ニ於テ受理シタルモノハ之ヲ府縣知事ニ於テ受理シタルモノト看做ス
第十九條　舊市制第百十六條第一項ノ府縣參事會ノ處分又ハ裁決ニ不服アル者ハ從前ノ規定ニ依ル訴願期間内ニ内務大臣ニ訴願スルコトヲ得

舊町村制第百二十條第一項ノ郡參事會ノ處分又ハ裁決ニ對スル訴願ニシテ府縣參事會ニ於テ受理シタルモノハ府縣知事ニ於テ受理シタルモノト看做ス其ノ府縣參事會ニ於テ爲シタル裁決ニ不服アル者ニ付テハ前項ノ規定ヲ準用ス

前項郡參事會ノ處分又ハ裁決ハ郡長ニ於テ爲シタル處分ト看做シ之ニ不服アル者ハ從前ノ規定ニ依ル訴願期間内ニ府縣知事ニ訴願スルコトヲ得

舊市制第百十六條第一項又ハ舊町村制第百二十條第一項ノ郡長又ハ府縣知事ノ處分又ハ裁決ニ不服アルカ爲提起スル訴願ノ期間ニ付テハ從前ノ規定ニ依ル

舊市制第百十六條第五項又ハ舊町村制第百二十條第五項ノ執行ノ停止ニ付テハ從前ノ規定ニ依ル

第二十條　舊町村制第百二十二條ノ規定ニ依リ郡長ノ爲シタル處分ニ對スル訴願ニシテ府縣參事會ニ於テ受理シタルモノハ府縣知事ニ於テ受理シタルモノト看做シ府縣參事會ニ於テ爲シタル裁決ハ之ヲ府縣知事ノ裁決ト看做ス

前項郡長ノ處分ニ不服アル者ノ提起スル訴願ノ期間ニ付テハ從前ノ規定ニ依ル

第二十一條　市町村會ノ議決ニ付許可ヲ要スル事件中府縣參事會又ハ郡參事會ニ申請シタルモノニシテ府縣知事又ハ郡長ノ職權ト爲リタルモノハ之ヲ府縣知事又ハ郡長ニ申請シタルモノト看做ス

第二十二條　市制町村制施行前ニ爲シタル市町村吏員ノ解職ニ付テハ總テ從前ノ規定ニ依ル

第二十三條　第三條第七條第四項第十二條第一項第十三條第二項第十五條第一項若ハ第二項又ハ第十六條第二項若ハ第三項ノ規定ニ依リ府縣參事會ニ提起シタル訴願ハ之ヲ市制又ハ町村制ニ依リタルモノト看做ス

第二十四條　市制町村制施行前ノ處分決定裁定又ハ裁決ニ對スル行政訴訟ノ提起期間ハ從前ノ規定ニ依ル

附　則

本令ハ明治四十四年十月一日ヨリ之ヲ施行ス

●市制町村制施行令

（大正十五年六月二十四日　勅令第二百一號）

改正、昭和二一勅三八

朕市制町村制施行令ヲ裁可シ茲ニ之ヲ公布セシム

市制町村制施行令

第一章　總則

第一條　市町村ノ設置アリタル場合ニ於テハ市町村長ノ臨時代理者又ハ職務管掌ノ官吏ハ歳入歳出豫算カ市町村會ノ議決ヲ

經テ成立スルニ至ル迄ノ間必要ナル收支ニ付豫算ヲ設ケ府縣知事ノ許可ヲ受クヘシ

第二條　市町村ノ設置アリタル場合ニ於テハ府縣知事ハ必要ナル事項ニ付市町村條例ノ設定施行セラルルニ至ル迄ノ間從來其ノ地域ニ施行セラレタル市町村條例ヲ市町村ノ條例トシテ當該地域ニ引續キ施行スルコトヲ得

第三條　市町村ノ廢置分合アリタル場合ニ於テハ其ノ地域ノ新ニ屬シタル市町村其ノ事務ヲ承繼ス、其ノ地域ニ依リ難キトキハ府縣知事ハ事務ノ分界ヲ定メ又ハ承繼スヘキ市町村ヲ指定ス

前項ノ場合ニ於テ消滅シタル市町村ノ收支ハ消滅ノ日ヲ以テ打切リ其ノ市町村長(又ハ市町村長ノ職務ヲ行フ者)タリシ者之ヲ決算ス

前項ノ決算ハ事務ヲ承繼シタル各市町村ノ市町村長之ヲ市町村會ノ認定ニ付スヘシ

市制第百四十二條第三項又ハ町村制第百二十二條第四項ノ規定ハ前項ノ場合ニ之ヲ準用ス

第四條　市町村ノ境界變更アリタル爲事務ノ分割ヲ要スルトキハ其ノ事務ノ承繼ニ付テハ府縣知事之ヲ定ム

第五條　市制第八十二條第三項ノ市ニ於テ新ニ區ヲ劃シ又ハ其ノ區域ヲ變更セントスルトキハ市ハ内務大臣ノ許可ヲ受クヘシ但シ耕地整理若ハ區劃整理ノ爲區ノ區域ヲ變更セントスルトキ又ハ第六十條第一號若ハ第二號ノ場合ニ於テ區ノ區域ヲ變更セントスルトキハ此ノ限ニ在ラス

第六條　市制第十一條及町村制第九條ノ規定ニ依リ除外スヘキ學生生徒左ノ如シ

一　陸軍各部依託學生生徒

二　海軍軍醫學生藥劑學生主計學生造船學生造機學生造兵學生並ニ海軍豫備生徒及海軍豫備練習生

第二章　市町村會議員ノ選擧

第七條　市制第二十一條ノ五第三項又ハ町村制第十八條ノ五第三項ノ規定ニ依リ選擧人名簿ノ調製、縱覽、確定及異議申立ニ對スル市町村會ノ決定ニ關スル期日及期間ヲ定メタルトキハ府縣知事ハ直ニ之ヲ告示スヘシ

第八條　市町村ノ境界變更アリタル場合ニ於テハ市町村長ハ選擧人名簿ヲ分割シ其ノ部分ヲ其ノ地域ノ新ニ屬シタル市町村ノ市町村長ニ送付スヘシ

市町村ノ廢置分合アリタル場合ニ於テ名簿ノ分割ヲ以テ足ルトキハ前項ノ例ニ依リ、其ノ他ノ場合ニ於テハ從前ノ市町村ノ市町村長(又ハ市町村長ノ職務ヲ行フ者)タリシ者ハ直ニ其ノ地域ノ新ニ屬シタル市町村ノ市町村長ニ選擧人名簿ヲ送付スヘシ

市町村長選擧人名簿ノ送付ヲ受ケタルトキハ直ニ其ノ旨ヲ告示シ併セテ之ヲ府縣知事ニ報告スヘシ

第九條　前條ノ規定ニ依リ送付ヲ受ケタル選擧人名簿ハ市町村ノ廢置分合又ハ境界變更ニ係ル地域ノ新ニ屬シタル市町村ノ選擧人名簿ト看做ス

第十條　第八條ノ規定ニ依リ送付ヲ受ケタル選擧人名簿確定前ナルトキハ名簿ノ縱覽、確定及異議申立ニ對スル市町村會ノ決定ニ關スル期日及期間ハ府縣知事ノ定ムル所ニ依ル

前項ノ規定ニ依リ期日及期間ヲ定メタルトキハ府縣知事ハ直ニ之ヲ告示スヘシ

第十一條　市制第二十五條第六項又ハ町村制第二十二條第六項ノ規定ニ依リ盲人カ投票ニ關スル記載ニ使用スルコトヲ得ル點字ハ別表ヲ以テ之ヲ定ム

點字ニ依リ投票ヲ爲サントスル選擧人ハ選擧長又ハ投票分會長ニ對シ其ノ旨ヲ申立ツヘシ、此ノ場合ニ於テハ選擧長又ハ投票分會長ハ投票用紙ニ點字投票ナル旨ノ印ヲ押捺シテ交付スヘシ

點字ニ依ル投票ノ拒否ニ付テハ市制第二十五條ノ三又ハ町村制第二十二條ノ三ノ例ニ依ル、此ノ場合ニ於テハ封筒ニ點字投票ナル旨ノ印ヲ押捺シテ交付スヘシ

前項ノ規定ニ依リ假ニ爲サシメタル投票ハ市制第二十七條ノ二第二項及第三項又ハ町村制第二十四條ノ二第二項及第三項ノ規定ノ適用ニ付テハ市制第二十五條ノ三第二項及第四項又ハ町村制第二十二條ノ三第二項及第四項ノ投票ト看做ス

第十二條　市制第二十七條ノ四又ハ町村制第二十四條ノ四ノ規定ニ依リ開票分會ヲ設ケタルトキハ市町村長ハ直ニ其ノ區劃及開票分會場ヲ告示スヘシ

第十三條　開票分會ハ市町村長ノ指名シタル吏員開票分會長ト爲リ之ヲ開閉シ其ノ取締ニ任ス

第十四條　開票分會ノ區劃内ノ投票分會ニ於テ爲シタル投票ハ投票分會長少クトモ一人ノ投票立會人ト共ニ投票函ノ儘投票錄及選擧人名簿ノ抄本ト併セテ之ヲ開票分會長ニ送致スヘシ

第十五條　投票ノ點檢終リタルトキハ開票分會長ハ直ニ其ノ結果ヲ選擧長ニ報告スヘシ

第十六條　開票分會長ハ開票錄ヲ作リ開票ニ關スル顛末ヲ記載シ之ヲ朗讀シ二人以上ノ開票立會人ト共ニ之ニ署名シ直ニ投票錄及投票ト併セテ之ヲ選擧長ニ送致スヘシ

第十七條　選擧長ハ總テノ開票分會長ヨリ第十五條ノ報告ヲ受ケタル日若ハ其ノ翌日（又ハ總テノ投票函ノ送致ヲ受ケタル日若ハ其ノ翌日）選擧會ニ於テ選擧立會人立會ノ上其ノ報告ヲ調査シ市制第二十七條ノ二第三項又ハ町村制第二十四條ノ二第三項ノ規定ニ依リ爲シタル點檢ノ結果ト併セテ各被選擧人（市制第三十九條ノ二ノ市ニ於テハ各議員候補者）ノ得票總數ヲ計算スヘシ

第十八條　選擧ノ一部無效ト爲リ更ニ選擧ヲ行ヒタル場合ニ於テハ選擧長ハ前條ノ規定ニ準シ其ノ部分ニ付前條ノ手續ヲ爲シ他ノ部分ニ於ケル各被選擧人（市制第三十九條ノ二ノ市ニ於テハ各議員候補者）ノ得票數ト併セテ其ノ得票總數ヲ計算スヘシ

第十九條　開票分會ヲ設ケタル場合ニ於テハ市町村長ハ市制第三十二條第一項又ハ町村制第二十九條第一項ノ報告ニ開票錄ノ寫ヲ添附スヘシ

第二十條　市制第二十三條第五項及第六項竝ニ町村制第二十條第四項及第五項ノ規定ハ開票立會人ニ、市制第二十四條第一項及第二項竝ニ町村制第二十一條第一項及第二項ノ規定ハ開票分會場ニ、市制第二十七條ノ二、第二十七條ノ三及第二十九條竝ニ町村制第二十四條ノ二、第二十四條ノ三及第二十六條ノ規定ハ開票分會ニ於ケル開票ニ之ヲ準用ス

第二十一條　市制第八十二條第三項ノ市ハ其ノ區ヲ以テ選擧區ト爲シタル場合ニ於テハ市制第二章第一款（第十六條第三項ノ規定ヲ除ク）及本令第二十二條ノ規定ノ適用ニ付テハ之ヲ市制第六條ノ市ト看做ス

第三章　市制第三十九條ノ二ノ市ノ市會議員ノ選擧ニ關スル特例

第二十二條　議員候補者ハ選擧人名簿（選擧區アル場合ニ於テハ當該選擧區ノ選擧人名簿）ニ登錄セラレタル者ノ中ヨリ本人ノ承諾ヲ得テ選擧立會人一人ヲ定メ選擧ノ期日ノ前日迄ニ市長（市制第六條ノ市ニ於テハ區長）ニ屆出ツルコトヲ得但シ議員候補者死亡シ又ハ議員候補者タルコトヲ辭シタルトキハ其ノ屆出テタル選擧立會人ハ其ノ職ヲ失フ

前項ノ規定ニ依ル選擧立會人三人ニ達セサルトキ若ハ三人ニ達セサルニ至リタルトキ又ハ選擧立會人ニシテ參會スル者選擧會ヲ開クヘキ時刻ニ至リ三人ニ達セサルトキ若ハ其ノ後三人ニ達セサルニ至リタルトキハ市長（市制第六條ノ市ニ於テハ區長）ハ選擧人名簿（選擧區アルトキハ當該選擧區ノ選擧人名簿）ニ登錄セラレタル者ノ中ヨリ三人ニ達スル迄ノ選擧立會人ヲ選任シ直ニ之ヲ本人ニ通知シ選擧ニ立會ハシムヘシ

前二項ノ規定ハ投票立會人及開票立會人ニ之ヲ準用ス但シ選擧人名簿ニ登錄セラレタル者トアルハ分會ノ區劃內ニ於ケル選擧人名簿ニ登錄セラレタル者トス

第二十三條　市制第二十五條第五項及第七項ノ規定中被選擧人トアルハ議員候補者トシ同規定ヲ適用ス

第二十四條　投票ノ拒否ハ選擧立會人又ハ投票立會人ノ意見ヲ聽キ選擧長又ハ投票分會長之ヲ決定スヘシ

市制第二十五條ノ三第二項乃至第四項ノ規定ハ前項ノ場合ニ之ヲ準用ス但シ投票分會長又ハ投票立會人トアルハ投票立會

人トス

市制第二十五條ノ三第二項及第四項ノ投票ノ受理如何ハ市制第二十七條ノ二第二項ノ規定ニ拘ラス選擧立會人又ハ開票立會人ノ意見ヲ聽キ選擧長又ハ開票分會長之ヲ決定スベシ

第二十五條　市制第二十八條ノ規定中被選擧人トアルハ議員候補者トシ同規定ヲ適用ス

前項ノ規定ニ依ルノ外議員候補者ニ非サル者ノ氏名ヲ記載シタル投票ハ之ヲ無效トス

第二十六條　投票ノ效力ハ選擧立會人又ハ開票立會人ノ意見ヲ聽キ選擧長又ハ開票分會長之ヲ決定スヘシ

第二十七條　市制第三十三條第一項ノ規定ハ同項第六號トシテ左ノ一號ヲ加ヘ之ヲ適用ス

六　府縣制第三十四條ノ二ノ規定ノ準用ニ依ル訴訟ノ結果當選無效ト爲リタルトキ

第二十八條　市制第三十六條第一項ノ規定中選擧人トアルハ選擧人又ハ議員候補者トシ同規定ヲ適用ス

第四章　市制第三十九條ノ二ノ市ノ市會議員ノ選擧運動及其ノ費用竝ニ公立學校等ノ設備ノ使用

第二十九條　選擧事務所ハ議員候補者一人ニ付議員ノ定數（選擧區アル場合ニ於テハ當該選擧區ノ配當議員數）ヲ以テ選擧人名簿（選擧區アル場合ニ於テハ當該選擧區ノ選擧人名簿）確定ノ日ニ於テ之ニ登錄セラレタル者ノ總數ヲ除シテ得タル數一千以上ナルトキハ二箇所ヲ、一千未滿ナルトキハ一箇所ヲ超ユルコトヲ得ス

選擧ノ一部無效ト爲リ更ニ選擧ヲ行フ場合又ハ市制第二十二條第四項ノ規定ニ依リ投票ヲ行フ場合ニ於テハ選擧事務所ハ前項ノ規定ニ依ル數ヲ超エサル範圍内ニ於テ府縣知事（東京府ニ於テハ警視總監）ノ定メタル數ヲ超ユルコトヲ得ス

府縣知事（東京府ニ於テハ警視總監）ハ選擧ノ期日ノ告示アリタル後直ニ前二項ノ規定ニ依ル選擧事務所ノ數ヲ告示スヘシ

第三十條　選擧委員及選擧事務員ハ議員候補者一人ニ付議員ノ定數（選擧區アル場合ニ於テハ當該選擧區ノ配當議員數）ヲ以テ選擧人名簿（選擧區アル場合ニ於テハ當該選擧區ノ選擧人名簿）確定ノ日ニ於テ之ニ登錄セラレタル者ノ總數ヲ除シテ得タル數一千以上ナルトキハ通シテ十五人ヲ、一千未滿ナルトキハ通シテ十人ヲ超ユルコトヲ得ス

前條第二項及第三項ノ規定ハ選擧委員及選擧事務員ニ之ヲ準用ス

第三十一條　選擧運動ノ費用ハ議員候補者一人ニ付左ノ各號ノ額ヲ超ユルコトヲ得ス

一　議員ノ定數（選擧區アル場合ニ於テハ當該選擧區ノ配當議員數）ヲ以テ選擧人名簿（選擧區アル場合ニ於テハ當該選擧區ノ選擧人名簿）確定ノ日ニ於テ之ニ登錄セラレタル者ノ總數ヲ除シテ得タル數ヲ四十錢ニ乘シテ得タル額但シ三百圓未滿ナルモノハ三百圓トス

二　選擧ノ一部無效ト爲リ更ニ選擧ヲ行フ場合ニ於テハ議員ノ定數（選擧區アル場合ニ於テハ當該選擧區ノ配當議員數）ヲ以テ選擧人名簿（選擧區アル場合ニ於テハ當該選擧區ノ選擧人名簿）確定ノ日ニ於テ關係區域ノ選擧人名簿ニ登錄セラレタル者ノ總數ヲ除シテ得タル數ヲ四十錢ニ乘シテ得タル額

三　市制第二十二條第四項ノ規定ニ依リ投票ヲ行フ場合ニ於テハ前號ノ規定ニ準シテ算出シタル額但シ府縣知事（東京府ニ於テハ警視總監）必要アリト認ムルトキハ之ヲ減額スルコトヲ得

府縣知事（東京府ニ於テハ警視總監）ハ選擧ノ期日ノ告示アリタル後直ニ前項ノ規定ニ依ル額ヲ告示スヘシ

第三十二條　衆議院議員選擧法施行令第八章、第九章及第十二章ノ規定ハ市制第三十九條ノ二ノ市ノ市會議員選擧ニ之ヲ準用ス

第五章　市町村吏員ノ賠償責任及身元保證

第三十三條　市町村吏員其ノ管掌ニ屬スル現金、證券其ノ他ノ財産ヲ亡失又ハ毀損シタルトキハ市町村ハ期間ヲ指定シ其ノ損害ヲ賠償セシムヘシ但シ避クヘカラサル事故ニ原因シタルトキ又ハ他ノ者ノ使用ニ供シタル場合ニ於テ合規ノ監督ヲ怠ラサリシトキハ市町村ハ其ノ賠償ノ責任ヲ免除スヘシ

第三十四條　收入役、副收入役若ハ收入役代理者又ハ收入役ノ事務ヲ兼掌スル町村長若ハ助役市制第百三十九條第二項又ハ町村制第百十九條第二項ノ規定ニ違反シテ支出ヲ爲シタルトキハ市町村ハ期間ヲ指定シ之ニ因リテ生シタル損害ヲ賠償セシムヘシ、區收入役、區副收入役又ハ區收入役代理者ニ付亦同シ

第三十五條　市町村吏員其ノ執務上必要ナル物品ノ交付ヲ受ケ故意又ハ怠慢ニ因リ之ヲ亡失又ハ毀損シタルトキハ市町村ハ期間ヲ指定シ其ノ損害ヲ賠償セシムヘシ

第三十六條　前三條ノ處分ヲ受ケタル者其ノ處分ニ不服アルトキハ府縣參事會ニ訴願シ其ノ裁決ニ不服アルトキハ行政裁判所ニ出訴スルコトヲ得

前項ノ裁決ニ付テハ府縣知事又ハ市町村ヨリモ訴訟ヲ提起スルコトヲ得

府縣參事會訴願ヲ受理シタルトキハ其ノ日ヨリ三月以內ニ之ヲ裁決スヘシ

市制第百六十條第一項乃至第三項又ハ町村制第百四十條第一項乃至第三項ノ規定ハ第一項及第二項ノ訴願及訴訟ニ之ヲ準用ス

第三十七條　賠償金ノ徴收ニ關シテハ市制第百三十一條又ハ町村制第百十一條ノ例ニ依ル

第三十八條　市町村吏員ニ對シ身元保證ヲ徴スルノ必要アリト認ムルトキハ市町村ハ其ノ種類、價格、程度其ノ他必要ナル事項ヲ定ムヘシ

第三十九條　本章中市町村ニ關スル規定ハ市制第六條ノ市ノ區及市制第百四十四條ノ市ノ一部及町村制第百二十四條ノ町村ノ一部ニ之ヲ準用ス

第六章　市町村稅ノ賦課徴收

第四十條　市町村ノ內外ニ於テ營業所ヲ設ケ營業ヲ爲ス者ニシテ其ノ營業又ハ收入ニ對スル本稅ヲ分別シテ納メサル者ニ對シ附加稅ヲ賦課セントスルトキハ市町村長ハ關係市長又ハ町村長（町村長ニ準スヘキ者ヲ含ム）ト協議ノ上其ノ本稅額ノ步合ヲ定ムヘシ

前項ノ協議調ハサルトキハ府縣知事之ヲ定メ其ノ數府縣ニ渉ルモノハ內務大臣及大藏大臣之ヲ定ムヘシ

第一項ノ場合ニ於テ直接ニ收入ヲ生スルコトナキ營業所アルトキハ他ノ營業所ト收入ヲ共通スルモノト認メ前二項ノ規定ニ依リ本稅額ノ步合ヲ定ムヘシ

府縣ニ於テ數府縣ニ渉ル營業又ハ其ノ收入ニ對シ營業稅附加稅、營業收益稅附加稅又ハ所得稅附加稅賦課ノ步合ヲ定メタルモノアルトキハ其ノ步合ニ依ル本稅額ヲ以テ其ノ府縣ニ於ケル本稅額ト看做ス

第四十一條　鑛區（砂鑛區域ヲ含ム以下之ニ同シ）カ市町村ノ內外ニ渉ル場合ニ於テ鑛區稅（砂鑛區稅ヲ含ム）ノ附加稅ヲ賦課セントスルトキハ鑛區ノ屬スル地表ノ面積ニ依リ其ノ本稅額ヲ分割シ其ノ一部ニノミ賦課スヘシ

市町村ノ內外ニ於テ鑛業ニ關スル事務所其ノ他ノ營業所ヲ設ケタル場合ニ於テ鑛產稅ノ附加稅ヲ賦課セントスルトキハ前條ノ例ニ依ル、鑛區カ營業所所在ノ市町村ノ內外ニ渉ル場合亦同シ

第四十二條　住所滯在カ市町村ノ內外ニ渉ル者ノ收入ニシテ土地家屋物件又ハ營業所ヲ設ケタル營業ヨリ生スル收入ニ非サルモノニ對シ市町村稅ヲ賦課セントスルトキハ其ノ收入ヲ平分シ其ノ一部ニノミ賦課スヘシ

前項ノ住所又ハ滯在カ其ノ時ヲ異ニシタルトキハ納稅義務ノ發生シタル翌月ノ初メヨリ其消滅シタル月ノ終迄月割ヲ以テ賦課スヘシ但シ賦課後納稅義務者ノ住所又ハ滯在ニ異動ヲ生スルモ賦課額ハ變更セス其ノ新ニ在所ヲ有シ又ハ滯在スル市

町村ニ於テハ賦課ナキ部分ニノミ賦課スヘシ

住所滯在カ同一府縣内ノ市町村ノ内外ニ渉ル者其ノ住所又ハ滯在ノ時ヲ異ニシタル場合ニ於テ其ノ者ニ對シ戸數割附加税ヲ賦課セントスルトキハ前項ノ規定ヲ準用ス

第四十三條　市町村税ヲ徴收セントスルトキハ市町村長ハ徴税令書ヲ納税人ニ交付スヘシ

第四十四條　徴税令書ヲ受ケタル納税人納期内ニ税金ヲ完納セサルトキハ市町村長ハ直ニ督促状ヲ發スヘシ

第四十五條　督促ヲ爲シタル場合ニ於テハ一日ニ付税金額ノ萬分ノ四以内ニ於テ市町村ノ定ムル割合ヲ以テ納期限ノ翌日ヨリ税金完納又ハ財産差押ノ日ノ前日迄ノ日數ニ依リ計算シタル延滯金ヲ徴收スヘシ但シ左ノ各號ノ一ニ該當スル場合又ハ滯納ニ付市町村長ニ於テ酌量スヘシ情狀アリト認ムルトキハ此ノ限ニ在ラス

一　令書一通ノ税金額五圓未滿ナルトキ

二　納期ヲ繰上ケ徴收ヲ爲ストキ

三　納税者ノ住所及居所カ帝國内ニ在ラサル爲又ハ共ニ不明ナル爲公示送達ノ方法ニ依リ納税ノ命令又ハ督促ヲ爲シタルトキ

督促状ノ指定期限迄ニ税金及督促手數料ヲ完納シタルトキハ延滯金ハ之ヲ徴收セス

第四十六條　納税人左ノ場合ニ該當スルトキハ徴税令書ヲ交付シタル市町村税ニ限リ納期前ト雖モ之ヲ徴收スルコトヲ得

一　國税徴收法ニ依ル滯納處分ヲ受クルトキ

二　强制執行ヲ受クルトキ

三　破産ノ宣告ヲ受ケタルトキ

四　競賣ノ開始アリタルトキ

五　法人カ解散ヲ爲シタルトキ

六　納税人脱税又ハ逋税ヲ謀ルノ所爲アリト認ムルトキ

第四十六條ノ二　相續人又ハ相續財團ハ被相續人ニ對シ相續開始前ノ事實ニ付賦課セラルヘキ市町村税ヲ納ムル義務ヲ負フ但シ戸主ノ死亡以外ノ原因ニ依リ家督相續開始アリタルトキハ被相續人モ亦之ヲ納ムル義務ヲ負フ

國籍喪失ニ因ル相續人又ハ限定承認ヲ爲シタル相續人ハ相續ニ因リテ得タル財産ヲ限度トシテ前項ノ義務ヲ負フ

第四十七條　相續開始ノ場合ニ於テハ市町村税、督促手數料、延滯金及滯納處分費ハ相續人ヨリ之ヲ徴收スヘシ但シ戸主ノ死亡以外ノ原因ニ依リ家督相續ノ開始アリタルトキハ被相續人ヨリモ之ヲ徴收スルコトヲ得

國籍喪失ニ因リ相續人又ハ限定承認ヲ爲シタル相續人ハ相續ニ因リテ得タル財産ヲ限度トシテ市町村税、督促手數料、延滯金及滯納處分費ヲ納付スルノ義務ヲ有ス

法人合併ノ場合ニ於テハ合併ニ因リ消滅シタル法人ノ納付スヘキ市町村税、督促手數料、延滯金及滯納處分費ハ合併後存續スル法人又ハ合併ニ因リ設立シタル法人ヨリ之ヲ徴收スヘシ

第四十八條　共有物、共同事業、共同事業ニ因リ生シタル物件又ハ共同行爲ニ係ル市町村税、督促手數料、延滯金及滯納處分費ハ納税者連帶シテ其ノ義務ヲ負擔ス

第四十九條　同一年度ノ市町村税ニシテ既納ノ税金過納ナルトキハ爾後ノ納期ニ於テ徴收スヘキ同一税目ノ税金ニ充ツルコトヲ得

第五十條　納税義務者納税地ニ住所又ハ居所ヲ有セサルトキハ納税ニ關スル事項ヲ處理セシムル爲納税管理人ヲ定メ市町村長ニ申告スヘシ其ノ納税管理人ヲ變更シタルトキ亦同シ

第五十一條　徴税令書、督促状及滯納處分ニ關スル書類ハ名宛人ノ住所又ハ居所ニ送達ス名宛人カ相續財團ニシテ財産管理人アルトキハ財産管理人ノ住所又ハ居所ニ送達ス

納税管理人アルトキハ納税ノ告知及督促ニ關スル書類ニ限リ其ノ住所又ハ居所ニ送達ス

第五十二條　書類ノ送達ヲ受クヘキ者カ其ノ住所若ハ居所ニ於テ書類ノ受取ヲ拒ミタルトキ又ハ其ノ者ノ住所及居所カ帝國内ニ在ラサルトキ若ハ共ニ不明ナルトキハ書類ノ要旨ヲ公告シ公告ノ初日ヨリ七日ヲ經過シタルトキハ書類ノ送達アリタルモノト看做ス

第五十三條　市町村ハ内務大臣及大藏大臣ノ指定シタル市町村税ニ付テハ其ノ徴收ノ便宜ヲ有スル者ヲシテ之ヲ徴收セシムルコトヲ得

前項ノ市町村税ノ徴收ニ付テハ第四十三條ノ規定ニ依ラサルコトヲ得

第五十四條　前條第一項ノ規定ニ依リ市町村税ヲ徴收セシムル場合ニ於テハ納税人ハ其ノ税金ヲ徴收義務者ニ拂込ムニ依リテ納税ノ義務ヲ了ス

第五十五條　第五十三條第一項ノ規定ニ依ル徴收義務者ハ徴收スヘキ市町村税ヲ市町村長ノ指定シタル期日迄ニ市町村ニ拂込ムヘシ、其ノ期日迄ニ拂込マサルトキハ市町村長ハ相當ノ期限ヲ指定シ督促状ヲ發スヘシ

第五十六條　市町村ハ前條ノ徴收ノ費用トシテ拂込金額ノ百分ノ四ヲ徴收義務者ニ交付スヘシ

第五十七條　第五十三條第一項ノ規定ニ依ル徴收義務者避クヘカラサル災害ニ依リ既收ノ税金ヲ失ヒタルトキハ其ノ税金拂込義務ノ免除ヲ市町村長ニ申請スルコトヲ得

市町村長前項ノ申請ヲ受ケタルトキハ七日以内ニ市參事會又ハ町村會ノ決定ニ付スヘシ市參事會又ハ町村會ハ其ノ送付ヲ

受ケタル日ヨリ三月以内ニ之ヲ決定スヘシ

前項ノ決定ニ不服アル者ハ府縣參事會ニ訴願シ其ノ裁決又ハ第四項ノ裁決ニ不服アル者ハ内務大臣ニ訴願スルコトヲ得

第二項ノ決定ニ付テハ市町村長ヨリモ訴願ヲ提起スルコトヲ得

前二項ノ裁決ニ付テハ市町村長又ハ府縣知事ヨリモ内務大臣ニ訴願スルコトヲ得

府縣參事會訴願ヲ受理シタルトキハ其ノ日ヨリ三月以内ニ之ヲ裁決スヘシ

市制第百六十條第一項乃至第三項又ハ町村制第百四十條第一項乃至第三項ノ規定ハ第三項乃至第五項ノ訴願ニ之ヲ準用ス

第二項ノ決定ハ文書ヲ以テ之ヲ爲シ其ノ理由ヲ附シ之ヲ本人ニ交付スヘシ

第五十八條　第四十五條乃至第四十八條ノ規定ハ第五十三條第一項ノ規定ニ依リ市町村税ヲ徴收セシムル場合ノ拂込金ニ之ヲ準用ス

第七章　市町村ノ監督

第五十九條　市町村行政ニ關シ主務大臣ノ許可ヲ要スル事項中左ニ揭クルモノハ府縣知事之ヲ許可スヘシ

一　基本財産、特別基本財産、造林、傳染病豫防救治ニ關スル一時給與金、有給吏員ノ年功加俸、退隱料、退職給與金、療治料、救助金、手當金、死亡給與金、弔祭料及遺族扶助料竝ニ市町村助役定數増加、町村長及町村助役ノ有給、市町村副收入役ノ設置、委員ノ組織及學務委員ニ關スル條例ヲ設ケ又ハ改正スルコト

二　著シク人口ノ増減アリタルニ因リ議員ノ定數増減ニ關スル町村條例ヲ設ケ又ハ改正スルコト

三　浴場、共同宿泊所、病院、消毒所、住宅、産婆、胞衣及産穢物燒却場、市場、屠場、墓地、火葬場、棧橋、林野、土地、通船、用水、溜池其ノ他ニ類スルモノノ管理及使用竝ニ其ノ使用料ニ關スル條例ヲ設ケ又ハ改正スルコト、

四　手數料又ハ加入金ニ關スル條例ヲ設ケ又ハ改正スルコト

五　特別税段別割ヲ新設シ、増額シ、又ハ變更スルコト及之ニ關スル條例ヲ設ケ又ハ改正スルコト但シ大正九年勅令第二百八十二號又ハ大正十五年勅令第百四十三號ニ依リ府縣知事ニ於テ許可スル課税ノ限度ヲ超エサルモノニ限ル（昭和二年勅令第三十八號ヲ以テ本號ヲ改正）

六　府縣ノ基金又ハ教育資金ヨリ借入ルル市町村債及市町村ニ轉貸ノ爲主務大臣ノ許可ヲ得テ借入レタル府縣債ノ收入金ヨリ借入ルル當該市町村債ニ關スルコト

七　小學校舍ノ建築、増築、改築等ニ關スル費用、傳染病豫防費、急施ヲ要スル災害復舊工事費ニ充ツル爲借入ルル市

町村債ニ關スルコト但シ小學校舍ノ爲ニスル市町村債ニシテ償還期限十年度ヲ超ユルモノニ付テハ此ノ限ニ在ラス

八　借入ノ翌年度ニ於テ償還スル市町村債ニ關スルコト但シ借入金ヲ以テ償還スルモノニ付テハ此ノ限ニ在ラス

第六十條　左ニ揭クル事件ハ監督官廳ノ許可ヲ受クルコトヲ要セス

一　耕地整理ノ爲又ハ區劃整理ノ爲市町村又ハ市制第六條ノ市ノ區ノ境界ヲ變更スルコト但シ關係アル市町村會又ハ區會ニ於テ意見ヲ異ニスルトキハ此ノ限ニ在ラス

二　所屬未定地ヲ市町村又ハ市制第六條ノ市ノ區ノ區域ニ編入スルコト但シ關係アル市町村會又ハ區會ニ於テ意見ヲ異ニスルトキハ此ノ限ニ在ラス

三　公告式、印鑑、書類送達、諸證明、市町村ノ一部ノ區會又ハ區總會ニ關スル條例ヲ設ケ又ハ改廢スルコト

四　公會堂、公園、水族館、動物園、植物園、鑛泉、浴場、共同宿泊所、消毒所、產婆、胞衣及產穢物燒却場、幼兒哺育場、商品陳列所、勸業館、農業倉庫、殺蛹乾燥場、種畜、牛馬種付所、屠獸解剖場、獸醫、上屋、荷揚場、貯木場、土砂採取場、石材採取場、農具ノ整理及使用竝ニ使用料ニ關スル條例ヲ設ケ又ハ改廢スルコト

五　延滯金、積立金穀等ニ關スル條例ヲ設ケ若ハ之ヲ改廢シ又ハ使用料、手數料、加入金、特別稅及委員ニ關スル條例ヲ廢止スルコト（昭和二年勅令第三十八號ヲ以テ本號ヲ改正）

六　府縣費ノ全部ノ分賦ヲ受クル市ニ於テ特別稅特別地稅又ハ大正十五年勅令第三百三十九號第十七條第一項ニ揭クル種類ト同種類ノ特別稅ノ賦課ニ關スル條例ヲ設ケ又ハ改正スルコト但シ特別稅特別地稅ニ付テハ大正十五年勅令第百四十三號ニ依リ府縣知事ニ於テ許可スル課稅ノ限度ヲ超ユルモノ及新ニ漁業ニ對シ特別稅ヲ賦課シ又ハ其ノ賦課率若ハ賦課方法ヲ變更スルモノニ付テハ此ノ限ニ在ラス（同上本號ヲ改正）

六ノ二　特別稅戶數割ヲ新設シ、增額シ又ハ變更スルコト及之ニ關スル條例ヲ設ケ又ハ改正スルコト（同上本號ヲ追加）

七　三年度ヲ超エサル繼續費ヲ定メ又ハ其ノ年期內ニ於テ之ヲ變更スルコト

八　繼續費ヲ減額スルコト

九　市町村債ノ借入額ヲ減少シ利息ノ定率ヲ低減スルコト

十　市町村債ノ借入先ヲ變更シ又ハ債券又ハ債券發行ノ方法ニ依ル市町村債ヲ其ノ他ノ方法ニ依ル市町村債ニ變更スルコト

十一　市町村債ノ償還年限ヲ短縮シ又ハ其ノ償還年限ヲ延長

セスシテ低利借替ヲ爲若ハ繰上償還ヲ爲スコト但シ外資ニ依リタル市町村債ノ借替又ハ外資ヲ以テスル借替ニ付テハ此ノ限ニ在ラス

十二　市町村債ノ償還年限ヲ延長セスシテ不均等償還ヲ元利均等償還ニ變更シ又ハ年度內ノ償還期若ハ償還期數ヲ變更スルコト

第八章　市制第六條ノ市ノ區

第六十一條　府縣知事ハ市會ノ意見ヲ徵シ府縣參事會ノ議決ヲ經テ市條例ヲ設定シ新ニ區會ヲ設クルコトヲ得

第六十二條　區內ニ住所ヲ有スル市公民ハ總テ區會議員ノ選擧權ヲ有ス但シ公民權停止中ノ者又ハ市制第十一條ノ規定ニ該當スル者ハ此ノ限ニ在ラス

第六十三條　區會議員ノ選擧權ヲ有スル市公民ハ區會議員ノ被選擧權ヲ有ス

在職ノ檢事、警察官吏及收稅官吏ハ被選擧權ヲ有セス

選擧事務ニ關係アル官吏及市ノ有給吏員ハ其ノ關係區域內ニ於テ被選擧權ヲ有セス

市ノ有給ノ吏員敎員其ノ他ノ職員ニシテ在職中ノ者ハ其ノ所屬區ノ區會議員ト相兼ヌルコトヲ得ス

第六十四條　區會議員ハ市ノ名譽職トス

議員ノ任期ハ四年トシ總選擧ノ日ヨリ之ヲ起算ス

議員ノ定數ニ異動ヲ生シタル爲解任ヲ要スル者アルトキハ區長抽籤シテ之ヲ定ム但シ闕員アルトキハ其ノ闕員ヲ以テ之ニ充ツヘシ

前項但書ノ場合ニ於テ闕員ノ數解任ヲ要スル者ノ數ニ滿チサルトキハ其ノ不足ノ員數ニ付區長抽籤シテ解任スヘキ者ヲ定メ闕員ノ數解任ヲ要スル者ノ數ヲ超ユルトキハ解任ヲ要スル者ニ充ツヘキ闕員ハ最モ先ニ闕員ト爲リタル者ヨリ順次之ニ充テ闕員ト爲リタル時同シキトキハ區長抽籤シテ之ヲ定ム

議員ノ定數ニ異動ヲ生シタル爲新ニ選擧セラレタル議員ハ總選擧ニ依リ選擧セラレタル議員ノ任期滿了ノ日迄在任ス

第六十五條　區會ノ組織及區會議員ノ選擧ニ關シテハ前數條ニ定ムルモノノ外市制第十三條、第十七條及第二十條乃至第三十九條竝ニ本令第七條乃至第二十條ノ規定ヲ準用ス但シ市制第十三條第四項ノ規定ノ準用ニ依ル市條例ノ設定ニ付テハ市ハ區會ノ意見ヲ徵スヘク、市制第三十二條及第三十四條ノ規定ノ準用ニ依ル報告ハ市長ヲ經テ之ヲ爲スヘシ

第六十六條　第三章及第四章ノ規定ハ市制第三十九條ノ二ノ區ノ區會議員選擧ニ之ヲ準用ス

第六十七條　區會ノ職務權限ニ關シテハ市會ノ職務權限ニ關スル規定ヲ準用ス

區長ト區會トノ關係ニ付テハ市長ト市會トノ關係ニ關スル規

定及市制第九十二條ノ規定ヲ準用ス

第六十八條　區會ヲ設ケサル區ニ於テハ區會ノ職務ハ市會之ヲ行フ

第六十九條　市ハ區會ノ意見ヲ徴シ區ノ營造物ニ關シ市條例又ハ市規則ヲ設クルコトヲ得

市制第百二十九條ノ規定ハ前項ノ場合ニ之ヲ準用ス

區ハ前二項ノ市條例ノ定ムル所ニ依リ區ノ營造物ノ使用ニ付使用料ヲ徴收シ又ハ過料ヲ科スルコトヲ得

第七十條　區ハ其ノ財產及營造物ニ關シ必要ナル費用ヲ支辨スル義務ヲ負フ

前項ノ支出ハ區ノ財產ヨリ生スル收入、使用料其ノ他法令ニ依リ區ニ屬スル收入ヲ以テ之ニ充テ仍不足アルトキハ市ハ其ノ區ニ於テ特ニ賦課徴收スル收入ヲ以テ之ニ充ツヘシ

前項ノ市稅ニ付市會ノ議決スヘキ事項ハ區會之ヲ議決ス但シ市ノ定メタル制限ヲ超ユルコトヲ得ス

市制第九十八條第四項ノ規定ニ依リ市ノ負擔スル費用ニ付テハ前二項ノ規定ヲ準用ス

第七十一條　前數條ニ定ムルモノノ外區ニ關シテハ市制第百十四條、第百十五條、第百三十條第二項乃至第六項、第百三十一條第一項、第二項、第四項乃至第八項及第百三十三條乃至第百四十三條竝ニ本令第一條乃至第四條ノ規定ヲ準用ス但シ第百三十條第三項中市參事會トアルハ區會、第百四十一條第二項中名譽職參事會員トアルハ區會議員トス

前項ノ規定ニ依リ市制第百三十一條第一項ノ規定ヲ準用スル場合ニ於テハ市ハ區會ノ意見ヲ徴シ市條例ヲ定メ區ヲシテ手數料ヲ徴收セシムルコトヲ得

第七十二條　區ノ監督ニ付テハ市ノ監督ニ關スル規定ヲ準用ス

第九章　雜則

第七十三條　市町村組合又ハ町村組合ニ關シテハ第一條乃至第四條ノ規定ニ拘ラス組合規約ニ於テ別段ノ定ヲ爲スコトヲ得

第七十四條　本令中府縣、府縣知事又ハ府縣參事會ニ關スル規定ハ北海道ニ付テハ各北海道廳長官又ハ北海道參事會ニ、本令第一章中町村長又ハ町村條例ニ關スル規定ハ北海道ニ付テハ各町村長又ハ町村條例ニ準スヘキモノニ之ヲ適用ス

附　則

本令中公民權及議員選擧ニ關スル規定ハ次ノ總選擧ヨリ、其ノ他ノ規定ハ大正十五年七月一日ヨリ之ヲ施行ス

左ノ勅令ハ之ヲ廢止ス

明治四十四年勅令第二百四十號

明治四十四年勅令第二百四十一號

明治四十四年勅令第二百四十四號

明治四十四年勅令第二百四十五號

明治四十四年勅令第二百四十八號

大正九年勅令第百六十八號

大正十年勅令第四百十二號

從前ノ規定ニ依ル手續其ノ他ノ行爲ハ本令ニ別段ノ規定アル場合ヲ除クノ外之ヲ本令ニ依リ爲シタルモノト看做ス

大正十年勅令第四百十二號第二條ノ規定ニ依リ爲シタル許可ノ申請ニシテ大正十五年六月三十日迄ニ許可ヲ得サルモノハ之ヲ本令第五十九條ノ規定ニ依リ府縣知事ニ爲シタル許可ノ申請ト看做ス

大正十五年市制中改正法律又ハ同年町村制中改正法律中選擧ニ關スル規定ノ施行セラレタル市町村及未タ施行セラレサル市町村ノ區域ノ境界ニ渉リ市町村ノ廢置分合又ハ境界變更アリタル場合ニ於テ右選擧ニ關スル規定ノ施行セラレサリシ市町村ノ區域ニ屬シタル地域ニ關シ必要ナル選擧人名簿ハ其ノ地域ノ新ニ屬シタル市町村ノ市町村長之ヲ調製スヘシ、此ノ場合ニ於テハ大正十五年市制中改正法律附則第二項又ハ同年町村制中改正法律附則第四項ノ例ニ依ル

明治四十四年勅令第二百四十五號第四條又ハ大正九年勅令第百六十八號第四條ノ規定ニ依リ爲シタル決定又ハ裁決ニ對スル訴願又ハ訴訟ノ提起期間ハ決定又ハ裁決アリタル日ノ翌日ヨリ之ヲ起算ス

從前市町村長ニ爲シタル申請ニシテ大正十五年六月三十日迄ニ市參事會又ハ町村會ノ決定ニ付セラレサルモノニ付テハ第五十七條第二項ノ期間ハ同年七月一日ヨリ之ヲ起算ス

從前市參事會若ハ市町村會ノ決定ニ付セラレタル申請又ハ府縣參事會ニ於テ受理シタル訴願ニシテ大正十五年六月三十日迄ニ決定又ハ裁決ナキモノニ付テハ第三十六條第三項竝ニ第五十七條第二項及第六項ノ期間ハ同年七月一日ヨリ之ヲ起算ス

本令ニ依リ初メテ區會議員ヲ選擧スル場合ニ於テ必要ナル選擧人名簿ニ關シ市制第二十一條乃至第二十一條ノ五ノ規定ノ準用ニ依ル期日又ハ期間ニ依リ難キトキハ命令ヲ以テ別ニ其ノ期日又ハ期間ヲ定ム但シ其ノ選擧人名簿ハ次ノ選擧人名簿確定迄其ノ效力ヲ有ス

本令中公民權及議員選擧ニ關スル規定施行ノ際大正十五年府縣制中改正法律中議員選擧ニ關スル規定若ハ同年市制中改正法律中公民權及議員選擧ニ關スル規定又ハ同年勅令第三號衆議院議員選擧法施行令未タ施行セラレサル場合ニ於テハ本令ノ適用ニ付テハ同規定又ハ同令ハ既ニ施行セラレタルモノト看做ス

附　則（昭和二年勅令第三十八號附則）

本令ハ昭和二年度ヨリ之ヲ適用ス

別表

點字

（點字ノ記載ハ各點字ノ發音ヲ示スモノトス）

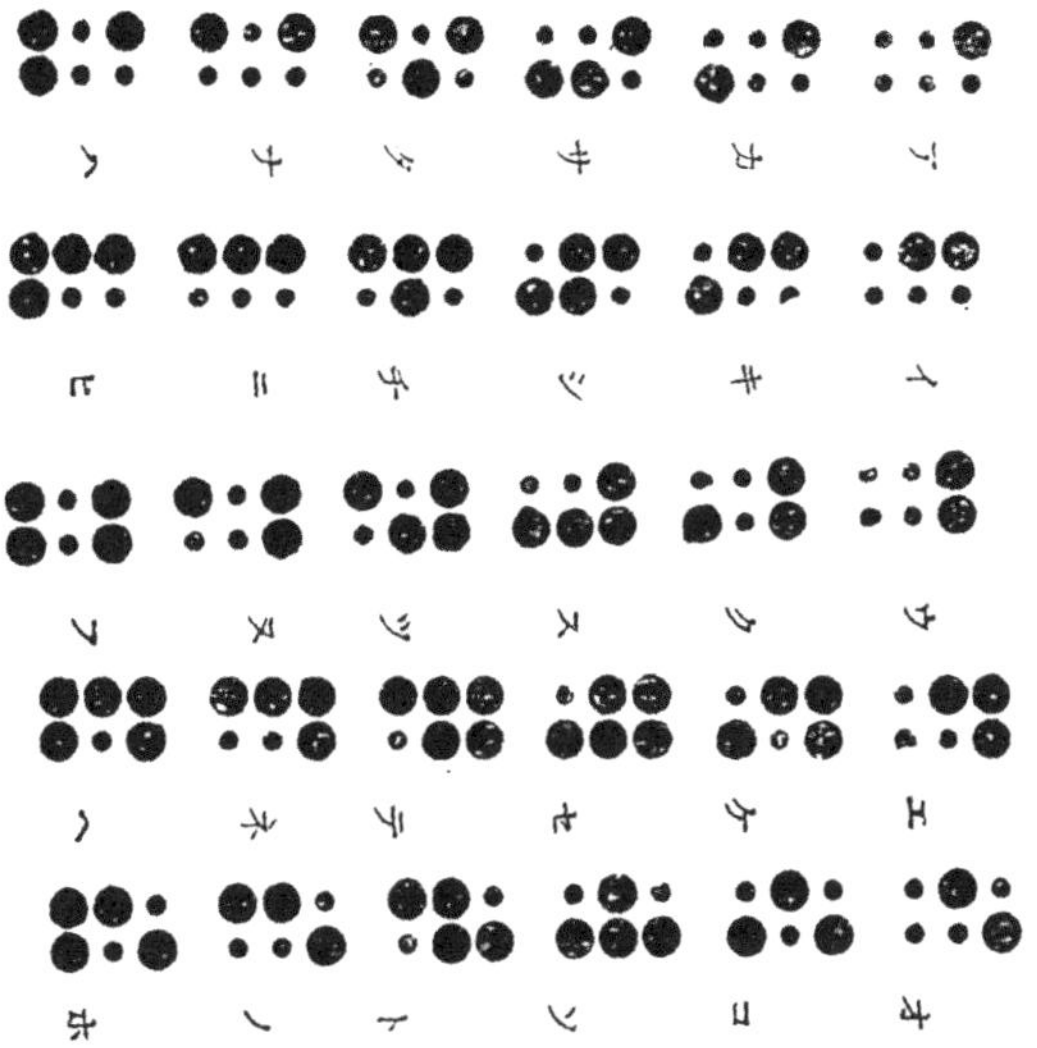

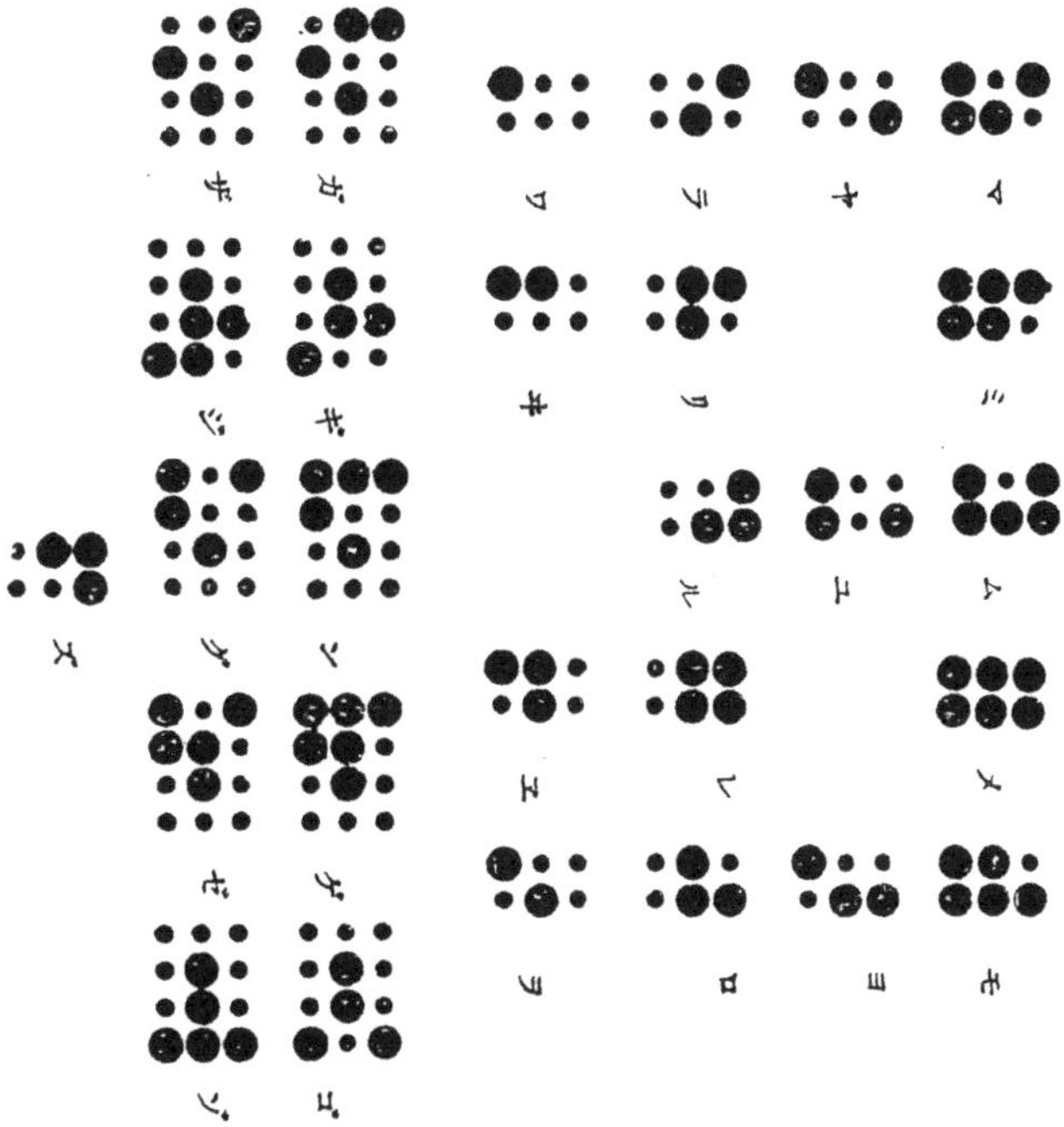

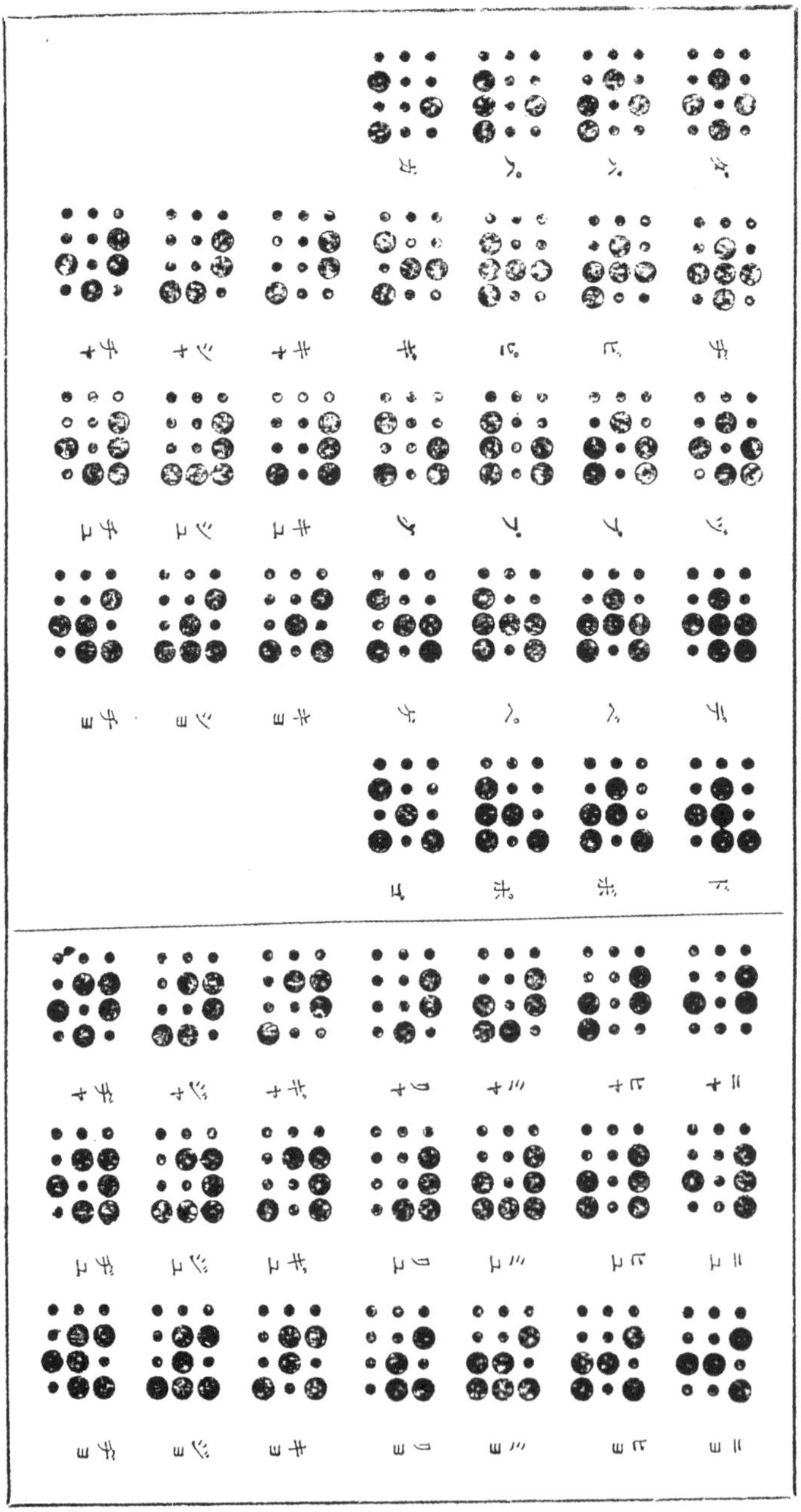
ダ
バ
パ
ガ
ヂ
ビ
ピ
ギ
キャ
シャ
チャ
ヅ
ブ
プ
グ
キュ
シュ
チュ
デ
ベ
ペ
ゲ
キョ
ショ
チョ
ド
ボ
ポ
ゴ
ニャ
ヒャ
ミャ
リャ
ギャ
ジャ
ヂャ
ニュ
ヒュ
ミュ
リュ
ギュ
ジュ
ヂュ
ニョ
ヒョ
ミョ
リョ
キョ
ジョ
ヂョ

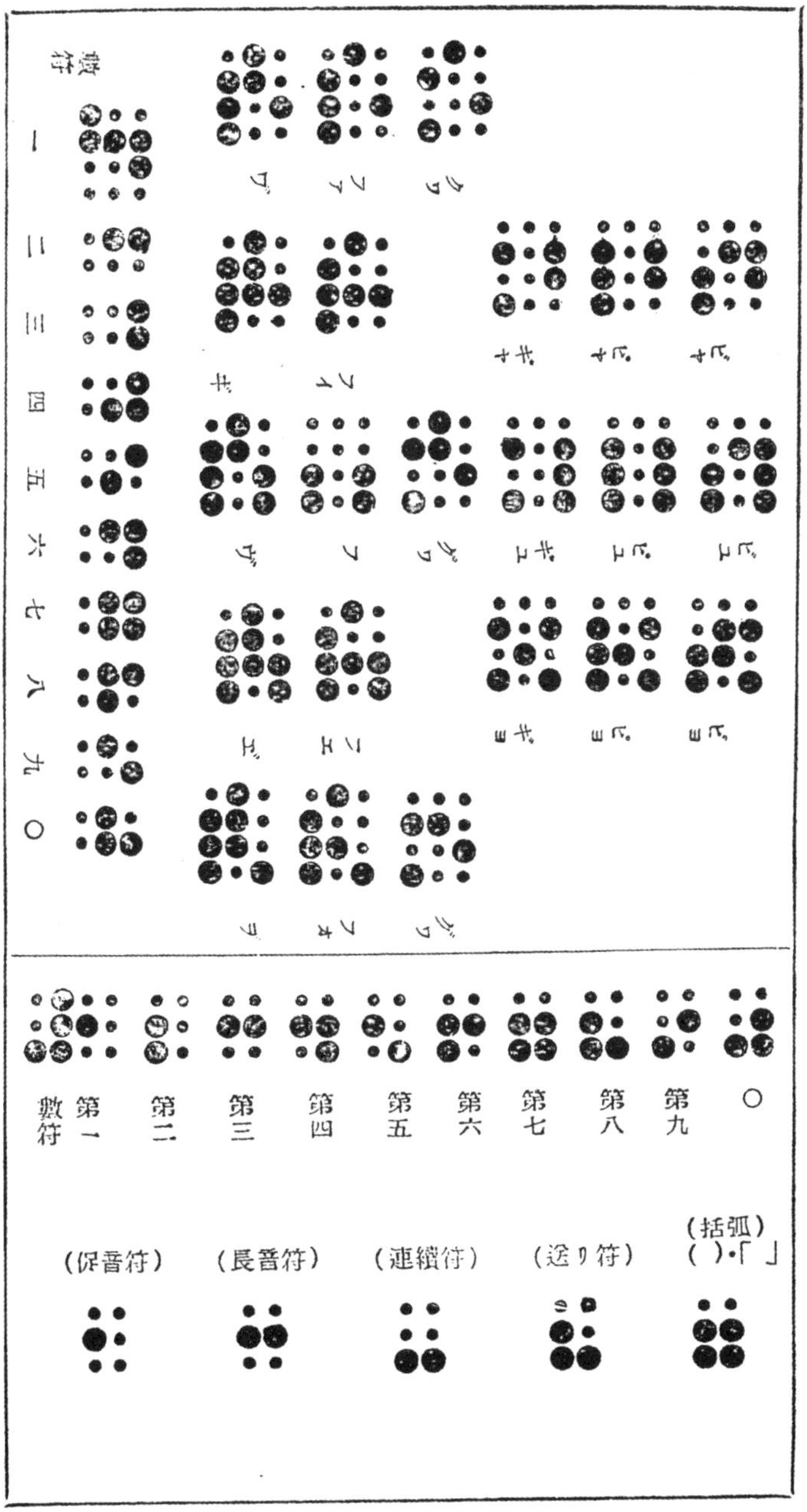
數符
一
二
三
四
五
六
七
八
九
○
ギャ
ピャ
ビャ
ギュ
ピュ
ビュ
ギョ
ピョ
ビョ
數符 第一
第二
第三
第四
第五
第六
第七
第八
第九
○
（促音符）
（長音符）
（連續符）
（送り符）
（括弧）
（　）・「　」

●市制町村制施行規則

（大正十五年六月二十四日
內務省令第十九號）

市制町村制施行規則左ノ通定ム

市制町村制施行規則

第一章　市町村會議員ノ選擧

第一條　市制町村制ニ規定セル市區町村ノ人口ハ內閣ニ於テ官報ヲ以テ公示シタル最近ノ人口ニ依ル

前項公示ノ人口現在ノ日以後ニ於テ市區町村ノ廢置分合、境界變更ヲ爲シ又ハ所屬未定地ヲ市區町村ノ區域ニ編入シタルトキハ關係市區町村ノ人口ハ左ノ區別ニ依リ府縣知事ノ告示シタル人口ニ依ル但シ市區町村ノ境界變更又ハ所屬未定地編入ノ地域ニ現住者ナキトキハ此ノ限ニ在ラス

一　市區町村若ハ數市區町村ノ全部ノ區域ヲ以テ一市區町村ヲ置キタル場合又ハ一市區町村若ハ數市區町村ノ全部ノ區域ヲ他ノ市區町村ノ區域ニ編入シタル場合ニ於テハ關係市區町村ノ人口又ハ之ヲ集計シタルモノ

二　前號以外ノ場合ニ於テハ當該市區町村ノ人口ヲ廢置分合又ハ境界變更アリタル日ノ現在ニ依リ府縣知事ノ調査シタル人口ニ按分シテ算出シタル當該地域ノ人口又ハ其ノ人口ヲ集計シタルモノ又ハ其ノ人口ヲ關係市區町村ノ人口ニ加算シ若ハ關係市區町村ノ人口ヨリ控除シタルモノ

三　所屬未定地ヲ市區町村ニ編入シタルトキハ編入ノ日ノ現在ニ依リ府縣知事ノ調査シタル其ノ地域ノ人口ヲ關係市區町村ノ人口ニ加算シタルモノ

四　前三號ノ規定ニ依ル人口ノ告示アリタル日以後ニ於テ市區町村ノ廢置分合若ハ境界變更又ハ所屬未定地編入前ノ日ニ屬スル最近ノ人口ヲ內閣ニ於テ官報ヲ以テ公示アリタルトキハ更ニ其ノ公示ニ係ル人口ヲ基礎トシ前三號ノ規定ニ依リ算出シタルモノ

前項ノ規定ハ市區町村ノ境界確定シタル場合ニ之ヲ準用ス

前三項ノ人口中ニハ部隊艦船及監獄內ニ在リタル人員ヲ含マス

第二條　市町村長（市制第六條ノ市ニ於テハ區長）投票立會人（又ハ開票立會人）ヲ選任シタルトキハ直ニ之ヲ投票分會長（又ハ開票分會長）ニ通知スヘシ

第三條　市町村長必要アリト認ムルトキハ選擧會場入場券（又ハ投票分會場入場券）ヲ交付スルコトヲ得

選擧長（又ハ投票分會長）必要アリト認ムルトキハ到著番號札ヲ選擧人ニ交付スルコトヲ得

第四條　投票記載ノ場所ハ選擧人ノ投票ヲ覗ヒ又ハ投票ノ交換其ノ他不正ノ手段ヲ用フルコト能ハサラシムル爲相當ノ設備

ヲ爲スヘシ
第五條　投票函ハ二重ノ蓋ヲ造リ各別ニ鎖鑰ヲ設クヘシ
第六條　選擧長(又ハ投票分會長)ハ投票ヲ爲サシムルニ先チ選擧會場(又ハ投票分會場)ニ參會シタル選擧人ノ面前ニ於テ投票函ヲ開キ其ノ空虛ナルコトヲ示シタル後內蓋ヲ鎖スヘシ
第七條　選擧長(又ハ投票分會長)ハ選擧立會人(又ハ投票立會人)ノ面前ニ於テ選擧人ヲ選擧人名簿(又ハ選擧人名簿ノ抄本)ニ對照シタル後投票用紙(假ニ投票ヲ爲サシムヘキ選擧人ニ對シテハ併セテ封筒)ヲ交付スヘシ
第八條　選擧人誤リテ投票ノ用紙又ハ封筒ヲ汚損シタルトキハ其ノ引換ヲ請求スルコトヲ得
第九條　投票ハ選擧長(又ハ投票分會長)及選擧立會人(又ハ投票立會人)ノ面前ニ於テ選擧人自ラ之ヲ投函スヘシ
第十條　選擧人投票前選擧會場(又ハ投票分會場)外ニ退出シ又ハ退出ヲ命セラレタルトキハ選擧長(又ハ投票分會長)ハ投票用紙(交付シタル封筒アルトキハ併セテ封筒)ヲ返付セシムヘシ
第十一條　投票ヲ終リタルトキハ選擧長(又ハ投票分會長)ハ投票函ノ內蓋ノ投票口及外蓋ヲ鎖シ其ノ內蓋ノ鑰ハ選擧立會人(投票分會ニ於テハ投票函ヲ送致スヘキ投票立會人)之ヲ保管シ外蓋ノ鑰ハ選擧長(又ハ投票分會長)之ヲ保管スヘシ
第十二條　投票函ハ其ノ閉鎖後選擧長(又ハ開票分會長)ニ送致ノ爲ノ外之ヲ會場外ニ搬出スルコトヲ得ス
第十三條　投票ヲ點檢スルトキハ選擧長ハ選擧會ノ事務ニ從事スル者二人ヲシテ各別ニ同一被選擧人(市制第三十九條ノ二ノ市ニ於テハ議員候補者以下之ニ同シ)ノ得票數ヲ計算セシムヘシ
第十四條　前條ノ計算終リタルトキハ選擧長ハ各被選擧人ノ得票數ヲ朗讀スヘシ
第十五條　前二條ノ規定ハ開票分會ヲ設ケタル場合ニ於ケル開票ニ之ヲ準用ス
開票分會ヲ設ケタル場合ニ於テハ選擧長ハ自ラ開票ヲ行ヒタル部分ニ付各被選擧人ノ得票數ヲ朗讀シタル後開票分會每ニ各被選擧人ノ得票總數ヲ朗讀シ終リニ各被選擧人ノ得票數ヲ朗讀スヘシ
第十六條　選擧長(又ハ開票分會長)ハ投票ノ有效無效ヲ區別シ各之ヲ封筒ニ入レ二人以上ノ選擧立會人(又ハ開票立會人)ト共ニ封印ヲ施スヘシ
受理スヘカラスト決定シタル投票ハ其ノ封筒ヲ開披セス前項ノ例ニ依リ封印ヲ施スヘシ
第十七條　市制第三十九條ノ二ノ市ノ市會議員選擧ニ付テハ府縣制施行規則第五條、第七條乃至第九條及第二十二條ノ規定

ヲ準用ス

第十八條　市制第三十九條ノ二ノ市ノ市會議員選擧ニ付開票分會ヲ設ケタルトキハ選擧長ハ豫メ議員候補者ノ氏名、職業、住所、生年月日其ノ他必要ナル事項ヲ當該開票分會長ニ通知スヘシ、議員候補者議員候補者タルコトヲ辭シタルトキ又ハ其ノ死亡シタルコトヲ知リタルトキ亦同シ

第十九條　點字投票ナル旨ノ印ハ投票用紙及封筒ノ表面ニ之ヲ押捺スヘシ

第二十條　市町村會議員選擧人名簿及其ノ抄本ハ別記樣式ニ依リ之ヲ調製スヘシ

第二十一條　選擧錄、投票錄及開票錄ハ別記樣式ニ依リ之ヲ調製スヘシ

第二十二條　市制第三十九條ノ二ノ市ノ市會議員選擧ニ關スル立會人ノ屆出書及之ニ添附スヘキ承諾書、議員候補者ノ屆出書又ハ推薦屆出書、議員候補者タルコトヲ辭スルコトノ屆出書並ニ選擧運動ノ費用ノ精算屆書ハ府縣制施行規則別記ニ定ムル各樣式ニ準シ之ヲ調製スヘシ

第二章　市町村吏員ノ事務引繼

第二十三條　市町村長更迭ノ場合ニ於テハ前任者ハ退職ノ日ヨリ十日以內ニ其ノ擔任スル事務ヲ後任者ニ引繼クヘシ、後任者ニ引繼クコトヲ得サル事情アルトキハ之ヲ助役ニ引繼クヘシ、此ノ場合ニ於テハ助役ハ後任者ニ引繼クコトヲ得ルニ至リタルトキハ直ニ之ヲ後任者ニ引繼クヘシ

前項引繼ノ場合ニ於テハ書類帳簿及財產ノ目錄ヲ調製シ處分未濟若ハ未著手又ハ將來企畫スヘキ見込ノ事項ニ付テハ其ノ順序方法及意見ヲ記載スルコトヲ要ス

第二十四條　助役退職ノ場合ニ於テ其ノ分掌事務アルトキハ之ヲ市町村長ニ引繼クヘシ

前條ノ規定ハ前項ノ事務引繼ニ之ヲ準用ス

第二十五條　收入役更迭ノ場合ニ於テハ前任者ノ退職ノ日ヨリ十日以內ニ其ノ擔任スル事務ヲ後任者ニ引繼クヘシ、後任者ニ引繼クコトヲ得サル事情アルトキハ之ヲ副收入役又ハ收入役代理者ニ引繼クヘシ、此ノ場合ニ於テハ副收入役又ハ收入役代理者ハ後任者ニ引繼クコトヲ得ルニ至リタルトキハ直ニ之ヲ後任者ニ引繼クヘシ

前項引繼ノ場合ニ於テハ現金書類帳簿其ノ他ノ物件ニ付テハ各目錄ヲ調製シ仍現金ニ付テハ各帳簿ニ對照シタル明細書ヲ添附シ帳簿ニ付テハ事務引繼ノ日ニ於テ最終記帳ノ次ニ合計高及年月日ヲ記入シ且引繼ヲ爲ス者及引繼ヲ受クル者之ニ連署スヘシ

第二十六條　副收入役退職ノ場合ニ於テ其ノ分掌事務アルトキハ之ヲ收入役ニ引繼クヘシ

前條ノ規定ハ前項ノ事務引繼ニ之ヲ準用ス

第二十七條　第二十三條第二項、第二十四條第二項、第二十五條第二項及前條第二項ノ規定ニ依リ調製スヘキ書類帳簿及財産及財産ノ目錄ハ現ニ設備セル目錄又ハ臺帳ニ依リテ引繼ヲ爲ストキノ現在ヲ確認シ得ル場合ニ於テハ之ヲ以テ充用スルコトヲ得、此ノ場合ニ於テハ其ノ旨引繼書ニ記載スヘシ

第二十八條　第二十三條又ハ第二十五條乃至前條ノ規定ハ市制第六條又ハ第八十二條第三項ノ市ノ區長若ハ區收入役ノ更迭又ハ分掌事務アル區副收入役ノ退職ノ場合ニ、第二十四條及前條ノ規定ハ分掌事務アル町村區長ノ退職ノ場合ニ之ヲ準用ス

第二十九條　市町村ノ廢置分合ニ依リ新ニ市町村ヲ置キタル場合ニ於テハ前市町村ノ吏員ノ擔任スル事務ハ之ヲ市町村長、收入役又ハ市町村長ノ臨時代理者若ハ職務管掌ノ官吏ニ引繼クヘシ、市町村ノ境界變更アリタルトキ亦同シ

第二十三條乃至第二十七條ノ規定ハ前項ノ事務引繼ニ之ヲ準用ス

第三十條　第二十三條乃至前條ノ場合ニ於テ所定ノ期間內ニ引繼ヲ了スルコトヲ得サルトキハ其ノ事由ヲ具シ府縣知事ノ許可ヲ受クヘシ

第三十一條　第二十三條乃至第二十九條ノ場合ニ於テ引繼ヲ拒ミタル者ニ對シテハ府縣知事ハ二十五圓以下ノ過料ヲ科スルコトヲ得、其ノ故ナク引繼ヲ遷延シタルカ爲市町村長ニ於テ期日ヲ指定シテ催告ヲ爲シ仍之ニ應セサル者ニ付亦同シ

第三十二條　第二十三條乃至前條ニ規定スルモノノ外市町村吏員ノ事務引繼ニ關シ必要ナル事項ハ府縣知事之ヲ定ム

第三章　市町村ノ財務

第三十三條　市町村稅其ノ他一切ノ收入ヲ歲入トシ一切ノ經費ヲ歲出トシ歲入歲出ハ豫算ニ編入スヘシ

第三十四條　各年度ニ於テ決定シタル歲入ヲ以テ他ノ年度ニ屬スヘキ歲出ニ充ツルコトヲ得ス

第三十五條　歲入ノ所屬年度ハ左ノ區分ニ依ル

一　納期ノ一定シタル收入ハ其ノ納期末日ニ屬スル年度

二　定期ニ賦課スルコトヲ得サルカ爲特ニ納期ヲ定メタル收入又ハ隨時ノ收入ニシテ徵稅令書、賦課令書又ハ納額告知書ヲ發スルモノハ令書又ハ告知書ヲ發シタル日ノ屬スル年度

三　隨時ノ收入ニシテ徵稅令書、賦課令書又ハ納額告知書ヲ發セサルモノハ領收ヲ爲シタル日ノ屬スル年度但シ市町村債、交付金、補助金、寄附金、請負金、償還金其ノ他之ニ類スル收入ニシテ其ノ收入ヲ豫算シタル年度ノ出納閉鎖前ニ領收シタルモノハ其ノ豫算ニ屬スル年度

第三十六條　歳出ノ所屬年度ハ左ノ區分ニ依ル
一　費用辨償、報酬、給料、旅費、退隱料、退職給與金、死亡給與金、遺族扶助料、其ノ他ノ給與、傭人料ノ類ハ其ノ支給スヘキ事實ノ生シタル時ノ屬スル年度但シ別ニ定マリタル支拂期日アルトキハ其ノ支拂期日ノ屬スル年度
二　通信運搬費、土木建築費其ノ他物件ノ購入代價ノ類ハ契約ヲ爲シタル時ノ屬スル年度但シ契約ニ依リ定メタル支拂期日アルトキハ其ノ支拂期日ノ屬スル年度
三　市町村債ノ元利金ニシテ支拂期日ノ定アルモノハ其ノ支拂期日ノ屬スル年度
四　補助金、寄附金、負擔金ノ類ハ其ノ支拂ヲ豫算シタル年度
五　缺損補塡ハ其ノ補塡ノ決定ヲ爲シタル日ノ屬スル年度
六　前各號ニ掲クルモノヲ除クノ外ハ總テ支拂命令ヲ發シタル日ノ屬スル年度

第三十七條　各年度ニ於テ歳計ニ剩餘アルトキハ翌年度ノ歳入ニ編入スヘシ但シ市町村條例ノ規定又ハ市町村會ノ議決ニ依リ剩餘金ノ全部又ハ一部ヲ基本財産ニ編入スル場合ニ於テハ繰越ヲ要セス之カ支出ヲ爲スコトヲ得

第三十八條　市町村税ハ徴税令書ニ依リ夫役現品ハ賦課令書ニ依リ負擔金、使用料、手數料、加入金、過料、過怠金及物件ノ賃貸料ノ類ハ納額告知書ニ依リ之ヲ徴收シ其ノ他ノ收入ハ納付書ニ依リ收入スヘシ但シ市制町村制施行令第五十三條ノ規定ニ依リ徴收スル市町村税及急迫ノ場合ニ賦課スル夫役竝ニ納額告知書又ハ納付書ニ依リ難キモノニ付テハ此ノ限ニ在ラス

第三十九條　支出ハ債主ニ對スルニ非サレハ之ヲ爲スコトヲ得ス

第四十條　左ノ經費ニ付テハ市町村吏員ヲシテ現金支拂ヲ爲サシムル爲其ノ資金ヲ當該吏員ニ前渡スルコトヲ得
一　市町村債ノ元利支拂
二　外國ニ於テ物品ヲ購入スル爲必要ナル經費
三　市町村外遠隔ノ地ニ於テ支拂ヲ爲ス經費
特別ノ必要アルトキハ前項ノ資金前渡ハ市町村吏員以外ノ者ニ之ヲ爲スコトヲ得

第四十一條　旅費及訴訟費用ニ付テハ概算拂ヲ爲スコトヲ得

第四十二條　前二條ニ掲クルモノノ外必要アルトキハ市町村ハ府縣知事ノ許可ヲ得テ資金前渡又ハ概算拂ヲ爲スコトヲ得

第四十三條　前金支拂ニ非サレハ購入又ハ借入ノ契約ヲ爲シ難キモノニ付テハ前金拂ヲ爲スコトヲ得

第四十四條　歳入ノ誤納過納ト爲リタル金額ノ拂戻ハ各之ヲ收入シタル歳入ヨリ支拂フヘシ
歳出ノ誤拂過渡ト爲リタル金額、資金前渡、概算拂、前金拂及

繰替拂ノ返納ハ各之ヲ支拂ヒタル經費ノ定額ニ戻入スヘシ

第四十五條　出納閉鎖後ノ收入支出ハ之ヲ現年度ノ歳入歳出ト爲スヘシ前條ノ拂戻金戻入金ノ出納閉鎖後ニ係ルモノ亦同シ

第四十六條　繼續費ハ毎年度ノ支拂殘額ヲ繼續年度ノ終リ迄遞次繰越使用スルコトヲ得

第四十七條　歳入歳出豫算ハ必要アルトキハ之ヲ經常臨時ノ二部ニ別ツヘシ

第四十八條　歳入歳出豫算ハ之ヲ款項ニ區分スヘシ

歳入歳出豫算ニハ豫算說明ヲ附スヘシ

第四十九條　特別會計ニ屬スル歳入歳出ハ別ニ其ノ豫算ヲ調製スヘシ

第五十條　市町村歳入歳出豫算ハ別記市町村歳入歳出豫算樣式ニ依リ之ヲ調製スヘシ

第五十一條　繼續費ノ年期及支出方法ハ別記繼續費ノ年期及支出方法樣式ニ依リ之ヲ調製スヘシ

第五十二條　豫算ハ會計年度經過後ニ於テ更正又ハ追加ヲ爲スコトヲ得ス

第五十三條　豫算ニ定メタル各款ノ金額ハ彼此流用スルコトヲ得ス

豫算各項ノ金額ハ市町村會ノ議決ヲ經テ之ヲ流用スルコトヲ得

第五十四條　決算ハ豫算ト同一ノ區分ニ依リ之ヲ調製シ豫算ニ對スル過不足ノ說明ヲ附スヘシ

第五十五條　會計年度經過後ニ至リ歳入ヲ以テ歳出ニ充ツルニ足ラサルトキハ府縣知事ノ許可ヲ得テ翌年度ノ歳入ヲ繰上ケ之ニ充用スルコトヲ得

第五十六條　市ハ其ノ歳入歳出ニ屬スル公金ノ受拂ニ付郵便振替貯金ノ法ニ依ルコトヲ得

第五十七條　市町村ハ現金ノ出納及保管ノ爲市町村金庫ヲ置クコトヲ得

第五十八條　金庫事務ノ取扱ヲ爲サシムヘキ銀行ハ市町村會ノ議決ヲ經テ市町村長之ヲ定ム

第五十九條　金庫ハ收入役ノ通知アルニ非サレハ現金ノ出納ヲ爲スコトヲ得ス

第六十條　金庫事務ノ取扱ヲ爲ス者ハ現金ノ出納保管ニ付市町村ニ對シテハ責任ヲ有ス

第六十一條　市町村ハ金庫事務ノ取扱ヲ爲ス者ヨリ擔保ヲ徵スヘシ、其ノ種類、價格及程度ニ關シテハ市町村會ノ議決ヲ經テ市町村長之ヲ定ム

第六十二條　金庫事務ノ取扱ヲ爲ス者ノ保管スル現金ハ市町村ノ歳入歳出ニ屬スルモノニ限リ支出ニ妨ケナキ限度ニ於テ市町村ハ其ノ運用ヲ許スコトヲ得

前項ノ場合ニ於テハ金庫事務ノ取扱ヲ爲ス者ハ市町村ノ定ムル所ニ依リ利子ヲ市町村ニ納付スヘシ

第六十三條　收入役ハ定期及臨時ニ金庫ノ現金帳簿ヲ檢査スヘシ

第六十四條　市町村ハ收入役ヲシテ其ノ保管ニ屬スル市町村歲計現金ヲ郵便官署又ハ銀行若ハ信用組合ニ預入セシムルコトヲ得

前項ノ銀行及信用組合ニ付テハ府縣知事ノ許可ヲ受クルコトヲ要ス

第六十五條　第三十三條乃至前條ニ規定スルモノノ外市町村ハ府縣知事ノ許可ヲ得テ必要ナル規定ヲ設クルコトヲ得

第六十六條　第三十三條乃至第五十五條及前條ノ規定ハ市町村ノ一部ニ之ヲ準用ス

第四章　市制第六條ノ市ノ區

第六十七條　第二條乃至第十六條及第十九條乃至第二十一條ノ規定ハ市制第六條ノ市ノ區ノ區會議員選擧ニ、第十七條、第十八條及第二十二條ノ規定ハ市制第三十九條ノ二ノ區ノ區會議員選擧ニ之ヲ準用ス

第六十八條　第三十三條乃至第六十五條ノ規定ハ市制第六條ノ市ノ區ニ之ヲ準用ス

附　則

本令中議員選擧ニ關スル規定ハ次ノ總選擧ヨリ、財務ニ關スル規定ハ大正十六年度分ヨリ、其ノ他ノ規定ハ大正十五年七月一日ヨリ之ヲ施行ス

左ノ内務省令ハ之ヲ廢止ス

明治四十四年内務省令第十五號
明治四十四年内務省令第十七號
大正　元　年内務省令第十八號
大正　三　年内務省令第　九　號

從前ノ規定ニ依ル手續其ノ他ノ行爲ハ本令ニ別段ノ規定アル場合ヲ除クノ外之ヲ本令ニ依リ爲シタルモノト看做ス

從前ノ規定ニ依リ郡長ニ爲シタル許可ノ申請ニシテ大正十五年六月三十日迄ニ許可ヲ得サルモノハ之ヲ新規定ニ依リ府縣知事ニ爲シタル許可ノ申請ト看做ス

本令中議員選擧ニ關スル規定施行ノ際府縣制施行規則中議員選擧ニ關スル規定未タ施行セラレサル場合ニ於テハ本令ノ適用ニ付テハ同規定ハ既ニ施行セラレタルモノト看做ス

（別記）

市町村會議員選擧人名簿樣式

番號	住所	生年月日	氏名

番號	住所	生年月日	氏名

備考

一　名簿ハ大字若ハ小字毎ニ區別シテ調製スヘシ但シ一字若ハ數字毎ニ分綴スルモ妨ケナシ

二　市制第九條第二項又ハ町村制第七條第二項ニ依ル者ニ付テハ氏名欄ニ「特免」ト附記シ又市制第七十六條、第七十九條第二項又ハ町村制第六十三條第四項、第六十七條第三項ノ規定ニ依リ公民タル者ニ付テハ末尾ニ其ノ職氏名ノミヲ記載スヘシ

三　決定、裁決、判決等ニ依リ名簿ヲ修正シタルトキハ其ノ旨及修正ノ年月日ヲ欄外ニ記載シ職印ヲ押捺スヘシ

四　名簿ノ表紙及卷末ニハ左ノ通記載スヘシ

五　選擧區アルトキハ前各號ニ準シ名選擧區毎ニ名簿ヲ調製スヘシ

（表紙）

大正何年何月何日現在

市（町）（村）會議員選擧人名簿

何府（縣）何市（何選擧區）【何郡何町（村）】（大字若ハ小字何々）

（卷末）

此ノ選擧人名簿ハ大正何年何月何日ヨリ何日間何市役所【何町（村）役場】（何ノ場所）ニ於テ縱覽セシメ大正何年何月何日ヲ以テ確定セリ

何府（縣）何市【何郡何町（村）】長　氏　名　印

市町村會議員選擧人名簿抄本樣式

番號	住所	生年月日	氏名

番號	住所	生年月日	氏名

備考

一　選擧人名簿ヲ修正シタルトキハ此ノ選擧人名簿ノ抄本ヲモ修正シ其ノ旨及修正ノ年月日ヲ欄外ニ記載シ職印ヲ押捺スヘシ

二　名簿抄本ノ表紙及卷末ニハ左ノ通記載スヘシ

（表紙）

大正何年何月何日現在調

市（町）（村）會議員選擧人名簿抄本

何府（縣）何市（何選擧區）【何郡何町（村）】會議員選擧第一（何々）投票分會

（卷末）

此ノ選擧人名簿抄本ハ大正何年何月何日確定ノ選擧人名簿ニ依リ之ヲ調製セリ

何府（縣）何市【何郡何町（村）】長　氏　名　印

選擧錄樣式

大正何年何月何日　何府（縣）何市【何郡何町（村）】會議員選擧執行選擧錄

一　選擧會場ハ何市役所【何町（村）役場】（何ノ場所）ニ之ヲ設ケタリ

二　左ノ選擧立會人ハ何レモ選擧會ヲ開クヘキ時刻迄ニ選擧會ニ參會シタリ

住所　氏　名

住所　氏　名

選擧會ヲ開クヘキ時刻ニ至リ選擧立會人中何人參會セサルニ依リ市(町)(村)長ハ臨時ニ選擧人名簿ニ登錄セラレタル者ノ中ヨリ左ノ者ヲ選擧立會人ニ選任シタリ

住所　氏　名

三　選擧會ハ大正何年何月何日午前(午後)何時ニ之ヲ開キタリ

四　選擧立會人中氏名ハ一旦參會シタルモ午前(午後)何時何々ノ事故ヲ以テ其ノ職ヲ辭シタル爲其ノ定數ヲ闕キタルニ依リ市(町)(村)長ハ臨時ニ選擧人名簿ニ登錄セラレタル者ノ中ヨリ午前(午後)何時左ノ者ヲ選擧立會人ニ選任シタリ

住所　氏　名

選擧立會人中氏名ハ一旦參會シタルモ午前(午後)何時何々ノ事故ヲ以テ其ノ職ヲ辭シタルモ尙選擧立會人ハ二人(三人)在リ其ノ闕員ヲ補フノ必要ナキヲ認メ其ノ補闕ヲ爲ササル旨ヲ宣言シタリ

五　選擧長ハ選擧立會人ト共ニ投票ニ先チ選擧會ニ參會シタル選擧人ノ面前ニ於テ投票函ヲ開キ其ノ空虛ナルコトヲ示シタル後內蓋ヲ鎖シ選擧長及選擧立會人ノ列席スル面前ニ之ヲ置キタリ

六　選擧長ハ選擧立會人ノ面前ニ於テ選擧人ヲ選擧人名簿ニ對照シタル後(到著番號札ト引換ニ)投票用紙ヲ交付シタリ

七　選擧人ハ自ラ投票ヲ認メ選擧長及選擧立會人ノ面前ニ於テ之ヲ投函シタリ

八　左ノ選擧人ハ選擧人名簿ニ登錄セラルヘキ確定裁決書(判決書)ヲ所持シ選擧會場ニ到リタルニ依リ選擧長ハ之ヲシテ投票ヲ爲サシメタリ

住所　氏　名

九　左ノ選擧人ハ點字ニ依リ投票ヲ爲サントスル旨ヲ申立テタルヲ以テ選擧長ハ投票用紙ニ點字投票ナル旨ノ印ヲ押捺シテ交付シ投票ヲ爲サシメタリ

住所　氏　名

十　左ノ選擧人ニ對シテハ何々ノ事由ニ因リ選擧立會人ノ決定ヲ以テ(選擧立會人可否同數ナルニ依リ選擧長ノ決定ヲ以テ)投票ヲ拒否シタリ

住所　氏　名

十一　左ノ選擧人ニ對シテハ何々ノ事由ニ因リ選擧立會人ノ決定ヲ以テ(選擧立會人可否同數ナルニ依リ選擧長ノ決定ヲ以テ)點字投票ヲ拒否シタリ

住所　氏　名

十二　左ノ選擧人ハ誤リテ投票用紙(封筒)ヲ汚損シタル旨ヲ以テ更ニ之ヲ請求シタルニ依リ其ノ相違ナキヲ認メ之ト引

換ニ投票用紙（封筒）ヲ交付シタリ

住所　氏　名

十三　左ノ選擧人ハ選擧會場ニ於テ演說討論ヲ爲シ（喧擾ニ渉リ）（投票ニ關シ協議ヲ爲シ）（何々ヲ爲シ）選擧會場ノ秩序ヲ紊シタルニ依リ選擧長ニ於テ之ヲ制止シタルモ其ノ命ニ從ハサルヲ以テ投票用紙（到著番號札）ヲ返付セシメ之ヲ選擧會場外ニ退出セシメタリ

住所　氏　名

十四　選擧長ハ選擧會場外ニ退出ヲ命シタル左ノ選擧人ニ對シ選擧會場ノ秩序ヲ紊スノ虞ナシト認メ投票ヲ爲サシメタリ

住所　氏　名

選擧長ニ於テ選擧會場外ニ退出ヲ命シタル左ノ選擧人ハ最後ニ入場シテ投票ヲ爲シタリ

住所　氏　名

十五　午前（午後）何時ニ至リ選擧長ハ投票時間ヲ終リタル旨ヲ告ケ選擧會場ノ入口ヲ鎖シタリ

十六　午前（午後）何時選擧會場ニ在ル選擧人ノ投票結了シタルヲ以テ選擧長ハ選擧立會人ト共ニ投票函ノ內蓋ノ投票口及外蓋ヲ鎖シタリ

十七　投票函ヲ閉鎖シタルニ依リ其ノ內蓋ノ鑰ハ左ノ選擧立會人之ヲ保管シ外蓋ノ鑰ハ選擧長之ヲ保管ス

氏　名

十八　選擧會ニ於テ投票ヲ爲シタル選擧人ノ總數

何　人

內

選擧人名簿ニ登錄セラレタル選擧人ニシテ投票ヲ爲シタル者

何　人

確定裁決書（判決書）ニ依リ投票ヲ爲シタル者

何　人

投票拒否ノ決定ヲ受ケタル者ノ總數

何　人

十九　各投票分會長ヨリ投票函等左ノ如ク到着セリ

第一（何々）投票分會ノ投票函ハ投票分會長職氏名及投票立會人氏名携帶シ何月何日午前（午後）何時著之ヲ檢スルニ異狀ナシ

第二（何々）投票分會ノ投票函何々

二十　大正何年何月何日選擧長ハ【總テノ投票函ノ送致ヲ受ケタルヲ以テ其ノ當日（翌日）】午前（午後）何時ヨリ開票ヲ開始シタリ

二十一　選擧長ハ選擧立會人立會ノ上逐次投票函ヲ開キ投票ノ總數ト投票人ノ總數トヲ計算シタルニ左ノ如シ

投票總數　何票
投票人總數　何人
外
假ニ爲シタル投票數　何票
假ニ爲シタル投票人數　何人
投票總數ト投票人總數ト符合ス【投票總數ト投票人總數ト符合セス即チ投票總數ニ比シ何票多シ（少シ）（其ノ理由ノ明カナルモノハ之ヲ記載スヘシ）】
二十二　投票分會ニ於テ拒否ノ決定ヲ受ケタル者ニシテ假ニ投票ヲ爲シタル者左ノ如シ
住所　氏名
住所　氏名
選擧長ハ右ノ投票ヲ調査シ選擧立會人左ノ通之ヲ決定シタリ（選擧長ハ右ノ投票ヲ調査シ選擧立會人ノ決定ニ付シタルニ可否同數ナルニ依リ選擧長左ノ通之ヲ決定シタリ）
受理セシモノ
一事由何々　住所　氏名
一事由何々　住所　氏名
受理セサリシモノ
一事由何々　住所　氏名
二十三　選擧長ハ（假ニ爲シタル投票ニシテ受理スヘキモノト決定シタル投票ノ封筒ヲ開披シタル上）總テノ投票ヲ混同シ選擧立會人ト共ニ之ヲ點檢シタリ
二十四　選擧事務ニ從事スル職氏名及職氏名ノ二人ハ各別ニ同一被選擧人ノ得票數ヲ計算シタリ
二十五　有效又ハ無效ト決定シタル投票左ノ如シ
(一)選選立會人ニ於テ決定シタル投票數　何票
内
一有效ト決定シタルモノ　何票
一無效ト決定シタルモノ　何票
内
一　成規ノ用紙ヲ用ヒサルモノ　何票
二　現ニ市【町（村）】會議員ノ職ニ在ル者ノ氏名ヲ記載シタルモノ　何票
三　、、、、、　何票
(二)選擧立會人ノ決定ニ付シタルニ可否同數ナルニ依リ選擧長ニ於テ決定シタル投票數　何票
内
一有效ト決定シタルモノ　何票
一無效ト決定シタルモノ　何票
内
一　成規ノ用紙ヲ用ヒサルモノ　何票

二　現ニ市【町（村）】會議員ノ職ニ在ル者ノ氏名ヲ記載シタルモノ　何　票
三　、、、、、、　何　票

(三)投票總數　何　票
内
一有效ト決定シタルモノ　何　票
一無效ト決定シタルモノ　何　票
内
一　成規ノ用紙ヲ用ヒサルモノ　何　票
二　現ニ市【町（村）】會議員ノ職ニ在ル者ノ氏名ヲ記載シタルモノ　何　票
三　、、、、、、、、、　何　票

二十六　午前（午後）何時投票ノ點檢ヲ終リタルヲ以テ選擧長ハ各被選擧人ノ得票數ヲ朗讀シタリ

二十七　各被選擧人ノ得票數左ノ如シ
何　票　氏　名
何　票　氏　名

二十八　選擧長ハ點檢濟ニ係ル投票ノ有效無效及受理スヘカラスト決定シタル投票ヲ大別シ尚有效ノ決定アリタル投票ニ在リテハ得票者毎ニ之ヲ區別シ無效ノ決定アリタル投票ニ在リテハ之ヲ類別シ各之ヲ一括シ更ニ有效無效及受理スヘカラスト決定シタル投票別ニ之ヲ封筒ニ入レ選擧立會人ト共ニ封印ヲ施シタリ

二十九　選擧長ハ選擧立會人立會ノ上逐次開票分會長ノ報告ヲ調査シ自ラ開票ヲ行ヒタル部分ニ付各被選擧人ノ得票數ヲ朗讀シタル後開票分會毎ニ各被選擧人ノ得票數ヲ朗讀シ終リニ各被選擧人ノ得票總數ヲ朗讀シタリ

三十　開票分會長ノ報告ノ結果ト選擧會ニ於テ爲シタル點檢ノ結果ト併セタル各被選擧人ノ得票總數左ノ如シ
何　票　氏　名
何　票　氏　名

三十一　議員定數何人ヲ以テ有效投票ノ總數何票ヲ除シテ得タル數ハ何票ニシテ此ノ六分ノ一ノ數ハ何票ナリ
被選擧人中其ノ得票數此ノ數ニ達スル者左ノ如シ
何　票　氏　名
何　票　氏　名
右ノ内有效投票ノ最多數ヲ得タル左ノ何人ヲ以テ當選者トス
氏　名
氏　名
但シ氏名及氏名ハ得票ノ數相同シキニ依リ其ノ年齡ヲ調査スルニ氏名ハ何年何月何日生、氏名ハ何年何月何日生ニシテ氏名年長者ナルヲ以テ當選者ト定メタリ（同年月日ナルヲ以テ選擧長ニ於テ抽籤シタルニ氏名當籤セリ依テ氏名ヲ以テ當選者ト定メタリ）

三十二　午前（午後）何時選擧事務ヲ結了シタリ

三十三　左ノ者ハ選擧會ノ事務ニ從事シタリ

職　氏　名

職　氏　名

三十四　選擧會ニ臨監シタル官吏左ノ如シ

官　職　氏　名

選擧長ハ此ノ選擧錄ヲ作リ之ヲ朗讀シタル上選擧立會人ト共ニ玆ニ署名ス

大正何年何月何日

選擧長　何府（縣）何市【何郡何町（村）】長　氏　名

選擧立會人　氏　名

氏　名

備考

一　市制第三十九條ノ二ノ市ニ於ケル選擧錄ハ府縣制施行規則第二十九條投票錄樣式及選擧錄樣式ノ一ノ例ニ依リ之ヲ記載スヘシ

二　市制第三十九條ノ二ノ市ニ於テ屆出アリタル議員候補者ノ數選擧スヘキ議員ノ數ヲ超エサル爲投票ヲ行ハサルトキハ府縣制施行規則第二十九條選擧錄樣式ノ二ノ例ニ依リ之ヲ記載スヘシ

三　樣式ニ揭クル事項ノ外選擧長ニ於テ選擧ニ關シ緊要ト認ムル事項アルトキハ之ヲ記載スヘシ

投票錄樣式

大正何年何月何日執行何府（縣）何市【何郡何町（村）】會議員選擧第一（何々）投票分會投票錄

一　投票分會ハ何市役所【何町（村）役場】（何ノ場所）ニ之ヲ設ケタリ

二　左ノ投票立會人ハ何レモ投票分會ヲ開クヘキ時刻迄ニ投票分會ニ參會シタリ

住所　氏　名

住所　氏　名

投票分會ヲ開クヘキ時刻ニ至リ投票立會人中何人參會セサルニ依リ市（町）（村）長ハ臨時ニ投票分會ノ區劃內ニ於ケル選擧人名簿ニ登錄セラレタル者ノ中ヨリ左ノ者ヲ投票立會人ニ選任シタリ

住　所　氏　名

三　投票分會ハ大正何年何月何日午前（午後）何時ニ之ヲ開キタリ

四　投票立會人中氏名ハ一旦參會シタルモ午前（午後）何時何々ノ事故ヲ以テ其ノ職ヲ辭シタル爲其ノ定數ヲ闕キタルニ依リ市（町）（村）長ハ臨時ニ投票分會ノ區劃内ニ於ケル選擧人名簿ニ登錄セラレタル者ノ中ヨリ午前（午後）何時左ノ者ヲ投票立會人ニ選任シタリ

住　所　氏　名

投票立會人中氏名ハ一旦參會シタルモ午前（午後）何時何々ノ事故ヲ以テ其ノ職ヲ辭シタルモ尙投票立會人ハ二人（三人）在リ其ノ闕員ヲ補フノ必要ナキヲ認メ其ノ補闕ヲ爲ササル旨ヲ宣言シタリ

五　投票分會長ハ投票立會人ト共ニ投票ニ先チ投票分會ニ參會シタル選擧人ノ面前ニ於テ投票函ヲ開キ其ノ空虛ナルコトヲ示シタル後内蓋ヲ鎖シ投票分會長及投票立會人ノ列席スル面前ニ之ヲ置キタリ

六　投票分會長ハ投票立會人ノ面前ニ於テ選擧人ヲ選擧人名簿ノ抄本ニ對照シタル後（到著番號札ト引換ニ）投票用紙ヲ交付シタリ

七　選擧人ハ自ラ投票ヲ認メ投票分會長及投票立會人ノ面前ニ於テ之ヲ投票シタリ

八　左ノ選擧人ハ選擧人名簿ニ登錄セラルヘキ確定裁決書（判決書）ヲ所持シ投票分會場ニ到リタルニ依リ投票分會長ハ之ヲシテ投票ヲ爲サシメタリ

住　所　氏　名

九　左ノ選擧人ハ點字ニ依リ投票ヲ爲サントスル旨ヲ申立テタルヲ以テ投票分會長ハ投票用紙ニ點字投票ナル旨ノ印ヲ押捺シテ交付シ投票ヲ爲サシメタリ

住　所　氏　名

十　左ノ選擧人ニ對シテハ何々ノ事由ニ因リ投票立會人ノ決定ヲ以テ（投票立會人可否同數ナルニ依リ投票分會長ノ決定ヲ以テ）投票ヲ拒否シタリ

住　所　氏　名

左ノ選擧人ニ對シテハ何々ノ事由ニ因リ投票立會人ノ決定ヲ以テ（投票立會人可否同數ナルニ依リ投票分會長ノ決定ヲ以テ）投票ヲ拒否シタルモ同選擧人ニ於テ不服ヲ申立テタルヲ以テ（投票分會長又ハ投票立會人ノ氏名ニ於テ異議アリシヲ以テ）投票用紙ト共ニ封筒ヲ交付シ假ニ投票ヲ爲サシメタリ

住　所　氏　名

十一　左ノ選擧人ニ對シテハ何々ノ事由ニ因リ投票立會人ノ

決定ヲ以テ（投票立會人可否同數ナルニ依リ投票分會長ノ
決定ヲ以テ）點字投票ヲ拒否シタリ

住所　氏　名

左ノ選擧人ニ對シテハ何々ノ事由ニ因リ投票立會人ノ決定ヲ以テ（投票立會人可否同數ナルニ依リ投票分會長ノ決定ヲ以テ）投票ヲ拒否シタルモ同選擧人ニ於テ不服ヲ申立タルヲ以テ（投票分會長又ハ投票立會人氏名ニ於テ異議アリシヲ以テ）投票用紙及封筒ニ點字投票ナル旨ノ印ヲ押捺シテ交付シ假ニ點字投票ヲ爲サシメタリ

住所　氏　名

十二　左ノ選擧人ハ誤リテ投票用紙封筒ヲ汚損シタル旨ヲ以テ更ニ之ヲ請求シタルニ依リ其ノ相違ナキヲ認メ之ト引換ニ投票用紙（封筒）ヲ交付シタリ

住所　氏　名

十三　左ノ選擧人ハ投票分會場ニ於テ演說討論ヲ爲シ（喧擾ニ渉リ）（投票ニ關シ協議ヲ爲シ）（何々ヲ爲シ）投票分會場ノ秩序ヲ紊シタルニ依リ投票分會長ニ於テ之ヲ制止シタルモ其ノ命ニ從ハサルヲ以テ投票用紙（投票用紙及封筒）（到着番號札）ヲ返付セシメ之ヲ投票分會場外ニ退出セシメタリ

住所　氏　名

十四　投票分會長ハ投票分會場外ニ退出ヲ命シタル左ノ選擧人ニ對シ投票分會場ノ秩序ヲ紊スノ虞ナシト認メ投票ヲ爲サシメタリ

住所　氏　名

投票分會長ニ於テ投票分會場外ニ退出ヲ命シタル左ノ選擧人ハ最後ニ入場シテ投票ヲ爲シタリ

住所　氏　名

十五　午前（午後）何時ニ至リ投票分會長ハ投票時間ヲ終リタル旨ヲ告ケ投票分會場ノ入口ヲ鎖シタリ

十六　午前（午後）何時投票分會場ニ在ル選擧人ノ投票結了シタルヲ以テ投票分會長ハ投票立會人ト共ニ投票函ノ內蓋ノ投票口及外蓋ヲ鎖シタリ

十七　投票函ヲ閉鎖シタルニ依リ其ノ內蓋ノ鑰ハ投票函ヲ送致スヘキ左ノ投票立會人之ヲ保管シ外蓋ノ鑰ハ投票分會長之ヲ保管ス

氏　名

十八　投票函及投票錄（選擧人名簿ノ抄本）ヲ選擧長【第一（何々）開票分會長】ニ送致スヘキ投票立會人左ノ如シ

氏　名

十九　投票分會場ニ於テ投票ヲ爲シタル選擧人ノ總數

何　人

内

選擧人名簿ノ抄本ニ記載セラレタル選擧人ニシテ投票ヲ爲シタル者　何人

確定裁決書(判決書)ニ依リ投票ヲ爲シタル者　何人

投票拒否ノ決定ヲ受ケタル者ノ總數　何人

内

假ニ投票ヲ爲サシメタル者　何人

二十　午前(午後)何時投票分會ノ事務ヲ結了シタリ

二十一　左ノ者ハ投票分會ノ事務ニ從事シタリ

職　氏　名

職　氏　名

二十二　投票分會場ニ臨監シタル官吏左ノ如シ

官職　氏　名

投票分會長ハ此ノ投票錄ヲ作リ之ヲ朗讀シタル上投票立會人ト共ニ茲ニ署名ス

大正何年何月何日

投票分會長　職　氏　名

投票立會人　氏　名

氏　名

氏　名

備考

一　市制第三十九條ノ二ノ市ニ於ケル投票錄ハ府縣制施行規則第二十九條投票錄樣式ノ例ニ依リ之ヲ記載スヘシ

二　樣式ニ掲クル事項ノ外投票分會長ニ於テ投票ニ關シ緊要ト認ムル事項アルトキハ之ヲ記載スヘシ

開票錄樣式

大正何年何月何日執行何府(縣)何市【何郡何町(村)】會議員選擧第一(何々)開票分會開票錄

一　開票分會ハ何市役所【何町(村)役場】(何ノ場所)ニ之ヲ設ケタリ

二　左ノ開票立會人ハ何レモ開票分會ヲ開クヘキ時刻迄ニ開票分會ニ參會シタリ

住所　氏　名

住所　氏　名

開票分會ヲ開クヘキ時刻ニ至リ開票立會人中何人參會セサルニ依リ市(町)(村)長ハ臨時ニ開票分會ノ區劃内ニ於ケル選擧人名簿ニ登錄セラレタル者ノ中ヨリ左ノ者ヲ開票立會人ニ選任シタリ

住所　氏　名

三　開票分會ハ大正何年何月何日午前(午後)何時ニ之ヲ開キタリ

四　開票立會人中氏名ハ一旦參會シタルモ午前(午後)何時何々ノ事故ヲ以テ其ノ職ヲ辭シタル爲其ノ定數ヲ闕キタルニ依リ市(町)(村)長ハ臨時ニ開票分會ノ區劃內ニ於ケル選擧人名簿ニ登錄セラレタル者ノ中ヨリ午前(午後)何時左ノ者ヲ開票立會人ニ選任シタリ

住所　氏　名

開票立會人中氏名ハ一旦參會シタルモ午前(午後)何時何々ノ事故ヲ以テ其ノ職ヲ辭シタルモ尙開票立會人ハ二人(三人)在リ其ノ闕員ヲ補フノ必要ナキヲ認メ其ノ補闕ヲ爲ササル旨ヲ宣言シタリ

五　開票分會ノ區劃內ノ各投票分會長ヨリ投票函等左ノ如ク到著セリ

第一(何々)投票分會ノ投票函ハ投票分會長職氏名及投票立會人氏名携帶シ何月何日午前(午後)何時著之ヲ檢スルニ異狀ナシ

第二(何々)投票分會ノ投票函何々

六　大正何年何月何日開票分會長ハ開票分會ノ區劃內ノ投票分會長ヨリ投票函ノ送致ヲ受ケタルヲ以テ其ノ當日(翌日)午前(午後)何時ヨリ開票ヲ開始シタリ

七　開票分會長ハ開票立會人立會ノ上逐次投票函ヲ開キ投票ノ總數ト投票人ノ總數トヲ計算シタルニ左ノ如シ

投票總數　何　票

投票人總數　何　人

外

假ニ爲シタル投票數　何　票

假ニ爲シタル投票人數　何　人

投票總數ト投票人總數ト符合ス【投票總數ト投票人總數ト符合セス卽チ投票總數ニ比シ何票多シ(少シ)(其ノ理由ノ明カナルモノハ之ヲ記載スヘシ)】

八　投票分會ニ於テ拒否ノ決定ヲ受ケタル者ニシテ假ニ投票ヲ爲シタル者左ノ如シ

住所　氏　名

住所　氏　名

開票分會長ハ右ノ投票ヲ調査シ開票立會人左ノ通之ヲ決定シタリ(開票分會長ハ右ノ投票ヲ調査シ開票立會人ノ決定ニ付シタルニ可否同數ナルニ依リ開票分會長左ノ通之ヲ決定シタリ)

受理セシモノ

一事由何々　住所　氏　名

一事由何々　住所　氏　名

受理セサリシモノ

一事由何々　住所　氏　名

九　開票分會長ハ（假ニ爲シタル投票ニシテ受理スヘキモノト決定シタル投票ノ封筒ヲ開披シタル上）總テノ投票ヲ混同シ開票立會人ト共ニ之ヲ點檢シタリ

十　開票事務ニ從事スル職氏名及職氏名ノ二人ハ各別ニ同一被選擧人ノ得票數ヲ計算シタリ

十一　有效又ハ無效ト決定シタル投票左ノ如シ

（一）開票立會人ニ於テ決定シタル投票數　何　票

内

一有效ト決定シタルモノ　何　票

一無效ト決定シタルモノ　何　票

内

一　成規ノ用紙ヲ用ヒサルモノ　何　票

二　現ニ市〔町（村）〕會議員ノ職ニ在ル者ノ氏名ヲ記載シタルモノ　何　票

三　、、、、、、、　何　票

（二）開票立會人ノ決定ニ付シタルニ可否同數ナルニ依リ開票分會長ニ於テ決定シタル投票數　何　票

内

一有效ト決定シタルモノ　何　票

一無效ト決定シタルモノ　何　票

内

一　成規ノ用紙ヲ用ヒサルモノ　何　票

二　現ニ市〔町（村）〕會議員ノ職ニ在ル者ノ氏名ヲ記載シタルモノ　何　票

三　、、、、、、、　何　票

（三）投票總數　何　票

内

一有效ト決定シタルモノ　何　票

一無效ト決定シタルモノ　何　票

内

一　成規ノ用紙ヲ用ヒサルモノ　何　票

二　現ニ市〔町（村）〕會議員ノ職ニ在ル者ノ氏名ヲ記載シタルモノ　何　票

三　、、、、、、、　何　票

十二　午前（午後）何時投票ノ點檢ヲ終リタルヲ以テ開票分會長ハ各被選擧人ノ得票數ヲ朗讀シタリ

十三　各被選擧人ノ得票數左ノ如シ

何　票　氏　名

何　票　氏　名

十四　開票分會長ハ點檢濟ニ係ル投票ノ有效無效及受理スヘカラスト決定シタル投票ヲ大別シ尚有效ノ決定アリタル投票ニ在リテハ得票者毎ニ之ヲ區別シ無效ノ決定アリタル投票ニ在リテハ之ヲ類別シ各之ヲ一括シ更ニ有效無效及受理スヘカラスト決定シタル投票別ニ之ヲ封筒ニ入レ開票立會人ト共ニ封印ヲ施シタリ

十五　午前(午後)何時開票分會ノ事務ヲ結了シタリ

十六　左ノ者ハ開票分會ノ事務ニ從事シタリ

職　氏　名

職　氏　名

十七　開票分會ニ臨監シタル官吏左ノ如シ

官　職　氏　名

開票分會長ハ此ノ開票錄ヲ作リ之ヲ朗讀シタル上開票立會人ト共ニ茲ニ署名ス

大正何年何月何日

開票分會長

職　氏　名

開票立會人

氏　名

氏　名

備考

一　市制第三十九條ノ二ノ市ニ於ケル開票錄ハ府縣制施行規則第二十九條開票錄樣式ノ例ニ依リ之ヲ記載スヘシ

二　樣式ニ揭クル事項ノ外開票分會長ニ於テ開票ニ關シ緊要ト認ムル事項アルトキハ之ヲ記載スヘシ

市町村歳入歳出豫算樣式

大正何年度何府(縣)何市【何郡何町(村)】

歳入歳出豫算

歳入

一金　歳入豫算高

又ハ

一金　經常部豫算高

一金　臨時部豫算高

合計金

歳出

一金　歳出豫算高

又ハ

一金　經常部豫算高

一金　臨時部豫算高

合計金

歳入歳出差引

殘金（ナシ）

歳計剩餘金ヲ翌年度ニ繰越サスシテ基本財産ニ編入セントスル場合ニハ左ノ通記載スヘシ

歳計剩餘金ハ全部基本財産ニ編入

又ハ

歳計剩餘金ノ内何步基本財産ニ編入

昭和何年度何府（縣）何市【何郡何町（村）】歳入歳出豫算

歳入

豫算

科目 款	科目 項	豫算額
一 財産ヨリ生スル收入		圓
	一 基本財産收入	
	二 小學校（何學校）基本財産收入	

豫算說明

種目	本年度豫算額	前年度豫算額	增減	附記
	圓	圓	圓	
一 何々				
二 何々				

一　何々
二　何々
三　何々
一　何々
二　何々
二　使用料及手數料
一　使用料
一　何々
二　何々
二　手數料
一　何々
二　何々
三　交付金

一　國稅徵收交付金

一　何々

二　府（縣）稅徵收交付金

一　何々

三　水利組合費徵收交付金

一　何々

四　何々

一　何々

四　國庫下渡金

一　義務教育費下渡金

一　何々

五　納付金

一　納付金

一　何々

六　報償金

一　報償金

一　何々

七　國庫補助金

一　水道費補助

一　何々

二　下水道費補助

一　何々

三　何々

一　何々

八　府(縣)補助金

一　傳染病豫防費補助

一 何々

二 道路費補助

一 何々

三 何々

一 何々

九 寄附金

一 小學校(何學校)建築費指定寄附

一 何々

二 道路修繕費指定寄附

一 何々

三 何々

一 何々

十 繰越金

一 小學校（何學校）積立金繰入

一 何々

二 基本財産繰入

一 何々

三 水道經濟ヨリ繰入

一 何々

四 何々

一 何々

十一 財産賣拂代金

一 土地賣拂代金

一 何々

二 物件賣拂代金

一 何々

三　何々

一　何々

十二　繰越金

一　前年度繰越金

一　何々

十三　雜收入

一　小學校(何學校)雜入

一　何々

二　何々

二　繰替金戾入

一　何々

二　何々

三　何々

一何々
二何々
十四　市（町）（村）税
一地租附加税
一何々
二特別地税附加税（特別地税）
一何々
三營業收益税附加税
一何々
四所得税附加税
一何々
五鑛業税附加税
一何々

六　砂鑛區稅附加稅

一　何々

七　取引所營業稅附加稅

一　何々

八　府(縣)稅家屋稅附加稅

一　何々

九　府(縣)稅營業稅附加稅

一　何々

十　府(縣)稅雜種稅附加稅

一　何々

十一　特別稅戶數割

一　何々

十二　特別稅段別割

一　何々

十三　特別税戸別割

一　何々

十四　特別税何々

一　何々

十五　夫役及現品

一　夫役

一　何々

二　現品

一　何々

十六　市(町)(村)債

一　市(町)(村)債

一　何々

二　何々

歳入合計

歳出

經常部

豫算

科目 款	科目 項	豫算額
神社費		圓
	一　神饌幣帛料	
二　會議費		
	一　費用辨償	

豫算説明

種目	本年度豫算額	前年度豫算額	増減	附記
	圓	圓	圓	
一　何々				
二　何々				

一　何々

二　給料

一　何々

三　雜給

一　何々

二　何々

四　需用費

一　何々

二　何々

三　役所（役場）費

一　報酬

一　何々

二　何々

二　給料
一　何々
二　何々
三　雜給
一　何々
二　何々
四　需用費
一　何々
二　何々
五　修繕費
一　何々
二　何々
四　土木費

一　道路橋梁費

一　何々

二　何々

二　治水堤防費

一　何々

二　何々

三　用悪水路費

一　何々

二　何々

四　何々

一　何々

二　何々

五　小學校（何學校）費

一 給料
　一 何々
　二 何々
二 雜給
　一 何々
　二 何々
三 需用費
　一 何々
　二 何々
四 修繕費
　一 何々
　二 何々
五 何々

		一 何々
		一 何々
六 學事諸費		
	一 何々	
		一 何々
七 傳染病豫防費		
	一 給料	
		一 何々
		二 何々
	二 雜給	
		一 何々
		二 何々
	三 需用費	

		一何々
		二何々
八傳染病院（隔離病舎）費		
	一給料	
		一何々
		二何々
	二雑給	
		一何々
		二何々
	三需用費	
		一何々
		二何々
	四修繕費	

一何々
二何々
九　汚物掃除費
一　雜給
一何々
二何々
二　需用費
一何々
二何々
三　設備費
一何々
二何々
十　病院（何病院）費

一給料							
				一何々			
				二何々			
二雜給							
				一何々			
				二何々			
三需用費							
				一何々			
				二何々			
四修繕費							
				一何々			
				二何々			
十一水道費							

一給料	
	一何々
	二何々
二雜給	
	一何々
	二何々
三需用費	
	一何々
	二何々
四作業費	
	一何々
	二何々
五修繕費	

一何々
二何々

十二　下水道費

一　雜給
一何々
二何々

二　需用費
一何々
二何々

三　修繕費
一何々
二何々

十三　屠場費

一雜給

一何々

二何々

二需用費

一何々

二何々

三修繕費

一何々

二何々

十四　公園(何公園)費

一雜給

一何々

二何々

二　需用費
一　何々
二　何々
三　修繕費
一　何々
二　何々

十五　墓地(何墓地)費

一　雑給
一　何々
二　何々
二　需用費
一　何々
二　何々

三　修繕費
一　何々
二　何々
十六　火葬場費
一　雑給
一　何々
二　何々
二　需用費
一　何々
二　何々
三　修繕費
一　何々
二　何々

十七　商品陳列所費		
	一　雑給	
		一　何々
		二　何々
	二　需用費	
		一　何々
		二　何々
	三　修繕費	
		一　何々
		二　何々
十八　市場費		
	一　雑給	
		一　何々

二　何々

二　需用費

一　何々

二　何々

三　修繕費

一　何々

二　何々

十九　勸業諸費

一　害蟲驅除豫防費

一　何々

二　何々

二　何々

一　何々

二 何々

二十 電氣事業費

一 給料

一 何々

二 何々

二 雜給

一 何々

二 何々

三 需用費

一 何々

二 何々

四 何々

一 何々

二何々

三一　瓦斯事業費

一給料

一何々

二何々

二雑給

一何々

二何々

三需用費

一何々

二何々

四何々

一何々

二　何々

二十二　史蹟名勝天然紀念物保存費

一　何々

一　何々

二　何々

二十三　職業紹介所費

一　何々

一　何々

二　何々

二十四　住宅費

一　何々

一　何々

二　何々

二五 救助費				
	一 棄兒費			
				一 何々
				二 何々
	二 貧困者救助費			
				一 何々
				二 何々
	三 罹災救助費			
				一 何々
				二 何々
二六 警備費				
	一 雜給			
				一 何々

二　何々

二　需用費

一　何々

二　何々

三　修繕費

一　何々

二　何々

二七　徵發費

一　物件輸送費

一　何々

二　何々

二八　基本財產造成費

一　基本財產造成

一 何々

二 何々

二 小學校（何學校）基本財産造成

一 何々

二 何々

三 何々

一 何々

二 何々

二十九 財産費

一 管理費

一 何々

二 何々

二 何々

三十 諸税及負擔		
	一 諸税	
		一 何々
		二 何々
	二 負擔	
		一 何々
		二 何々
三十一 公金取扱費		
	一 徴收費	
		一 何々
	二 金庫諸費	

三十二　雜支出

一　滯納處分費

二　過年度支出

三　繰替金

三十三　豫備費

一　豫備費

經常部計

一　何々

一　何々

一　何々

一　何々

二　何々

臨時部

豫算・科目・款	豫算・科目・項	豫算・豫算額	豫算説明・種目	豫算説明・本年度豫算額	豫算説明・前年度豫算額	豫算説明・増減	豫算説明・附記
一 役所(役場)營繕費		圓		圓	圓	圓	
	一 建築費						
			一 何々				
			二 何々				
	二 修繕費						
			一 何々				
			二 何々				
二 土木費							
	一 道路橋梁費						

一　何々

二　何々

二　治水堤防費

一　何々

二　何々

三　用惡水路費

一　何々

二　何々

四　何々

一　何々

二　何々

三　小學校（何學校）營繕費

一　建築費

一何々
二何々
二修繕費
一何々
二何々
四傳染病豫防費
一給料
一何々
二何々
二雜給
一何々
二何々
三需用費

一　何々

二　何々

五　傳染病院（隔離病舍）營繕費

一　建築費

一　何々

二　何々

二　修繕費

一　何々

二　何々

六　病院（何病院）營繕費

一　建築費

一　何々

二　何々

二　修繕費

一　何々

二　何々

七　水道費

一　布設費

一　何々

二　何々

二　修繕費

一　何々

二　何々

八　下水道費

一　築造費

一　何々

		二 何々		
	二 修繕費			
		一 何々		
		二 何々		
九 商品陳列所營繕費				
	一 建築費			
		一 何々		
		二 何々		
	二 修繕費			
		一 何々		
		二 何々		
十 勸業諸費				
	一 奬勵費			

一何々
二何々
二何々
一何々
二何々
十一警備費
一建築費
一何々
二何々
二修繕費
一何々
二何々
十二積立金穀

一　小學校(何學校)積立金

一　何々

一　何々

二　幼稚園(何幼稚園)積立金

一　何々

一　何々

三　何々

一　何々

二　何々

十三　公債費

一　元金償還

一　何々

二　利子

二　何々

十四　訴訟費

一　訴訟費

十五　寄附金

一　土木費寄附

二　何學校費寄附

一　何々

一　何々

一　何々

一　何々

一　何々

二　何々

一　何々

二　何々

	三 何々	
		一 何々
		二 何々
十六 補助費		
	一 教育費補助	
		一 何々
		二 何々
	二 衛生費補助	
		一 何々
		二 何々
	三 勸業費補助	
		一 何々
		二 何々

四　何々

十七　雜支出

一　何經濟繰入

二　何々

十八　何費本年度支出額

一　何費本年度支出額

一　何々

二　何々

一　何々

二　何々

一　何々

二　何々

一　何々

	臨時部計	歳出合計
二　何々		

昭和何年何月何日提出

何府(縣)何市「何郡何町(村)」長　氏　名

備考

一　特別會計ニ屬スル豫算ハ本樣式ニ準シ之ヲ調製スヘシ

二　歳入歳出豫算ノ追加又ハ更正ノ豫算ハ本樣式ニ準シ之ヲ調製スヘシ

記載例

一　歳入ヲ經常臨時ノ二部ニ分ツノ必要アルトキハ其ノ性質ニ從ヒ之カ區分ヲ爲スヘシ例ヘハ國庫補助金、府縣補助金、寄附金、繰入金、財産賣拂代及市町村債ノ如キハ之ヲ臨時部ニ編入スヘシ雜收入中臨時事業ニ伴フ不用品賣拂代金ノ如キ亦臨時部ニ屬スルモノトス仍經常臨時ノ二部ニハ各計ヲ設ケ更ニ歳入合計ヲ掲載スヘシ

二　歳出ヲ經常臨時ノ二部ニ分ツノ必要ナキトキハ各款ヲ通シテ歳出合計ヲ掲載スヘシ

三　豫算金額ハ圓位ニ止ムルモ妨ケナシ

四　增減欄ノ減ハ朱書ト爲シ又ハ△印ヲ附スヘシ

五　豫算說明ノ部分ハ別ニ調製スルモ妨ケナシ

六　歳入

イ　基本財産ハ一般ト特別トヲ區分シ且特別基本財産ハ其ノ種類ノ異ナル每ニ別項ト爲スヘシ例ヘハ「小學校(又ハ何學校)基本財産」、「公園(何公園)基本財産」等ノ如シ

ロ　豫算説明欄ニハ豫算ノ計算ノ基ク所ヲ明ナラシムルヲ旨トシ種目ノ分別ニ付テハ特ニ注意スヘシ例ヘハ財産ヨリ生スル收入(款)基本財産收入(項)ノ説明ニ付テハ種目ハ「小作米」、「貸地料」、「木竹其ノ他賣拂代金」、「貸家料」、「貸付金利子」、「預金利子」、「公債利子」、「社債利子」、「株劵配當金」等ノ類ニシテ其ノ附記欄ニハ「小作米」ニ付テハ土地ノ所在地、地目、段別、一段歩當、數量、單價及金額又「貸地料」ニ付テハ土地ノ所在地、地目、段別又ハ坪數及金額ヲ掲載シ其ノ地上權者ヨリ收得スル地代、永小作權者ヨリ收得スル小作料、土地ノ賃借人ヨリ收得スル借賃ノ類ニシテ現米ナルトキハ總テ之ヲ「小作米」ニ、現金ナルトキハ總テ之ヲ「貸地料」ニ算入スヘシ又「木竹其ノ他賣拂代金」トハ立木竹ノ賣拂代金ハ勿論落葉、落枝、柴草、土石、樹根、草根、切芝ノ採取又ハ採掘等ノ種別ニ從ヒ各數量、單價及金額ヲ掲載スヘシ

ハ　使用料(項)ニ對スル説明種目ノ欄ニハ市制町村制ニ所謂使用料例ヘハ「公園(何公園)使用料」、「屠場使用料」、「水道使用料」ノ如キハ勿論他ノ法令ニ依ル使用料例ヘハ「小學校(何學校)授業料」、「幼稚園(何幼稚園)保育料」、「圖書閲覧料」、「道路占用料」ノ類ヲモ掲載シ其ノ各附記欄ニハ件數、金額ヲ掲載スヘシ

ニ　手數料(項)ニ對スル説明種目ノ欄モ亦市制町村制ニ所謂手數料例ヘハ「證明手數料」、「督促手數料」ノ如キハ勿論他ノ法令ニ依ル手數料例ヘハ「戸籍手數料」、「寄留手數料」、「馬籍簿閲覧手數料」ノ類ヲモ掲載シ其ノ各附記欄ニハ件數、金額ヲ掲載スヘシ

七　雜收入ノ項ハ小學校(何學校)雜入、繰替金戻入、加入金等ノ類トシテ其ノ説明種目例ヘハ「小學校(何學校)雜入」ニ對シテハ「物件賣拂代金」、「不用品賣拂代金」ノ類、又「繰替金戻入」ニ對シテハ「召集旅費繰替金戻入」、「行旅病人及死亡人取扱費繰替金戻入」、「精心病者監護費繰替金戻入」ノ類トス仍雜收入ニ付テハ他ノ各款ニ屬セサル諸收入ヲ掲載スヘシ

八　市町村税中地租其ノ他ノ各税附加税ニ付テハ説明附記欄ニ其ノ本税額及課率ヲ掲載シ仍特別税戸數割又ハ戸數割ヲ賦課セサル市町村ニ於テ戸數割ニ代ヘ賦課スル家屋税附加税ニ付テハ現在戸數及平均一戸當ノ金額ヲモ掲載スヘシ

九　歳入

イ　豫算說明ノ欄ニハ計算ノ基ク所ヲ明ナラシムルヲ旨トシ種目ノ分別ニ付テハ特ニ注意スヘシ例ヘハ役所(役場)費(款)報酬(項)ノ說明ニ付テハ種目ハ「町(村)長報酬」、「市參與報酬」、「助役報酬」、「區長報酬」、「區長代理者報酬」「委員(何委員)報酬」ノ類トシ其ノ各附記欄ニハ例ヘハ「町(村)長報酬」ニ付テハ一年何圓ノ類ヲ掲載スヘシ

ロ　給料(項)ニ對スル說明種目ノ欄ニハ「市(町)(村)長給料」、「市參與給料」、「助役給料」、「收入役給料」等ノ類トシ其ノ各附記欄ニハ例ヘハ「助役給料」ニ付テハ年俸又ハ月俸何圓幾人ノ類ヲ掲載スヘシ

ハ　雜給(項)ニ對スル說明種目ノ欄ニハ「費用辨償」、「旅費」、「手當」、「給仕及使丁給」、「傭人料」、「賞與」、「退隱料」「退職給與金」、「死亡給與金」、「遺族扶助料」ノ類トシ其ノ各附記欄ニハ例ヘハ「費用辨償」ニ付テハ町(村)長何圓助役何圓ト掲載スヘシ

ニ　需用費(項)ニ對スル說明種目ノ欄ニハ「備品費」、「消耗品費」、「印刷費」、「通信運搬費」、「賄費」、「被服費」、「借家料」、「電燈費」、「電話費」、「雜費」ノ類トシ其ノ各附記欄ニハ例ヘハ「備品費」ニ付テハ何器具新調費何圓、何機械修善費何圓、書籍購買代金何圓、又「消耗品費」ニ付テハ筆紙墨代金何圓、薪炭油茶代金何圓ノ類ヲ掲載スヘシ

十　市ニ於テ市會費ト市參事會費トヲ區分セントスルトキハ會議費ノ款ヲ市會費市參事會費ト分記シ各款ノ下ニ「費用辨償」、「給料」、「雜給」、「需用費」等ノ項ヲ設クヘシ

十一　小町村ニ於テハ各款ノ下給料ト雜給、需用費ト修善費トヲ合セテ各一項ト爲スモ妨ケナシ

十二　小學校費ヲ學校每ニ區分シタル場合ニ於テ各校共通ノ費用アルトキハ別ニ一款ヲ設ケテ之ヲ掲載スヘシ

十三　小學校(何學校)費、幼稚園(何幼稚園)費及圖書館(何圖書館)費ノ款ハ之ヲ合セテ敎育費トシ其ノ項ハ之ヲ小學校(何學校)費、幼稚園(何幼稚園)費及圖書館(何圖書館)費トシ給料、雜給、需用費等ハ之ヲ說明種目ト爲スモ妨ケナシ

十四　諸稅及負擔(款)ハ諸稅(項)ト負擔(項)トニ分チ「諸稅」ノ說明種目ハ「地租」、「地租附加稅」、「水利組合費」ノ類トシ其ノ附記欄ニハ市(町)(村)有土地等ニ對スル分ヲ掲載シ又「負擔」ノ說明種目ハ「何町(村)外何ケ村組合費負擔」ノ類トス

十五　雜支出ノ項ハ「滯納處分費」、「繰替金」、「過年度支出」ノ類其ノ他他ノ各款ニ屬セサル諸支出ヲ揭載スヘシ

十六　特ニ必要アルトキハ本樣式ニ揭クル歳入歳出科目ノ外適宜ニ款項目ヲ設クルモ妨ケナシ

十七　市町村組合、町村組合ニ於テハ分賦法ニ依ルモノハ歳入科目「市町村稅」ノ款ヲ「分賦金」トシ左ノ例ニ依ルヘシ

歳入

豫算

科目 款	科目 項	豫算額
分賦金		圓
	一 何市分賦金	
	二 何町分賦金	

豫算說明

種目	本年度豫算額	前年度豫算額	增減	附記
	圓	圓	圓	
一 地租附加稅				
二 何々				
一 地租附加稅				
二 何々				

三何村分賦金		
	一地租附加税	二何々

繼續費ノ年期及支出方法樣式

自昭和何年度
至昭和何年度何府（縣）何市【何郡何町（村）】何費繼續年期及支出方法

何費中何費

昭和何年度支出額
昭和何年度支出額

一金
内譯
金
金

右何々（議決ヲ要スヘキ事業ノ大要ヲ記載ス）

昭和何年何月何日提出

何府（縣）何市【何郡何町（村）】長　氏　名

何府（縣）何市【何郡何町（村）】繼續費何費收支計算表

科目 款	項	收入 昭和何年度	昭和何年度	昭和何年度	昭和何年度	昭和何年度	計	說明 種目	金額	附記
一補助金		圓	圓	圓	圓	圓	圓		圓	

一國庫補助金

一何々

二府(縣)補助金

一何々

二寄附金

一寄附金

一何々

三市(町)(村)費繰入金

一市(町)(村)費繰入金

一何々

四雜收入

一雜收入

一預金利子

款	項	昭和何年度	昭和何年度	昭和何年度	昭和何年度	昭和何年度	計	種目	金額	附記
								二 何々		
五 市（町）（村）債										
	一 （市）（町）村債									
								一 市（町）（村）債		
合計										

支出

科目		昭和何年度	昭和何年度	昭和何年度	昭和何年度	昭和何年度	計	說明		
款	項							種目	金額	附記
一 何費		圓	圓	圓	圓	圓	圓		圓	
	一 給與									
								一 何々		
								二 何々		

二　雜給	
	一何々
	二何々
三　需用費	
	一何々
	二何々
四　何々	
	一何々
	二何々
合計	

記載例

一　繼續費ト爲ス費用ニ付特別會計ヲ設ケス又ハ特定ノ收入ナキ場合ニハ「繼續費何費支出計算表」トシ收入ノ部ハ之ヲ設クルヲ要セス

●市制町村制等ノ規定ニ依ル命令ニ關スル件

（大正十五年六月二十四日内務省令第二十二號）

市制中改正法律附則第二項、町村制中改正法律附則第四項及市制町村制施行令附則第九項ノ規定ニ依ル命令ニ關スル件左ノ通定ム

大正十五年市制中改正法律又ハ同年町村制中改正法律ニ依リ初テ議員ヲ選擧スル場合ニ於テ必要ナル選擧人名簿ニ關シ市制第二十一條乃至第二十一條ノ五又ハ町村制第十八條乃至第十八條ノ五ノ規定ニ依ル期日又ハ期間ニ依リ難キトキハ府縣知事（北海道ニ於テハ北海道廳長官）ニ於テ其ノ期日又ハ期間ヲ定ムヘシ

前項ノ規定ハ市制町村制施行令附則第九項ノ場合ニ之ヲ準用ス

附　則

本令ハ次ノ總選擧ヨリ之ヲ施行ス

●市町村内土地ノ字名改稱變更取扱規定

（明治四十四年三月十五日内務省訓令第二號）

改正、大正四―内訓六、大正九―内訓一九

府縣沖繩縣ヲ除ク

從來公稱スル市町村内土地ノ字名ハ明治十四年第八十三號公達ノ趣旨ニ依リ容易ニ改稱變更スヘキモノニアラサルモ已ムヲ得サル事實アリテ改稱變更ヲ必要トスルモノニ限リ左ノ規定ニ依リ取扱フヘシ

一　市町村内大字名（市制町村制施行ノ際分合シタル舊區町村名、從前獨立町村内ノ支郷又ハ某組ト唱フル部落等ノ總稱）及市内ノ町名ヲ改稱シ又ハ其ノ區域ノ變更ヲ要スルトキハ市町村會之ヲ議決シ府縣知事ノ許可ヲ受クヘシ但シ町村ニ屬スルモノハ島司、郡長ヲ經由シ島司、郡長ハ意見ヲ副申スヘシ

二　市町村内ノ小字名（市内ノ町名ヲ除ク）ヲ改稱シ又ハ其ノ區域ノ變更ヲ要スルトキハ關係アル地主ノ意見ヲ聞キ市町村會之ヲ議決シ府縣知事ノ許可ヲ受クヘシ但シ町村ニ屬スルモノハ島司、郡長ヲ經由シ島司、郡長ハ意見ヲ副申スヘシ

三　前項ノ場合ニ於テ其ノ區域全部カ國有林野ニ屬スルトキハ府縣知事之ヲ處分シ若其ノ區域カ國有林野ノ外民有地ニ屬スルトキハ關係アル市町村會及民有地主ノ意見ヲ聞キ府縣知事之ヲ處分スヘシ但シ本項ノ處分ハ直ニ之ヲ關係市町村ニ通知スヘシ

四　第二項ノ場合ニ於テ其ノ區域カ御料地ニ屬スルトキハ前

項ノ例ニ依ルヘシ但豫メ帝室林野管理局長官ニ協議スヘシ（大正四年内務省訓令第六號ヲ以テ本項ヲ追加以下各項順次繰下ク）

五　耕地整理施行ノ爲市町村内ノ大字若ハ字ノ名稱ヲ改メ又ハ其ノ區域ヲ變更スルノ必要アルトキハ關係アル市町村會ノ意見ヲ聞キ府縣知事之ヲ處分スヘシ但シ本項ノ處分ハ直ニ之ヲ關係市町村ニ通知スヘシ

六　水面埋立地其ノ他新開地等新ニ字名稱ヲ付スルトキハ第二項ノ例ニ依ルヘシ

七　市町村ノ境界ニ關スル爭論ノ裁決及民事訴訟ノ判決ニ依リ字名ノ訂正又ハ其ノ區域ヲ變更スヘキトキハ市參事會町村長（第八項ノ島嶼ニ在リテハ町村長ニ準スヘキ職務ヲ行フ者）ヨリ府縣知事ニ申報セシムヘシ但シ町村ニ屬スルモノハ島司、郡長ヲ經由スヘシ（同上本項ヲ改正）

八　東京府伊豆七島ノ内八丈島及大島ヲ除ク外竝小笠原島ニ於テハ仍從前ノ手續ニ依ル其ノ小字ノ名稱及區域ニ關スルモノハ府知事ニ於テ處分スヘシ

九　第一項乃至第六項及第八項ノ許可又ハ處分ヲ爲シタルトキ竝第七項ノ申報ヲ受ケタルトキハ府縣知事ハ直ニ其ノ府縣ニ於ケル公布式ニ依リ之ヲ公告シ同時ニ其ノ公報ヲ内務大臣ニ報告シ且左ノ官廳ニ送付スヘシ（大正九年内務省令第十九號ヲ以テ本項ヲ改正）

一　土地臺帳主管廳タル所轄税務署

二　當該要塞司令部、陸地測量部、當該師團司令部（近衛師團ヲ含マス）、當該聯隊區司令部

三　司法省、所轄地方裁判所、同區裁判所、同區裁判所出張所

四　遞信省通信局、同管船局、同電氣局、當該所轄遞信局

●市町村内土地ノ字名改稱取扱方

（大正十四年二月九日内務省訓令第三號）

東京、京都、大阪、神奈川、兵庫、愛知　各府縣

從來公稱スル市町村内土地ノ字名改稱取扱方ニ關シテハ曩ニ訓令スルトコロアリシモ東京、京都、大阪、横濱、神戸及名古屋ノ各市ニ於テ市内ノ町名ヲ改稱シ又ハ其ノ區域ヲ變更スルニ付テハ明治四十四年訓令第二號ニ依ル府縣知事ノ許可ヲ受クルコトヲ要セス其ノ處分ヲ爲シタルトキハ速ニ之ヲ府縣知事ニ申報スヘシ

府縣知事前項ノ申報ヲ受ケタルトキハ該訓令第九ニ依リ處理スヘシ

●市町村事務報告例概則

（明治二十五年五月九日 内務大臣訓令第三百五十號）

市町村事務報告例ハ左ノ概則ニ準シ適宜制定セラルヘシ

市町村事務報告例ハ特別ニ規定スルモノノ外即報トシ其事件ノ生シタル即日報告スルモノトス但必要ト認ムルトキハ豫報ヲ爲サシムルコトアルヘシ

市ノ報告ハ府縣知事ニ町村ノ報告ハ郡長ニ提出スルヲ例トス但別段ノ規定アルモノハ其規定ニ依ル

町村ノ報告ヲ郡長ヨリ更ニ府縣知事ニ報告シ市町村及郡長ヨリ提出シタル報告ヲ府縣知事ヨリ更ニ内務大臣ニ報告スルハ別段ノ規定アル事項ニ限ル但天災事變等異常ノ事項ハ隨時必要ノ報告ヲ爲スヘシ

市町村事務報告ノ項目ハ各府縣ニ於テ適宜規定スヘシト雖モ今左ニ概例ヲ擧ケテ其標準ヲ示ス

一　市町村會議員選擧ノ結果及選擧錄謄本
二　市町村會議員ノ退任辭職
三　市町村會開閉及其ノ議事ノ事項竝其議事錄謄本
四　市町村會ノ決議諸件
五　市町村會決議ノ執行停止及再議ニ付シタル事件
六　市町村會議員選擧ノ效力ニ關スル處分
七　市町村公民權ノ特免停止及市町村費增課處分
八　市町村内ニ區ヲ設置シ區長及代理者ヲ置クコト及之ヲ廢スル事
九　常設及臨時ノ委員ヲ設置シ及廢止スル事
十　市町村吏員ノ選擧ノ結果
十一　市町村長助役及收入役ノ就任及退任
十二　市町村助役及市參事會員分掌事項
十三　市町村會議事細則及役場内諸規定
十四　市町村吏員事務引繼ノ顛末
十五　市町村吏員ノ懲戒處分
十六　市町村歳入歳出豫算決算
十七　市町村事務報告書寫及市町村財產明細表
十八　一時借入金及三年以内ノ公債募集
十九　學藝美術ニ關スル物品ノ異動
二十　市町村稅滯納處分ニ係ル人員及金額

前項類目ノ外法律命令ニ規定アルモノ竝國及府縣郡ノ行政事務（戶籍兵事學事勸業等）ニシテ法律命令ヲ以テ報告ヲ徵スルモノハ各其規定ニ依ルヘシ

●市町村吏員服務紀律

（明治四十四年九月二十二日 内務省令第十六號）

改正、大正一五—内令二五

市町村吏員服務紀律左ノ通定ム

市町村吏員服務紀律

第一條 市町村吏員ハ忠實勤勉ヲ旨トシ法令ニ從ヒ其ノ職務ニ盡スヘシ

第二條 市町村吏員ハ職務ノ内外ヲ問ハス廉恥ヲ破リ其ノ他品位ヲ傷ツノ所爲アルヘカラス

市町村吏員ハ職務ノ内外ヲ問ハス職權ヲ濫用セス懇切公平ナルコトヲ務ムヘシ

第三條 市町村吏員ハ總テ公務ニ關スル機密ヲ私ニ漏洩シ又ハ未發ノ事件若ハ文書ヲ私ニ漏示スルコトヲ得ス其ノ職ヲ退クノ後ニ於テモ亦同シ

裁判所ノ召喚ニ依リ證人又ハ鑑定人ト爲リ職務上ノ祕密ニ就キ訊問ヲ受クルトキハ指揮監督者ノ許可ヲ得タル件ニ限リ供述スルコトヲ得事實參考ノ爲訊問ヲ受ケタル者ニ付テモ亦同シ

前項ノ場合ニ於テ市町村吏員ノ掌ル國府縣其ノ他公共團體ノ事務ニ付テハ國府縣其ノ他公共團體ノ代表者ノ許可又ハ承認ヲ得ルコトヲ要ス

第三條ノ二 有給市參與、市町村助役、市町村收入役及市町村副收入役竝ニ市制第六條ノ市ノ區長及市制第八十二條第三項ノ市ノ區長ハ市町村長ノ許可ヲ受クルニ非サレハ他ノ報償アル業務ニ從事スルコトヲ得ス（大正十五年内務省令第二十五號ヲ以テ本條ヲ追加）

第四條 市町村吏員ハ其ノ職務ニ關シ直接ト間接トヲ問ハス自己若ハ其ノ他ノ者ノ爲ニ贈與其ノ他ノ利益ヲ供給セシムルノ約束ヲ爲スコトヲ得ス

市町村吏員ハ指揮監督者ノ許可ヲ受クルニ非サレハ其ノ職務ニ關シ直接ト間接トヲ問ハス自己若ハ其ノ他ノ者ノ爲ニ贈與其ノ他ノ利益ヲ受クルコトヲ得ス

第五條 左ニ掲クル者ト直接ニ關係ノ職務ニ在ル市町村吏員ハ其ノ者ノ爲ニスル者ノ饗燕ヲ受クルコトヲ得ス

一　市町村ニ對シ工事ノ請負又ハ物件勞力供給ノ契約ヲ爲ス者

二　市町村ニ屬スル金錢ノ出納保管ヲ擔任スル者

三　市町村ヨリ補助金又ハ利益ノ保證ヲ受クル起業者

四　市町村ト土地物件ノ賣買贈與貸借又ハ交換ノ契約ヲ爲ス者

五　其ノ他市町村ヨリ現ニ利益ヲ得又ハ得ムトスル者

附　則

本令ハ明治四十四年十月一日ヨリ之ヲ施行ス

附　則（大正十五年内務省令第二十五號附則）

本令ハ大正十五年七月一日ヨリ之ヲ施行ス

●市町村長ヲシテ本籍人ノ犯罪人名簿ヲ整備シ及轉籍者ニ關スル通知ヲ爲サシムル件

（大正六年四月十二日内務省訓令第一號）

北海道廳　府縣

市町村長（市制第六條及第八十二條第三項ノ市ニ在リテハ區長、市制町村制ヲ施行セサル地ニ在リテハ市町村長ニ準スヘキ者以下同シ）ヲシテ裁判所檢事局、軍法會議又ハ他ノ市町村長ノ通知ニ依リテ本籍人ノ犯罪人名簿ヲ整備セシムヘシ但シ裁判所檢事局、軍法會議又ハ市町村長ノ通知書ヲ編綴シテ犯罪人名簿ニ代用セシムルモ妨ケナシ

本籍ヲ他ノ市町村長ノ管轄内ニ轉シタル者アルトキハ除籍地ノ市町村長ヲシテ入籍地ノ市町村長ニ轉籍者ノ刑罰（拘留科料ヲ除ク）身代限、破產、家資分散、兵役、種痘ニ關スル事項ヲ遲滯ナク通知セシムヘシ

●市町村ニ於テ民勢調査ヲ爲スニ當リ妨害シタル者ノ處罰方

（明治四十一年八月十一日内務省令第十五號）

市「北海道區制及沖繩縣區制ニ依ル區ヲ含ム」町村ニ於テ條例ヲ定メ民勢ノ調査ヲ爲スニ當リ故意ニ申告ヲ拒ミ若ハ虛僞ノ申告ヲ爲シ又ハ其ノ調査ヲ忌避シタル者ハ二十五圓以下ノ罰金ニ處ス虛說造言ヲ放チ僞計威力ヲ用ヰテ調査ヲ妨害スル者亦同シ

●府縣制（明治三十二年三月十六日 法律第六十四號）

改正 明治四一年第二號、大正三年第三五號
一一年第五五號、一五年第七三號、昭
和四年第五五號

朕帝國議會ノ協贊ヲ經タル府縣制改正法律ヲ裁可シ玆ニ之ヲ公布セシム

第一章 總則

第一條 府縣ハ從來ノ區域ニ依リ市町村及島嶼ヲ包括ス

第二條 府縣ハ法人トシ官ノ監督ヲ承ケ法律命令ノ範圍内ニ於テ其ノ公共事務竝從來法律命令又ハ慣例ニ依リ及將來法律勅令ニ依リ府縣ニ屬スル事務ヲ處理ス

第三條 府縣ノ廢置分合又ハ境界變更ヲ要スルトキハ法律ヲ以テ之ヲ定ム

府縣ノ境界ニ渉リテ市町村境界ノ變更アリタルトキハ府縣ノ境界モ亦自ラ變更ス所屬未定地ヲ市町村ノ區域ニ編入シタルトキ亦同シ

本條ノ處分ニ付財産處分ヲ要スルトキハ内務大臣ハ關係アル府縣參事會及市町村會ノ意見ヲ徴シテ之ヲ定ム但シ特ニ法律ノ規定アルモノハ此ノ限ニアラス

第三條ノ二 府縣ハ府縣條例ヲ設クルコトヲ得

府縣ハ府縣ノ營造物ニ關シ府縣條例ヲ以テ規定スルモノノ外府縣規則ヲ設クルコトヲ得

府縣條令及府縣規則ハ一定ノ公告式ニ依リ之ヲ告示スヘシ

第二章 府縣會

第一款 組織及選擧

第四條 府縣會議員ハ各選擧區ニ於テ之ヲ選擧ス

選擧區ハ市ノ區域又ハ從前郡長若ハ島司ノ管轄シタル區域ニ依ル但シ東京市京都市大阪市其ノ他勅令ヲ以テ指定シタル市ニ於テハ區ノ區域ニ依ル

第五條 府縣會議員ハ府縣ノ人口七十萬未滿ハ議員三十人ヲ以テ定員トシ七十萬以上百萬未滿ハ五萬ヲ加フル毎ニ一人ヲ增シ百萬以上ハ七萬ヲ加フル毎ニ一人ヲ增ス

各選擧區ニ於テ選擧スヘキ府縣會議員ノ數ハ府縣條例ヲ以テ之ヲ規定スヘシ

議員ノ配當ニ關シ必要ナル事項ハ内務大臣之ヲ定ム

議員ノ定數ハ總選擧ヲ行フ場合ニ非サレハ之ヲ增減セス

第六條 府縣内ノ市町村公民ハ府縣會議員ノ選擧權及被選擧權ヲ有ス

陸海軍軍人ニシテ現役中ノ者（未タ入營セサル者及歸休下士官兵ヲ除ク）及戰時若ハ事變ニ際シ召集中ノ者ハ選擧權及被選擧權ヲ有セス兵籍ニ編入セラレタル學生生徒（勅令ヲ以テ

定ムル者ヲ除ク）及志願ニ依リ國民軍ニ編入セラレタル者亦同シ

市町村公民權停止中ノ者ハ選擧權及被選擧權ヲ有セス

在職ノ檢事、警察官吏及收稅官吏ハ被選擧權ヲ有セス

選擧事務ニ關係アル官吏及吏員ハ其ノ關係區域內ニ於テ被選擧權ヲ有セス

府縣ノ官吏及有給ノ吏員其ノ他ノ職員ニシテ在職中ノ者ハ其ノ府縣ノ府縣會議員ト相兼ヌルコトヲ得ス

衆議院議員ハ府縣會議員ト相兼ヌルコトヲ得ス

第七條　府縣會議員ハ名譽職トス

議員ノ任期ハ四年トシ總選擧ノ日ヨリ之ヲ起算ス

第八條　府縣會議員中闕員ヲ生シタルトキハ三箇月以內ニ補闕選擧ヲ行フヘシ但シ其ノ闕員ト爲リタル議員カ第三十一條第二項、第三項若ハ第六項ノ規定ニ依ル期限前ニ於テ闕員ト爲リタル者ナル場合ニ於テ第二十九條第一項但書ノ得票者ニシテ當選者ト爲ラサリシ者アルトキ又ハ其ノ期限經過後ニ於テ闕員ト爲リタル者ナル場合ニ於テ第二十九條第二項ノ規定ノ適用ヲ受ケタル得票者ニシテ當選者ト爲ラサリシ者アルトキハ直ニ選擧會ヲ開キ其ノ者ノ中ニ就キ當選者ヲ定ムヘシ此ノ場合ニ於テハ第三十二條第三項ノ規定ヲ準用ス（大正十五年法律第七十三號ヲ以テ本項改正）

第三十二條第四項及第五項ノ規定ハ補闕選擧ニ之ヲ準用ス（同上）

補闕議員ハ其ノ前任者ノ殘任期間在任ス

第九條　府縣會議員ノ選擧ハ其ノ府縣內ニ於ケル市町村會議員選擧人名簿ニ依リ之ヲ行フ（大正十五年法律第七十三號ヲ以テ全條改正）

町村制第三十八條ノ町村ニ於テハ同法第十八條乃至第十八條ノ五ノ規定ニ準シ選擧人名簿ヲ調製スヘシ

前項ノ選擧人名簿ハ之ヲ町村會議員選擧人名簿ト看做シ第一項ノ規定ヲ適用ス

第十條　（大正十五年法律第七十三號ヲ以テ本條削除）

第十一條　（同上）

第十二條　（同上）

第十三條　府縣會議員ノ選擧ハ府縣知事ノ告示ニ依リ之ヲ行フ

其ノ告示ニハ選擧ヲ行フヘキ選擧區投票ヲ行フヘキ日時及選擧スヘキ議員ノ員數ヲ記載シ選擧ノ期日前二十日マテニ之ヲ發スヘシ（同上ヲ以テ本項中改正）

天災事變等ノ爲投票ヲ行フコトヲ得サルトキ又ハ更ニ投票ヲ行フノ必要アルトキハ府縣知事ハ當該選擧區又ハ投票區ニ付投票ヲ行フヘキ日時ヲ定メ投票ノ期日前七日目マテニ之ヲ告示スヘシ（大正三年法律第三十五號ヲ以テ追加同十五年第七

十三號ヲ以テ改正）

第十三條ノ二　議員候補者タラムトスル者ハ選擧ノ期日ノ告示アリタル日ヨリ選擧ノ期日前七日目マテニ其ノ旨ヲ選擧長ニ屆出ツヘシ（大正十五年法律第七十三號ヲ以テ追加）

選擧人名簿ニ登錄セラレタル者他人ヲ議員候補者ト爲サムトスルトキハ前項ノ期間内ニ其ノ推薦ノ屆出ヲ爲スコトヲ得

前二項ノ期間内ニ屆出アリタル議員候補者其ノ選擧ニ於ケル議員ノ定數ヲ超ユル場合ニ於テ其ノ期間ヲ經過シタル後議員候補者死亡シ又ハ議員候補者タルコトヲ辭シタルトキハ前三項ノ例ニ依リ選擧ノ期日ノ日前マテ議員候補者ノ屆出又ハ推薦屆出ヲ爲スコトヲ得

議員候補者ハ選擧長ニ屆出ヲ爲スニ非サレハ議員候補者タルコトヲ辭スルコトヲ得ス

前四項ノ屆出アリタルトキ又ハ議員候補者ノ死亡シタルコトヲ知リタルトキハ選擧長ハ直ニ其ノ旨ヲ告示スヘシ

第十三條ノ三　議員候補者ノ屆出又ハ推薦屆出ヲ爲サムトスル者ハ議員候補者一人ニ付二百圓又ハ之ニ相當スル額面ノ國債證書ヲ供託スルコトヲ要ス（同上）

議員候補者ノ得票數其ノ選擧區ノ配當議員數ヲ以テ有效投票ノ總數ヲ除シテ得タル數ノ十分ノ一ニ達セサルトキハ前項ノ供託物ハ府縣ニ歸屬ス

議員候補者選擧ノ期日前十日以内ニ議員候補者タルコトヲ辭シタルトキハ前項ノ規定ヲ準用ス但シ被選擧權ヲ有セサルニ至リタル爲議員候補者タルコトヲ辭シタルトキハ此ノ限ニ在ラス

第十四條　市町村長ハ投票管理者ト爲リ投票ニ關スル事務ヲ擔任ス（同上ヲ以テ全條改正）

第十五條　投票區ハ市町村ノ區域ニ依ル（同上）

投票所ハ市役所、町村役場又ハ投票管理者ノ指定シタル場所ニ之ヲ設ク

投票管理者ハ選擧ノ期日前五日目マテニ投票所ヲ告示スヘシ

府縣知事特別ノ事情アリト認ムルトキハ市町村ノ區域ヲ分チテ數投票區ヲ設ケ又ハ數町村ノ區域ヲ合セテ一投票區ヲ設クルコトヲ得

前項ノ規定ニ依リ投票區ヲ設クル場合ニ於テ必要ナル事項ハ命令ヲ以テ之ヲ定ム

第十六條　議員候補者ハ各投票區ニ於ケル選擧人名簿ニ登錄セラレタル者ノ中ヨリ本人ノ承諾ヲ得テ投票立會人一人ヲ定メ選擧ノ期日ノ前日マテニ投票管理者ニ屆出ツルコトヲ得但シ議員候補者死亡シ又ハ議員候補者タルコトヲ辭シタルトキハ其ノ屆出テタル投票立會人ハ其ノ職ヲ失フ（同上）

前項ノ規定ニ依ル投票立會人三人ニ達セサルトキ若ハ三人ニ

達セサルニ至リタルトキ又ハ投票立會人ニシテ參會スル者投票所ヲ開クヘキ時刻ニ至リ三人ニ達セサルトキ若ハ其ノ後三人ニ達セサルニ至リタルトキハ投票管理者ハ其ノ投票區ニ於ケル選擧人名簿ニ登錄セラレタル者ノ中ヨリ三人ニ達スルマテノ投票立會人ヲ選任シ直ニ之ヲ本人ニ通知シ投票ニ立會ハシムヘシ

投票立會人ハ名譽職トス

投票立會人ハ正當ノ事故ナクシテ其ノ職ヲ辭スルコトヲ得ス

第十七條　選擧人ニ非サル者ハ投票所ニ入ルコトヲ得ス但シ投票所ノ事務ニ從事スル者投票所ヲ監視スル職權ヲ有スル者又ハ警察官吏ハ此ノ限ニ在ラス（大正三年法律第三十五號ヲ以テ全條改正）

投票所ニ於テ演說討論ヲ爲シ若ハ喧擾ニ涉リ投票ニ關シ協議若ハ勸誘ヲ爲シ其ノ他投票所ノ秩序ヲ紊ス者アルトキハ投票管理者ハ之ヲ制止シ命ニ從ハサルトキハ之ヲ投票所外ニ退出セシムヘシ

前項ノ規定ニ依リ退出セシメラレタル者ハ最後ニ至リ投票ヲ爲スコトヲ得但シ投票管理者投票所ノ秩序ヲ紊スノ虞ナシト認ムル場合ニ於テ投票ヲナサシムルヲ妨ケス

第十八條　選擧ハ投票ニ依リ之ヲ行フ

投票ハ一人一票ニ限ル

選擧人ハ選擧ノ當日投票時間內ニ自ラ投票所ニ到リ選擧人名簿ノ對照ヲ經又ハ確定裁決書若ハ判決書ヲ提示シテ投票ヲ爲スヘシ（大正三年法律第三十五號ヲ以テ本項改正）

投票時間內ニ投票所ニ入リタル選擧人ハ其ノ時間ヲ過クルモ投票ヲ爲スコトヲ得（同上ヲ以テ本項追加）

選擧人ハ投票所ニ於テ投票用紙ニ自ラ議員候補者一名ノ氏名ヲ記載シテ投函スヘシ（大正十五年法律第七十三號ヲ以テ本項中改正）

投票用紙ニハ選擧人ノ氏名ヲ記載スルコトヲ得ス

投票ニ關スル記載ニ付テハ勅令ヲ以テ定ムル點字ハ之ヲ文字ト看做ス（同上ヲ以テ本項追加）

自ラ議員候補者ノ氏名ヲ記スルコト能ハサル者ハ投票ヲ爲スコトヲ得ス（同上ヲ以テ本項中改正）

投票用紙ハ府縣知事ノ定ムル所ニ依リ一定ノ式ヲ用フヘシ

選擧人名簿調製ノ後選擧人其ノ投票區域外ニ住所ヲ移シタル場合ニ於テ仍選擧權ヲ有スルトキハ前住所地ノ投票所ニ於テ投票ヲ爲スヘシ（大正三年法律第三十五號ヲ以テ本項追加）

第三十二條第一項若ハ第三十六條ノ選擧又ハ補闕選擧ヲ行フ場合ニ於テハ一ノ選擧ヲ以テ合併シテ之ヲ行フ（同上）

第十八條ノ二　確定名簿ニ登錄セラレサル者ハ投票ヲ爲スコトヲ得ス但シ選擧人名簿ニ登錄セラルヘキ確定裁決書又ハ判決

書ヲ所持シ選擧ノ當日投票所ニ到ル者ハ此ノ限ニ在ラス（大正十五年法律第七十三號ヲ以テ追加）

確定名簿ニ登錄セラレタル者選擧人名簿ニ登錄セラルルコトヲ得サル者ナルトキハ投票ヲ爲スコトヲ得ス選擧ノ當日選擧權ヲ有セサル者ナルトキ亦同シ

同府縣內ニ於ケル二以上ノ市町村ニ於テ公民權ヲ有スル者ハ住所地市町村ニ於テノミ投票ヲ爲スコトヲ得

第十九條　投票ノ拒否ハ投票立會人ノ意見ヲ聽キ投票管理者之ヲ決定スヘシ（大正十五年法律第七十三號ヲ以テ全條改正）

前項ノ決定ヲ受ケタル選擧人不服アルトキハ投票管理者ハ假ニ投票ヲ爲サシムヘシ

前項ノ投票ハ選擧人ヲシテ之ヲ封筒ニ入レ封緘シ表面ニ自ラ其ノ氏名ヲ記載シ投函セシムヘシ

投票立會人ニ於テ異議アル選擧人ニ對シテモ亦前二項ニ同シ

第二十條　投票管理者ハ投票錄ヲ作リ投票ニ關スル顚末ヲ記載シ二人以上ノ投票立會人ト共ニ之ニ署名スヘシ（同上）

第二十一條　投票管理者ハ其ノ指定シタル投票立會人ト共ニ町村ノ投票區ニ於テハ投票ノ翌日マテニ、市ノ投票區ニ於テハ投票ノ當日投票函、投票錄及選擧人名簿ヲ選擧長ニ送致スヘシ（同上）

第二十二條　島嶼其ノ他交通不便ノ地ニ對シテハ府縣知事ハ適宜ニ其ノ投票期日ヲ定メ選擧會ノ期日マテニ其ノ投票函、投票錄及選擧人名簿ヲ送致セシムルコトヲ得（同上ヲ以テ本項中改正）

第二十三條　選擧長ハ市長又ハ府縣知事ノ指定シタル官吏ヲ以テ之ニ充ツ（大正十五年法律第七十三號ヲ以テ全條改正）

選擧長ハ選擧會ニ關スル事務ヲ擔任ス

選擧會ハ市役所又ハ選擧長ノ指定シタル場所ニ之ヲ開ク

選擧長ハ豫メ選擧會ノ場所及日時ヲ告示スヘシ

第二十三條ノ二　府縣知事特別ノ事情アリト認ムルトキハ區劃ヲ定メテ開票區ヲ設クルコトヲ得（同上ヲ以テ本條追加）

前項ノ規定ニ依リ開票區ヲ設クル場合ニ於テ必要ナル事項ハ命令ヲ以テ之ヲ定ム

第二十四條　第十六條ノ規定ハ選擧立會人ニ之ヲ準用ス（同上ヲ以テ全條改正）

第二十五條　選擧長ハ總テノ投票函ノ送致ヲ受ケタル日ノ翌日選擧會ヲ開キ選擧立會人立會ノ上投票函ヲ開キ投票ノ總數ト投票人ノ總數トヲ計算スヘシ但シ場合ニ依リ投票函ノ送致ヲ受ケタル日選擧會ヲ開クコトヲ得（同上）

前項ノ計算終リタルトキハ選擧長ハ先ツ第十九條第二項及第四項ノ投票ヲ調査シ選擧立會人ノ意見ヲ聽キ其ノ受理如何ヲ決定スヘシ

選擧長ハ選擧立會人ト共ニ投票區毎ニ投票ヲ點檢スヘシ
天災事變等ノ爲選擧會ヲ開クコトヲ得サルトキハ選擧長ハ更ニ其ノ期日ヲ定ムヘシ

第二十六條 選擧人ハ其ノ選擧會ニ參觀ヲ求ムルコトヲ得

第二十六條ノ二 選擧會場ノ取締ニ付テハ第十七條第一項及第二項ノ規定ヲ準用ス（大正十五年法律第七十三號ヲ以テ追加）

第二十七條 左ノ投票ハ之ヲ無效トス（同上ヲ以テ全條改正）

一 成規ノ用紙ヲ用ヰサルモノ
二 議員候補者ニ非サル者ノ氏名ヲ記載シタルモノ
三 一投票中二人以上ノ議員候補者ノ氏名ヲ記載シタルモノ
四 被選擧權ナキ議員候補者ノ氏名ヲ記載シタルモノ
五 議員候補者ノ氏名ノ外他事ヲ記載シタルモノ但シ爵位、職業、身分、住所又ハ敬稱ノ類ヲ記入シタルモノハ此ノ限ニ在ラス
六 議員候補者ノ氏名ヲ自書セサルモノ
七 議員候補者ノ何人ヲ記載シタルカヲ確認シ難キモノ
八 府縣會議員ノ職ニ在ル者ノ氏名ヲ記載シタルモノ

前項第八號ノ規定ハ第八條、第三十二條又ハ第三十六條ノ規定ニ依ル選擧ノ場合ニ限リ之ヲ適用ス

第二十八條 投票ノ效力ハ選擧立會人ノ意見ヲ聽キ選擧長之ヲ決定スヘシ（同上）

第二十九條 府縣會議員ノ選擧ハ有效投票ノ最多數ヲ得タル者ヲ以テ當選者トス但シ其ノ選擧區ノ配當議員數ヲ以テ有效投票ノ總數ヲ除シテ得タル數ノ五分ノ一以上ノ得票アルコトヲ要ス（大正三年法律第三十五號ヲ以テ全條改正同十五年第七十三號ヲ以テ本項中改正）

當選者ヲ定ムルニ當リ得票ノ數同シキトキハ年長者ヲ取リ年齡同シキトキハ選擧長抽籤シテ之ヲ定ム

第二十九條ノ二 當選者選擧ノ期日後ニ於テ被選擧權ヲ有セサルニ至リタルトキハ當選ヲ失フ此ノ場合ニ於テハ第三十七條第二項ノ規定ヲ準用ス（大正十五年法律第七十三號ヲ以テ追加）

第二十九條ノ三 第十三條ノ二第一項乃至第三項ノ規定ニ依ル屆出アリタル議員候補者其ノ選擧ニ於ケル議員ノ定數ヲ超エサルトキハ其ノ選擧區ニ於テハ投票ヲ行ハス（同上）

前項ノ規定ニ依リ投票ヲ行フコトヲ要セサルトキハ選擧長ハ直ニ其ノ旨ヲ投票管理者ニ通知シ併セテ之ヲ告示シ且府縣知事ニ報告スヘシ

投票管理者前項ノ通知ヲ受ケタルトキハ直ニ其ノ旨ヲ告示スヘシ

第一項ノ場合ニ於テハ選擧長ハ選擧ノ期日ヨリ五日以内ニ選擧會ヲ開キ議員候補者ヲ以テ當選者ト定ムヘシ

前項ノ場合ニ於テ議員候補者ノ被選擧權ノ有無ハ選擧立會人

ノ意見ヲ聽キ選擧長之ヲ決定スヘシ

第三十條　選擧長ハ選擧錄ヲ作リ選擧會ニ關スル顛末ヲ記載シ之ヲ朗讀シ二人以上ノ選擧立會人ト共ニ之ヲ署名スヘシ（大正十五年法律第七十三號ヲ以テ全條改正）

選擧錄、投票錄、投票其ノ他ノ關係書類ハ選擧長（府縣知事ノ指定シタル官吏選擧長タル場合ニ於テハ府縣知事）ニ於テ、府縣會議員選擧ニ用ヰタル選擧人名簿ハ市町村長ニ於テ議員ノ任期間之ヲ保存スヘシ

第三十一條　當選者定マリタルトキハ選擧長ハ直ニ當選者ニ當選ノ旨ヲ告知シ同時ニ當選者ノ住所氏名ヲ告示シ且選擧錄及投票錄ノ寫ヲ添ヘ之ヲ府縣知事ニ報告スヘシ當選者ナキトキハ直ニ其ノ旨ヲ告示シ且選擧錄及投票錄ノ寫ヲ添ヘ之ヲ府縣知事ニ報告スヘシ（大正十五年法律第七十三號ヲ以テ本項改正）

當選者當選ノ告知ヲ受ケタルトキハ十日以內ニ其ノ當選ヲ承諾スルヤ否ヲ府縣知事ニ申立ツヘシ

一人ニシテ數選擧區ノ選擧ニ當リタルトキハ最終ニ當選ノ告知ヲ受ケタル日ヨリ十日以內ニ何レノ選擧ニ應スヘキカヲ府縣知事ニ申立ツヘシ

前二項ノ申立ヲ其ノ期間內ニ爲ササルトキハ當選ヲ辭シタルモノト看做ス（大正三年法律第三十五號ヲ以テ本項改正）

第六條第六項ニ揭クル在職ノ官吏以外ノ官吏ニシテ當選シタル者ハ所屬長官ノ許可ヲ受クルニ非サレハ之ニ應スルコトヲ得ス（大正十五年法律第七十三號ヲ以テ本項追加）

前項ノ官吏ニシテ當選シタル者ニ關シテハ本條ニ定ムル期間ヲ二十日以內トス（大正三年法律第三十五號、同十五年第七十三號ヲ以テ本項改正）

府縣ニ對シ請負ヲ爲シ又ハ府縣ニ於テ費用ヲ負擔スル事業ニ付府縣知事若ハ其ノ委任ヲ受ケタル者ニ對シ請負ヲ爲ス者若ハ其ノ支配人又ハ主トシテ同一ノ行爲ヲ爲ス法人ノ無限責任社員、役員若ハ支配人ニシテ當選シタル者ハ其ノ請負ヲ罷メ又ハ請負ヲ爲ス者ノ支配人若ハ主トシテ同一ノ行爲ヲ爲ス法人ノ無限責任社員、役員若ハ支配人タルコトナキニ至ルニ非サレハ當選ニ應スルコトヲ得ス（大正十五年法律第七十三號ヲ以テ本項追加）

前項ノ役員トハ取締役、監査役及之ニ準スヘキ者竝清算人ヲ謂フ（同上）

第三十一條ノ二　選擧長ハ前條第一項ノ報告ヲ爲シタルトキハ直ニ選擧人名簿ヲ町村長ニ返付スヘシ（大正十五年法律第七十三號ヲ以テ本項追加）

第三十二條　當選者左ニ揭クル事由ノ一ニ該當スルトキハ三箇月以內ニ更ニ選擧ヲ行フヘシ但シ第二項ノ規定ニ依リ更ニ選

擧ヲ行フコトナクシテ當選者ヲ定メ得ル場合ハ此ノ限ニ在ラス（同上ヲ以テ全條改正）

一　當選ヲ辭シタルトキ

二　數選擧區ニ於テ選擧ニ當リタル場合ニ於テ第三十一條第三項ノ規定ニ依リ一ノ選擧區ニ應シタル爲他ノ選擧區ニ於テ當選者タラサルニ至リタルトキ

三　第二十九條ノ二ノ規定ニ依リ當選ヲ失ヒタルトキ

四　死亡者ナルトキ

五　選擧ニ關スル犯罪ニ依リ刑ニ處セラレ當選無效ト爲リタルトキ但シ同一人ニ關シ前各號ノ事由ニ依ル選擧又ハ補闕選擧ノ告示ヲ爲シタル場合ハ此ノ限ニ在ラス

六　第三十四條ノ二ノ規定ニ依ル訴訟ノ結果當選無效ト爲リタルトキ

前項ノ事由第三十一條第二項、第三項若ハ第六項ノ規定ニ依ル期限前ニ生シタル場合ニ於テ第二十九條第一項但書ノ得票者ニシテ當選者ト爲ラサリシ者アルトキ又ハ其ノ期限經過後ニ生シタル場合ニ於テ第二十九條第二項ノ規定ノ適用ヲ受ケタル得票者ニシテ當選者ト爲ラサリシ者アルトキハ直ニ選擧會ヲ開キ其ノ者ノ中ニ就キ當選者ヲ定ムヘシ

前項ノ場合ニ於テ第二十九條第一項但書ノ得票者ニシテ當選者ト爲ラサリシ者選擧ノ期日後ニ於テ被選擧權ヲ有セサルニ至リタルトキハ之ヲ當選者ト定ムルコトヲ得ス此ノ場合ニ於テハ第三十七條第二項ノ規定ヲ準用ス

第一項ノ期間ハ第三十四條第七項ノ規定ノ適用アル場合ニ於テハ選擧ヲ行フコトヲ得サル事由已ミタル日ノ翌日ヨリ之ヲ起算ス

第一項ノ事由議員ノ任期滿了前六箇月以內ニ生シタルトキハ第一項ノ選擧ハ之ヲ行ハス但シ議員ノ數其ノ定員ノ三分ノ二ニ滿タサルニ至リタルトキハ此ノ限ニ在ラス

第三十三條　當選者其ノ當選ヲ承諾シタルトキハ府縣知事ハ直ニ當選證書ヲ付與シ及其ノ住所氏名ヲ告示スヘシ

當選者ナキニ至リタルトキ又ハ當選者其ノ選擧ニ於ケル議員ノ定數ニ達セサルニ至リタルトキハ府縣知事ハ直ニ其ノ旨ヲ告示スヘシ（大正十五年法律第七十三號ヲ以テ本項追加）

第三十四條　選擧人又ハ議員候補者選擧又ハ當選ノ效力ニ關シ異議アルトキハ選擧ニ關シテハ選擧ノ日ヨリ當選ニ關シテハ第三十一條第一項又ハ前條第二項ノ告示ノ日ヨリ十四日以內ニ之ヲ府縣知事ニ申立ツルコトヲ得（大正三年法律第三十五號同十五年第七十三號ヲ以テ本項改正）

前項ノ異議申立アリタルトキハ府縣知事ハ七日以內ニ之ヲ府縣參事會ノ決定ニ付スヘシ（大正十五年法律第七十三號ヲ以テ本項改正）

府縣知事選擧又ハ當選ノ効力ニ關シ異議アルトキハ第一項申立ノ有無ニ拘ラス第三十一條第一項ノ報告ヲ受ケタル日ヨリ三十日以内ニ府縣參事會ノ決定ニ付スルコトヲ得(同上)

前二項ノ場合ニ於テハ府縣參事會ハ其ノ送付ヲ受ケタル日ヨリ十四日以内ニ之ヲ決定スヘシ(大正三年法律第三十五號ヲ以テ本項追加)

本條府縣參事會ノ決定ニ不服アル者ハ行政裁判所ニ出訴スルコトヲ得

前項ノ決定ニ關シテハ府縣知事又ハ選擧長ヨリモ亦訴訟ヲ提起スルコトヲ得(大正十五年法律第七十三號ヲ以テ本項改正)

第八條、第三十二條又ハ第三十六條第一項若ハ第三項ノ選擧ハ之ニ關係アル選擧又ハ當選ニ關スル異議申立期間、異議ノ決定確定セサル間又ハ訴訟ノ繫屬スル間之ヲ行フコトヲ得ス(大正十一年法律第五十五號ヲ以テ追加同十五年第七十三號ヲ以テ本項中改正)

府縣會議員ハ選擧又ハ當選ニ關スル決定確定シ又ハ判決アルマテハ會議ニ參與スルノ權ヲ失ハス(大正十一年法律第五十五號ヲ以テ追加)

第三十四條ノ二　衆議院議員選擧法第百十條ノ規定ノ準用ニ依リ當選ヲ無効ナリト認ムルトキハ選擧人又ハ議員候補者ハ當選者ヲ被告トシ第三十一條第一項告示ノ日ヨリ三十日以内ニ控訴院ニ出訴スルコトヲ得(大正十五年法律第七十三號ヲ以テ追加)

衆議院議員選擧法第百三十六條ノ規定ノ準用ニ依リ選擧事務長カ同法第百十二條又ハ第百十三條ノ規定ノ準用ニ依ル罪ヲ犯シ刑ニ處セラレタルニ因リ當選ヲ無效ナリト認ムルトキハ選擧人又ハ議員候補者ハ當選者ヲ被告トシ其ノ裁判確定ノ日ヨリ三十日以内ニ控訴院ニ出訴スルコトヲ得

前二項控訴院ノ判決ニ不服アル者ハ大審院ニ上告スルコトヲ得

衆議院議員選擧法第八十五條、第八十七條及第百四十一條ノ規定ハ前三項ノ規定ニ依ル訴訟ニ之ヲ準用ス

第三十五條　選擧ノ規定ニ違反スルコトアルトキハ選擧ノ結果ニ異動ヲ生スルノ虞アル場合ニ限リ其ノ選擧ノ全部又ハ一部ヲ無效トス但シ當選ニ異動ヲ生スルノ虞ナキ者ヲ區分シ得ルトキハ其ノ者ニ限リ當選ヲ失フコトナシ(大正三年法律第三十五號、同十五年第七十三號ヲ以テ改正)

第三十六條　選擧無效ト確定シタルトキハ三箇月以内ニ更ニ選擧ヲ行フヘシ(大正十五年法律第七十三號ヲ以テ全條改正)

當選無效ト確定シタルトキハ直ニ選擧會ヲ開キ更ニ當選者ヲ定ムヘシ此ノ場合ニ於テハ第三十二條第三項ノ規定ヲ準用ス

當選者ナキトキ、當選者ナキニ至リタルトキ又ハ當選者其ノ選擧ニ於ケル議員ノ定數ニ達セサルトキ若ハ定數ニ達セサルニ至リタルトキハ三箇月以内ニ更ニ選擧ヲ行フヘシ

第三十二條第四項及第五項ノ規定ハ第一項及前項ノ選擧ニ之ヲ準用ス

第三十七條　府縣會議員被選擧權ヲ有セサル者ナルトキ又ハ第三十一條第七項ニ揭クル者ナルトキハ其ノ職ヲ失フ其ノ被選擧權ノ有無又ハ第三十一條第七項ニ揭クル者ニ該當スルヤ否ハ府縣會議員カ左ノ各號ノ一ニ該當スルニ因リ被選擧權ヲ有セサル場合ヲ除クノ外府縣參事會其ノ異議ヲ決定ス

一　禁治產者又ハ準禁治產者ト爲リタルトキ

二　破產者ト爲リタルトキ

三　禁錮以上ノ刑ニ處セラレタルトキ

四　選擧ニ關スル犯罪ニ依リ罰金ノ刑ニ處セラレタルトキ

府縣會議員ハ住所ヲ移シタル爲被選擧權ヲ失フコトアルモ其ノ住所同府縣内ニ在ルトキハ之カ爲其ノ職ヲ失フコトナシ但シ同府縣内ニ於テ住所ヲ移シタル後被選擧權ヲ失フヘキ其ノ他ノ事由ニ該當スルニ至リタルトキハ此ノ限ニ在ラス

府縣會ニ於テ其ノ議員中被選擧權ヲ有セサル者又ハ第三十一條第七項ニ揭クル者アリト認ムルトキハ之ヲ府縣知事ニ通知スヘシ但シ議員ハ自己ノ資格ニ關スル會議ニ於テ辯明スルコトヲ得ルモ其ノ議決ニ加ハルコトヲ得ス

府縣知事ハ前項ノ通知ヲ受ケタルトキハ七日以内ニ之ヲ府縣參事會ノ決定ニ付スヘシ府縣知事ニ於テ被選擧權ヲ有セサル者又ハ第三十一條第七項ニ揭クル者アリト認ムルトキ亦同シ

第三十四條第四項ノ規定ハ前項ノ場合ニ之ヲ準用ス

本條府縣參事會ノ決定ニ不服アル者ハ行政裁判所ニ出訴スルコトヲ得

前項ノ決定ニ關シテハ府縣知事ヨリモ亦訴訟ヲ提起スルコトヲ得

第三十四條第八項ノ規定ハ第一項及前二項ノ場合ニ之ヲ準用ス

第三十八條　本款ニ規定スル異議ノ決定及訴願ノ裁決ハ其ノ決定書若ハ裁決書ヲ交付シタルトキ直ニ告示スヘシ

第三十九條　府縣會議員ノ選擧ニ付テハ衆議院議員選擧法第十章及第十一章竝第百四十條第二項及第百四十二條ノ規定ヲ準用ス但シ議員候補者一人ニ付定ムヘキ選擧事務所ノ數、選擧委員及選擧事務員ノ數竝選擧運動ノ費用ノ額ニ關シテハ勅令ノ定ムル所ニ依ル

第四十條　府縣會議員ノ選擧ニ付テハ衆議院議員選擧ニ關スル罰則ヲ準用ス

第二款　職務權限及處務規定

第四十一條　府縣會ノ議決スヘキ事件左ノ如シ

一　府縣條例及府縣規則ヲ設ケ又ハ改廢スルコト
二　歲入出豫算ヲ定ムルコト
三　決算報告ニ關スルコト
四　法律命令ニ定ムルモノヲ除クノ外使用料手數料府縣稅及夫役現品ノ賦課徵收ニ關スル事
五　不動產ノ處分並買受讓受ニ關スル事
六　積立金穀等ノ設置及處分ニ關スル事
七　歲入出豫算ヲ以テ定ムルモノヲ除クノ外新ニ義務ノ負擔ヲ爲シ及權利ノ拋棄ヲ爲ス事
八　財產及營造物ノ管理方法ヲ定ムル事但シ法律命令中別段ノ規定アルモノハ此ノ限ニ在ラス
九　其ノ他法律命令ニ依リ府縣會ノ權限ニ屬スル事項

第四十二條　府縣會ハ其ノ權限ニ屬スル事項ヲ府縣參事會ニ委任スルコトヲ得

第四十三條　府縣會ハ法律命令ニ依リ選擧ヲ行フヘシ

第四十四條　府縣會ハ府縣ノ公益ニ關スル事件ニ付意見書ヲ關係行政廳ニ呈出スルコトヲ得

第四十五條　府縣會ハ官廳ノ諮問アルトキハ意見ヲ答申スヘシ

府縣會ノ意見ヲ徵シテ處分ヲ爲スヘキ場合ニ於テ府縣會招集ニ應セス若ハ成立セス又ハ意見ヲ呈出セサルトキハ當該官廳ハ其ノ意見ヲ俟タスシテ直ニ處分ヲ爲スコトヲ得

第四十六條　府縣會議員ハ選擧人ノ指示若ハ委囑ヲ受クヘカラス

第四十七條　府縣會ハ議員中ヨリ議長副議長各一名ヲ選擧スヘシ

議長及副議長ノ任期ハ議員ノ任期ニ依ル

第四十八條　議長故障アルトキハ副議長之ニ代ハリ議長副議長共ニ故障アルトキハ臨時ニ議員中ヨリ假議長ヲ選擧スヘシ

前項假議長ノ選擧ニ付テハ年長ノ議員議長ノ職務ヲ代理ス年齡同シキトキハ抽籤ヲ以テ之ヲ定ム

第四十九條　府縣知事及其ノ委任若ハ囑託ヲ受ケタル官吏員ハ會議ニ列席シテ議事ニ參與スルコトヲ得但シ議決ニ加ハルコトヲ得ス

前項ノ列席者ニ於テ發言ヲ求ムルトキハ議長ハ直ニ之ヲ許スヘシ但シ之カ爲議員ノ演說ヲ中止セシムルコトヲ得ス

第五十條　府縣會ハ通常會及臨時會トス

通常會ハ每年一回之ヲ開ク其ノ會期ハ三十日以內トス臨時會ハ必要アル場合ニ於テ其ノ事件ニ限リ之ヲ開ク其ノ會期ハ七日以內トス

府縣知事必要アリト認ムルトキハ前項ノ規定ニ拘ラス三日以內府縣會ノ會期ヲ延長スルコトヲ得

前項ノ規定ニ依リ府縣會ノ會期ヲ延長シタルトキハ府縣知事ハ直ニ之ヲ告示スヘシ

臨時會ニ付スヘキ事件ハ府縣知事豫メ之ヲ告示スヘシ

臨時會開會中急施ヲ要スル事件アルトキハ第二項及前項ノ規定ニ拘ラス直ニ之ヲ其ノ會議ニ付スルコトヲ得

第五十一條 府縣會ハ府縣知事之ヲ招集ス議員定員ノ三分ノ一以上ヨリ會議ニ付スヘキ事件ヲ示シテ臨時會招集ノ請求アルトキハ府縣知事ハ之ヲ招集スヘシ

招集ハ開會ノ日前十四日目マテニ告示スヘシ但シ急施ヲ要スル場合ハ此ノ限ニ在ラス

府縣會ハ府縣知事之ヲ開閉ス

第五十二條 府縣會ハ議會定員ノ半數以上出席スルニ非サレハ會議ヲ開クコトヲ得ス

第五十三條 府縣會ノ議事ハ過半數ヲ以テ決ス可否同數ナルトキハ議長ノ決スル所ニ依ル

議長ハ其ノ職務ヲ行フ場合ニ於テモ之カ爲議員トシテ議決ニ加ハルノ權ヲ失ハス

第五十四條 議長及議員ハ自己又ハ父母祖父母妻子孫兄弟姉妹ノ一身上ニ關スル事件ニ付テハ其ノ議事ニ參與スルコトヲ得ス但シ府縣會ノ同意ヲ得タルトキハ會議ニ出席シ發言スルコトヲ得

第五十五條 法令ニ依リ府縣會ニ於テ行フ選擧ニ付テハ第十八條、第二十七條及第二十九條ノ規定ヲ準用ス其ノ投票ノ效力ニ關シ異議アルトキハ府縣會之ヲ決定ス

府縣會ハ議員中異議ナキトキハ前項ノ選擧ニ付指名推選ノ法ヲ用フルコトヲ得

指名推選ノ法ヲ用フル場合ニ於テハ被指名者ヲ以テ當選者ト定ムヘキヤ否ヲ會議ニ付シ議員全員ノ同意ヲ得タル者ヲ以テ當選者トス

一ノ選擧ヲ以テ二人以上ヲ選擧スル場合ニ於テハ被指名者ヲ區分シテ前項ノ規定ヲ適用スルコトヲ得ス

第五十六條 府縣會ノ會議ハ公開ス但シ左ノ場合ハ此ノ限ニ在ラス

一　府縣知事ヨリ傍聽禁止ノ要求ヲ受ケタルトキ

二　議長若ハ議員三名以上ノ發議ニ依リ傍聽禁止ヲ可決シタルトキ

前項議長若ハ議員ノ發議ハ討論ヲ須ヒス其ノ可否ヲ決スヘシ

第五十七條 議長ハ會議ノ事ヲ總理シ會議ノ順序ヲ定メ其ノ日ノ會議ヲ開閉シ議場ノ秩序ヲ保持ス

議員定員ノ半數以上ヨリ請求アルトキハ議長ハ其ノ日ノ會議

ヲ開クコトヲ要ス此ノ場合ニ於テ議長仍會議ヲ開カサルトキハ第四十八條ノ例ニ依ル

前項議員ノ請求ニ依リ會議ヲ開キタルトキ又ハ議員中異議アルトキハ議長ハ會議ノ議決ニ依ルニ非サレハ其ノ日ノ會議ヲ閉チ又ハ中止スルコトヲ得ス

第五十七條ノ二　府縣會議員ハ府縣會ノ議決スヘキ事件ニ付府縣會ニ議案ヲ發スルコトヲ得但シ歳入出豫算ニ付テハ此ノ限ニ在ラス

前項ノ規定ニ依ル發案ハ議員三人以上ヨリ文書ヲ以テ之ヲ爲スコトヲ要ス

第五十八條　府縣會議員ハ會議中無禮ノ語ヲ用ヰ又ハ他人ノ身上ニ渉リ言論スルコトヲ得ス

第五十九條　會議中此ノ法律若ハ會議規則ニ違ヒ其ノ他議場ノ秩序ヲ紊ル議員アルトキハ議長ハ之ヲ制止シ若ハ發言ヲ取消サシメ命ニ從ハサルトキハ議長ハ當日ノ會議ヲ終ルマテ發言ヲ禁止シ又ハ議場ノ外ニ退去セシメ必要ナル場合ニ於テハ警察官吏ノ處分ヲ求ムルコトヲ得

議場騷擾ニシテ整理シ難キトキハ議長ハ當日ノ會議ヲ中止シ又ハ之ヲ閉ツルコトヲ得

第六十條　傍聽人公然可否ヲ表シ又ハ喧騷ニ渉リ其ノ他會議ノ妨害ヲ爲ストキハ議長ハ之ヲ制止シ命ニ從ハサルトキハ之ヲ退場セシメ必要ナル場合ニ於テハ警察官吏ノ處分ヲ求ムルコトヲ得

傍聽席騷擾ナルトキハ議長ハ總テノ傍聽人ヲ退場セシメ必要ナル場合ニ於テハ警察官吏ノ處分ヲ求ムルコトヲ得

第六十一條　議場ノ秩序ヲ紊リ又ハ會場ノ妨害ヲ爲ス者アルトキハ議員若ハ第四十九條ノ列席者ハ議長ノ注意ヲ喚起スルコトヲ得

第六十二條　府縣會ニ書記ヲ置キ議長ニ隷屬シテ庶務ヲ處理セシム

書記ハ議長之ヲ任免ス

第六十三條　議長ハ書記ヲシテ會議錄ヲ調製シ會議ノ顛末並出席議員ノ氏名ヲ記載セシムヘシ

會議錄ハ議長及議員二名以上之ニ署名スルヲ要ス其ノ議員ハ府縣會ニ於テ之ヲ定ムヘシ

議長ハ會議錄ヲ添ヘ會議ノ結果ヲ府縣知事ニ報告スヘシ

第六十四條　府縣會ハ會議規則及傍聽人取締規則ヲ設クヘシ

會議規則ニハ此ノ法律會議規則ニ違反シタル議員ニ對シ府縣會ノ議決ニ依リ五日以內出席ヲ停止スル規定ヲ設クルコトヲ得

第三章　府縣參事會

第一款　組織及選擧

第六十五條　府縣ニ府縣參事會ヲ置キ議長及名譽職參事會員十人ヲ以テ之ヲ組織ス

第六十六條　名譽職參事會員ハ府縣會ニ於テ議員中ヨリ之ヲ選擧スヘシ

府縣會ハ名譽職參事會員ト同數ノ補充員ヲ選擧スヘシ

名譽職參事會員中闕員アルトキハ府縣知事ハ補充員ノ中ニ就キ之ヲ補闕ス其ノ順序ハ選擧ノ時ヲ異ニスルトキハ選擧ノ前後ニ依リ選擧同時ナルトキハ得票數ニ依リ得票同數ナルトキハ年長者ヲ取リ年齡同シキトキハ抽籤ニ依ル仍闕員アル場合ニ於テハ臨時補闕選擧ヲ行フヘシ

名譽職參事會員及其ノ補充員ハ隔年之ヲ選擧スヘシ

名譽職參事會員ハ後任者ノ就任スルニ至ルマテ在任ス府縣會議員ノ任期滿了シタルトキ亦同シ

名譽職參事會員ハ其ノ選擧ニ關スル第八十二條第一項又ハ第二項ノ處分確定シ又ハ判決アルマテハ會議ニ參與スルノ權ヲ失ハス

第六十七條　府縣參事會ハ府縣知事ヲ以テ議長トス府縣知事故障アルトキハ其ノ代理者議長ノ職務ヲ代理ス

第二款　職務權限及處務規程

第六十八條　府縣參事會ノ職務權限左ノ如シ

一　府縣會ノ權限ニ屬スル事件ニシテ其ノ委任ヲ受ケタルモノヲ議決スル事

二　府縣會成立セサルトキ、招集ニ應セサルトキ、第五十四條ノ除斥ノ爲會議ヲ開クコト能ハサルトキ又ハ府縣知事ニ於テ府縣會ヲ招集スルノ暇ナシト認ムルトキ府縣會ノ權限ニ屬スル事件ヲ府縣會ニ代ハリテ議決スルコト

三　（削除）

四　府縣會ノ議決シタル範圍內ニ於テ財產及營造物ノ管理ニ關シ重要ナル事項ヲ議決スル事

五　府縣費ヲ以テ支辨スヘキ工事ノ執行ニ關スル規定ヲ議決スル事但シ法律命令中別段ノ規定アルモノハ此ノ限ニ在ラス

六　府縣ニ係ル訴願訴訟及和解ニ關スル事項ヲ議決スル事

七　其ノ他法律命令ニ依リ府縣參事會ノ權限ニ屬スル事項

第六十九條　府縣參事會ハ名譽職參事會員中ヨリ委員ヲ選擧シ之ヲシテ府縣ニ係ル出納ヲ檢査セシムルコトヲ得

前項ノ檢査ニハ府縣知事又ハ其ノ指命シタル官吏若ハ官吏員之ニ立會フコトヲ要ス

第七十條　第四十四條四十五條第四十九條第五十一條第三項第五十五條第五十七條第一項第五十七條ノ二及第六十二條ノ規定ハ府縣參事會ニ之ヲ準用ス

第七十一條　府縣參事會ハ府縣知事之ヲ招集ス

名譽職參事會員定員ノ半數以上ヨリ會議ニ付スヘキ事件ヲ示シテ府縣參事會招集ノ請求アルトキハ府縣知事ハ府縣參事會ヲ招集スヘシ

府縣參事會ノ會期ハ府縣知事之ヲ定ム

第七十二條　府縣參事會ノ會議ハ傍聽ヲ許サス

第七十三條　府縣參事會ハ議長又ハ其ノ代理者及名譽職參事會員定員ノ半數以上出席スルニ非サレハ會議ヲ開クコトヲ得ス

府縣參事會ノ議事ハ名譽職參事會員ノ過半數ヲ以テ決ス可否同數ナルトキハ議長ノ決スル所ニ依ル

會議ノ顚末ハ之ヲ會議錄ニ記載シ議長及參事會員二名以上之ニ署名スヘシ

第七十四條　第五十四條ノ規定ハ議長、其ノ代理者及名譽職參事會員ニ之ヲ準用ス但シ同條ノ規定ニ依リ會員ノ數減少シテ前條第一項ノ數ヲ得サルトキハ府縣知事ハ補充員ニシテ其ノ事件ニ關係ナキ者ヲ以テ第六十六條第三項ノ順序ニ依リ臨時之ニ充テ仍其ノ數ヲ得サルトキハ府縣會議員ニシテ其ノ事件ニ關係ナキ者ヲ臨時ニ指名シ其ノ闕員ヲ補充スヘシ

議長及其ノ代理人共ニ除席セラレタルトキハ年長ノ會員ヲ以テ假議長ト爲スヘシ

第四章　府縣行政

第一款　府縣吏員ノ組織及任免

第七十五條　府縣ニ有給ノ府縣吏員ヲ置クコトヲ得

前項ノ府縣吏員ハ府縣知事之ヲ任免ス

第七十六條　府縣ニ府縣出納吏ヲ置キ官吏吏員ノ中ニ就キ府縣知事之ヲ命ス

第七十七條　府縣ハ府縣條例ヲ以テ臨時若ハ常設ノ委員ヲ置クコトヲ得

委員ハ名譽職トス

委員ノ組織選任任期等ニ關スル事項ハ第一項ノ府縣條例中ニ之ヲ規定スヘシ

第二款　府縣官吏府縣吏員ノ職務權限及處務規定

第七十八條　府縣知事ハ府縣ヲ統轄シ府縣ヲ代表ス

府縣知事ノ擔任スル事務ノ概目左ノ如シ

一　府縣費ヲ以テ支辨スヘキ事件ヲ執行スル事

二　府縣會及府縣參事會ノ議決ヲ經ヘキ事件ニ付其ノ議案ヲ發スル事

三　財產及營造物ヲ管理スル事但シ特ニ之カ管理者アルトキハ其ノ事務ヲ監督スル事

四　收入支出ヲ命令シ及會計ヲ監督スル事

五　證書及公文書類ヲ保管スル事

六　法律命令又ハ府縣會若ハ府縣參事會ノ議決ニ依リ使用料

手數料府縣稅及夫役現品ヲ賦課スル事
七　其ノ他法律命令ニ依リ府縣知事ノ職權ニ屬スル事項

第七十九條　（削除）

第八十條　府縣知事ハ府縣ノ行政ニ關シ其ノ職權ニ屬スル事務ノ一部ヲ市町村吏員ニ補助執行セシメ若ハ委任スルコトヲ得

府縣知事ハ府縣ノ行政ニ關シ其ノ職權ニ屬スル事務ノ一部ヲ府縣ノ官吏吏員ニ委任シ又ハ府縣吏員ニ臨時代理セシムルコトヲ得

第八十一條　府縣知事ハ府縣吏員ヲ監督シ懲戒處分ヲ行フコトヲ得其ノ懲戒處分ハ譴責二十五圓以下ノ過怠金及解職トス

府縣知事ハ府縣吏員ノ懲戒處分ヲ行ハントスル前其ノ吏員ノ停職ヲ命シ竝給料ヲ支給セサルコトヲ得

懲戒ニ依リ解職セラレタル者ハ二年間北海道、府縣、市町村其ノ他之ニ準スヘキモノノ公職ニ就クコトヲ得ス

第八十二條　府縣會又ハ府縣參事會ノ議決又ハ選擧其ノ權限ヲ超エ又ハ法令若ハ會議規則ニ背クト認ムルトキハ府縣知事ハ其ノ意見ニ依リ又ハ內務大臣ノ指揮ニ依リ理由ヲ示シテ之ヲ再議ニ付シ又ハ再選擧ヲ行ハシムヘシ但シ特別ノ事由アリト認ムルトキハ府縣知事ハ之ヲ再議ニ付セス又ハ再選擧ヲ行ハシメスシテ直ニ取消スコトヲ得

前項ノ規定ニ依リ爲シタル府縣會又ハ府縣參事會ノ議決又ハ選擧仍其ノ權限ヲ超エ又ハ法令若ハ會議規則ニ背クト認ムルトキハ府縣知事之ヲ取消スヘシ

前二項ノ取消處分ニ不服アル府縣會又ハ府縣參事會ハ行政裁判所ニ出訴スルコトヲ得

第一項及第二項ノ取消處分ハ府縣會又ハ府縣參事會開會中ニ非サルトキハ府縣知事ハ直ニ之ヲ告示スヘシ

第八十三條　府縣會又ハ府縣參事會ノ議決明ニ公益ヲ害スト認ムルトキハ府縣知事ハ其ノ意見ニ依リ又ハ內務大臣ノ指揮ニ依リ理由ヲ示シテ之ヲ再議ニ付スヘシ但シ特別ノ事由アリト認ムルトキハ府縣知事ハ之ヲ再議ニ付セスシテ直ニ內務大臣ノ指揮ヲ請フコトヲ得

前項ノ規定ニ依リ爲シタル府縣會又ハ府縣參事會ノ議決仍明ニ公益ヲ害スト認ムルトキハ府縣知事ハ內務大臣ノ指揮ヲ請フヘシ

府縣會又ハ府縣參事會ノ議決收支ニ關シ執行スルコト能ハサルモノアリト認ムルトキハ前二項ノ例ニ依ル左ニ掲クル費用ヲ削除シ又ハ減額シタル場合ニ於テ其ノ費用及之ニ伴フ收入ニ付亦同シ

一　法令ニ依リ負擔スル費用、當該官廳ノ職權ニ依リ命スル費用其ノ他ノ府縣ノ義務ニ屬スル費用

二　非常ノ災害ニ因ル應急又ハ復舊ノ施設ノ爲ニ要スル費用、傳染病豫防ノ爲ニ要スル費用其ノ他ノ緊急避クヘカラサル費用

第八十四條　（削除）

第八十五條　府縣會成立セサルトキ、招集ニ應セサルトキ第五十四條ノ除斥ノ爲會議ヲ開クコト能ハサルトキ又ハ府縣知事ニ於テ府縣會ヲ招集スルノ暇ナシト認ムルトキハ府縣知事ハ府縣會ノ權限ニ屬スル事件ヲ府縣參事會ノ議決ニ付スルコトヲ得

府縣參事會成立セサルトキ、招集ニ應セサルトキ又ハ第七十四條第一項但書ノ場合ニ於テ仍會議ヲ開クコト能ハサルトキハ府縣知事ハ内務大臣ノ指揮ヲ請ヒ其ノ議決スヘキ事件ヲ處分スルコトヲ得

府縣會又ハ府縣參事會ニ於テ其ノ議決スヘキ事件ヲ議決セサルトキハ前項ノ例ニ依ル

府縣參事會ノ決定、裁決又ハ裁定スヘキ事件ニ關シテハ前二項ノ例ニ依ル此ノ場合ニ於ケル府縣知事ノ處分ニ關シテハ各本條ノ規定ニ準シ訴願ヲ提起スルコトヲ得

前四項ノ規定ニ依ル處置ニ付テハ府縣知事ハ次回ノ會議ニ於テ之ヲ府縣會又ハ府縣參事會ニ報告スヘシ

第八十六條　府縣參事會ノ權限ニ屬スル事件ニシテ臨時急施ヲ要シ府縣知事ニ於テ之ヲ招集スルノ暇ナシト認ムルトキハ府縣知事ハ專決處分シ次ノ會期ニ於テ其ノ處分ヲ府縣參事會ニ報告スヘシ

前項ノ規定ニ依リ府縣知事ノ爲シタル處分ニ關シテハ各本條ノ規定ニ準シ訴願又ハ訴訟ヲ提起スルコトヲ得

第八十七條　府縣會及府縣參事會ノ權限ニ屬スル事項ハ其ノ議決ニ依リ府縣知事ニ於テ專決處分スルコトヲ得

第八十八條　官吏ノ府縣行政ニ關スル職務關係ハ此ノ法律中規定アルモノヲ除ク外國ノ行政ニ關スル其ノ職務關係ノ例ニ依ル

第八十九條　府縣出納吏ハ出納事務ヲ掌ル

第九十條　府縣吏員ハ府縣知事ノ命ヲ承ケ事務ニ從事ス

第九十一條　委員ハ府縣知事ノ指揮監督ヲ承ケ財産若ハ營造物ヲ管理シ其ノ他府縣行政事務ノ一部ヲ調査シ又ハ一時ノ委託ニ依リ事務ヲ處辨ス

第九十二條　府縣ノ事務ニ關スル處務規程ハ府縣知事之ヲ定ム

第三款　給料及給與

第九十三條　有給府縣吏員ノ給料額竝旅費額及其ノ支給方法ハ府縣條例ヲ以テ之ヲ規定スヘシ

第九十四條　府縣會議員名譽職參事會員其ノ他名譽職員ノ爲要スル費用ノ辨償ヲ受クルコトヲ得

費用辨償額及其ノ支給方法ハ府縣條例ヲ以テ之ヲ規定スヘシ

第九十五條　有給府縣吏員ノ退隱料退職給與金死亡給與金遺族扶助料及其ノ支給方法ハ前條第二項ノ例ニ依リテ之ヲ定ム

第九十六條　退隱料退職給與金死亡給與金遺族扶助料及費用辨償ノ給與ニ關シ異議アルトキハ之ヲ府縣知事ニ申立ツルコトヲ得

前項ノ異議ノ申立アリタルトキハ府縣知事ハ七日以内ニ之ヲ府縣參事會ノ決定ニ付スヘシ其ノ決定ニ不服アルモノハ行政裁判所ニ出訴スルコトヲ得

前項ノ決定ニ關シテハ府縣知事ヨリモ亦訴訟ヲ提起スルコトヲ得

第九十七條　給料旅費退隱料退職給與金死亡給與金遺族扶助料費用辨償其ノ他諸給與ハ府縣ノ負擔トス

第五章　府縣ノ財務

第一款　財産營造物及府縣稅

第九十八條　府縣ハ積立金穀等ヲ設クルコトヲ得

第九十九條　府縣ハ營造物若ハ公共ノ用ニ供シタル財産ノ使用ニ付使用料ヲ徴收シ又ハ特ニ一個人ノ爲ニスル事務ニ付手數料ヲ徴收スルコトヲ得

第百條　使用料及手數料ニ關スル事務ニ付テハ府縣條例ヲ以テ之ヲ規定スヘシ

第百一條　府縣ハ其ノ公益上必要アル場合ニ於テハ寄附若ハ補助ヲ爲スコトヲ得

第百二條　府縣ハ其ノ必要ナル費用及法律勅令又ハ從來ノ慣例ニ依リ府縣ノ負擔ニ屬スル費用ヲ支辨スル義務ヲ負フ

第百三條　府縣稅及其ノ賦課徴收方法ニ關シテハ法律ニ規定アルモノヲ除ク外勅令ノ定ムル府縣ハ勅令ノ定ムル所ニ依リ其ノ費用ヲ市町村ニ分賦スルコトヲ得

第百四條　府縣内ニ住所ヲ有スル者ハ府縣稅ヲ納ムル義務ヲ負フ

第百五條　三箇月以上府縣内ニ滯在スル者ハ其ノ滯在ノ初ニ遡リ府縣稅ヲ納ムル義務ヲ負フ

第百六條　府縣内ニ住所ヲ有セス又ハ三箇月以上滯在スルコトナシト雖府縣内ニ於テ土地家屋物件ヲ所有シ使用シ若ハ占有シ又ハ營業所ヲ定メテ營業ヲ爲シ又ハ府縣内ニ於テ特定ノ行爲ヲ爲ス者ハ其ノ土地家屋物件營業若ハ其ノ收入ニ對シ又ハ行爲ニ對シテ賦課スル府縣稅ヲ納ムル義務ヲ負フ

第百六條ノ二　合併後存續スル法人又ハ合併ニ因リ設立シタル法人ハ合併ニ因リ消滅シタル法人ニ對シ其ノ合併前ノ事實ニ付賦課セラルヘキ府縣稅ヲ納ムル義務ヲ負フ

相續人又ハ相續財團ハ勅令ノ定ムル所ニ依リ被相續人ニ對シ其ノ相續開始前ノ事實ニ付賦課セラルヘキ府縣稅ヲ納ムル義

務ヲ負フ

第百七條　納稅者ノ府縣外ニ於テ所有シ使用シ占有スル土地家屋物件若ハ其ノ收入又ハ府縣外ニ於テ營業所ヲ定メタル營業者ハ其ノ收入ニ對シテハ府務稅ヲ賦課スルコトヲ得ス

住所滯在同時ニ府縣ノ内外ニ涉ル者ノ前項以外ノ收入ニ對シ府縣稅ヲ賦課スルトキハ其ノ收入ヲ各府縣ニ平分シ其ノ一部ニノミ賦課スヘシ

第百八條　府縣ノ内外ニ涉リ營業所ヲ定メテ爲ス營業又ハ其ノ收入ニ對シテ本稅ヲ分別シテ納メサル者ニ對シ關係府縣ニ於テ營業稅附加稅所得稅附加稅又ハ鑛產稅附加稅ヲ賦課スルトキハ關係府縣知事協議ノ上其ノ步合ヲ定ム若協議調ハサルトキハ內務大臣及大藏大臣之ヲ定ム

鑛區又ハ砂鑛區カ府縣ノ内外ニ涉ル場合ニ於テ鑛區稅又ハ砂鑛區稅ノ附加稅ヲ賦課スルトキハ鑛區又ハ砂鑛區ノ屬スル地表ノ面積ニ依リ本稅額ヲ分割シ其ノ一部ニノミ賦課スヘシ

第百九條　府縣稅賦課ノ細目ニ係ル事項ハ府縣會ノ議決ニ依リ關係市町村會ノ決議ニ付スルコトヲ得

市町村會ニ於テ府縣會ノ議決ニ依リ定マリタル期間內ニ其ノ議決ヲ爲ササルトキ若ハ不適當ノ議決ヲ爲シタルトキハ府縣參事會之ヲ議決スヘシ

第百十條　府縣稅ヲ賦課スルコトヲ得サルモノニ關シテハ法律勅令ヲ以テ別段ノ規定ヲ設クルモノヲ除ク外市町村稅ノ例ニ依ル

府縣ハ公益上其ノ他ノ事由ニ因リ課稅ヲ不適當トスル場合ニ於テハ命令ノ定ムル所ニ依リ府縣稅ヲ課セサルコトヲ得（大正十五年法律第七十三號ヲ以テ改正）

第百十一條　府縣ノ一部ニ對シ特ニ利益アル事件ニ關シテハ府縣ハ不均一ノ賦課ヲ爲シ又ハ府縣ノ一部ニ對シ賦課ヲ爲スコトヲ得

第百十二條　府縣ハ其ノ必要ニ依リ夫役及現品ヲ府縣內一部ノ市町村其ノ他公共團體若ハ一部ノ納稅義務者ニ賦課スルコトヲ得但シ學藝美術及手工ニ關スル勞役ヲ課スルコトヲ得ス

夫役及現品ハ急迫ノ場合ヲ除ク外金額ニ算出シテ賦課スヘシ

夫役ヲ課セラレタル者ハ其ノ便宜ニ從ヒ本人自ラ之ニ當リ又ハ適當ノ代人ヲ出スコトヲ得又夫役現品ハ急迫ノ場合ヲ除ク外金錢ヲ以テ之ニ代フルコトヲ得

第百十三條　府縣稅ノ減免若ハ納稅ノ延期ハ特別ノ事情アル者ニ限リ府縣知事ハ府縣參事會ノ議決ヲ經テ之ヲ許スコトヲ得

第百十四條　詐欺其ノ他ノ不正ノ行爲ニ依リ使用料ノ徵收ヲ免レ又ハ府縣稅ヲ逋脫シタル者ニ付テハ府縣條例ヲ以テ其ノ徵收ヲ免レ又ハ逋脫シタル金額ノ三倍ニ相當スル金額（其ノ金

額五圓未滿ナルトキハ五圓）以下ノ過料ヲ科スル規定ヲ設クルコトヲ得

前項ニ定ムルモノヲ除ク外使用料、手數料及府縣稅ノ賦課徵收ニ關シテハ府縣知事ハ府縣會ノ議決ヲ經テ五圓以下ノ過料ヲ科スル規定ヲ設クルコトヲ得財產又ハ營造物ノ使用ニ關シ亦同シ

過料ヲ科シ及之ヲ徵收スルハ府縣知事之ヲ掌ル其ノ處分ニ不服アル者ハ行政裁判所ニ出訴スルコトヲ得

第百十五條　府縣稅ノ賦課ヲ受ケタル者其ノ賦課ニ付違法又ハ錯誤アリト認ムルトキハ徵稅令書又ハ徵稅傳令書ノ交付後三箇月以內ニ府縣知事ニ異議ノ申立ヲ爲スコトヲ得

其ノ分賦ニ關シ違法若ハ錯誤アリト認ムルトキハ其ノ告知ヲ受ケタル時ヨリ三箇月以內ニ府縣知事ニ異議ノ申立ヲ爲スコトヲ得

前二項ノ異議ノ申立アリタルトキハ府縣知事ハ七日以內ニ之ヲ府縣參事會ノ決定ニ付スヘシ其ノ決定ニ不服アル者ハ行政裁判所ニ出訴スルコトヲ得（大正十五年法律第七十三號ヲ以テ本項改正）

使用料及手數料ノ徵收並夫役及現品ノ賦課ニ關シテモ亦第一項及第三項ノ例ニ依ル（大正十一年法律第五十五號ヲ以テ本項改正）

本條ノ決定ニ關シテハ府縣知事、其ノ委任ヲ受ケタル官吏吏員又ハ市町村吏員ヨリモ亦訴訟ヲ提起スルコトヲ得（大正十五年法律第七十三號ヲ以テ本項改正）

第百十六條　府縣稅ノ賦課ニ關シ必要アル場合ニ於テハ當該行政廳ハ日出ヨリ日沒マテノ間營業者ニ關シテハ仍其ノ營業時間家宅若ハ營業所ニ臨檢シ又ハ帳簿物件ノ檢査ヲ爲スコトヲ得（大正十一年法律第五十五號ヲ以テ全條改正）

府縣稅、使用料、手數料、夫役又ハ現品ニ代フル金錢、過料其ノ他ノ府縣ノ收入ヲ定期內ニ納メサル者アルトキハ期限ヲ指定シテ之ヲ督促スヘシ

急迫ノ場合ニ於テ夫役又ハ現品ノ賦課ヲ受ケタル者其ノ履行ヲ爲ササルトキハ更ニ之ヲ金額ニ換算シ期限ヲ指定シテ其ノ納付ヲ命スヘシ

第二項ノ規定ニ依ル督促又ハ前項ノ規定ニ依リ命令ヲ受ケタル者其ノ指定ノ期間マテニ完納セサルトキハ國稅滯納處分ノ例ニ依リ處分スヘシ

第二項及第三項ニ規定スル府縣ノ徵收金ノ先取特權ノ順位ハ國ノ徵收金ニ次クモノトス

府縣ノ收入金及支拂金ニ關スル時效ニ付テハ國ノ收入金及支拂金ノ例ニ依ル

府縣知事ノ委任ヲ受ケタル官吏吏員カ第四項ノ規定ニ依リ爲

シタル處分ニ不服アル者ハ府縣參事會ニ訴願シ其ノ裁決又ハ府縣知事ノ處分ニ不服アル者ハ行政裁判所ニ出訴スルコトヲ得

前項ノ裁決ニ關シテハ府縣知事又ハ其ノ委任ヲ受ケタル官吏吏員ヨリモ亦訴訟ヲ提起スルコトヲ得

第四項ノ規定ニ依ル處分ニ係ル差押物件ノ公賣ハ處分ノ確定ニ至ルマテ執行ヲ停止ス

第百十七條　府縣ハ其ノ負債ヲ償還スル爲又ハ府縣ノ永久ノ利益ト爲ルヘキ支出ヲ要スル爲又ハ天災地變等ノ爲必要アル場合ニ限リ府縣會ノ議決ヲ經テ府縣債ヲ起スコトヲ得

府縣債ヲ起スニ付府縣會ノ議決ヲ經ルトキハ併セテ起債ノ方法利息ノ定率及償還ノ方法ニ付議決ヲ經ヘシ

府縣ハ豫算內ノ支出ヲ爲ス爲本條ノ例ニ依ラス府縣參事會ノ議決ヲ經テ一時ノ借入金ヲ爲スコトヲ得

第二款　歳入出豫算及決算

第百十八條　府縣知事ハ毎會計年度歳入出豫算ヲ調製シ年度開始前府縣會ノ議決ヲ經ヘシ

府縣ノ會計年度ハ政府ノ會計年度ニ同シ

豫算ヲ府縣會ニ提出スルトキハ府縣知事ハ併セテ財産表ヲ提出スヘシ

第百十九條　府縣知事ハ府縣會ノ議決ヲ經テ既定豫算ノ追加若ハ更正ヲ爲スコトヲ得

第百二十條　府縣費ヲ以テ支辨スル事件ニシテ數年ヲ期シテ施行スヘキモノ又ハ數年ヲ期シテ其ノ費用ヲ支出スヘキモノハ府縣會ノ議決ヲ經テ其ノ年期間各年度ノ支出額ヲ定メ繼續費ト爲スコトヲ得

第百二十一條　豫算外ノ支出若ハ豫算超過ノ支出ニ充ツル爲豫備費ヲ設クヘシ但シ府縣會ノ否決シタル費途ニ充ツルコトヲ得ス

特別會計ニハ豫備費ヲ設ケサルコトヲ得

第百二十二條　豫算ハ議決ヲ經タル後直ニ之ヲ內務大臣ニ報告シ並其ノ要領ヲ告示スヘシ

第百二十三條　府縣ハ府縣會ノ議決ヲ經テ特別會計ヲ設クルコトヲ得

第百二十四條　決算ハ翌翌年ノ通常會ニ於テ之ヲ府縣會ニ報告スヘシ

決算ハ之ヲ內務大臣ニ報告シ並其ノ要領ヲ告示スヘシ

第百二十五條　豫算調製ノ式並費目流用其ノ他財務ニ關スル必要ナル規定ハ內務大臣之ヲ定ム

第百二十六條　府縣出納吏及府縣吏員ノ身元保證及賠償責任ニ關スル規定ハ勅令ヲ以テ之ヲ定ム

第五章ノ二　府縣組合

第百二十六條ノ二　府縣ハ其ノ事務ノ一部ヲ共同處理スル爲其ノ協議ニ依リ規約ヲ定メ内務大臣ノ許可ヲ得テ府縣組合ヲ設クルコトヲ得

府縣組合ハ法人トス

第百二十六條ノ三　府縣組合ノ規約ニハ其ノ名稱組合ヲ組織スル府縣組合ノ共同事務組合會ノ組織事務ノ管理費用ノ支辨方法其ノ他必要ナル事項ヲ定ムヘシ

府縣組合ノ事務ハ内務大臣ノ指定シタル府縣知事之ヲ管理ス

第百二十六條ノ四　府縣組合ノ組合府縣數ヲ增減シ共同事務ノ變更ヲ爲シ其ノ他規約ヲ變更セムトスルトキ又ハ府縣組合ヲ解カムトスルトキハ關係府縣ノ協議ニ依リ内務大臣ノ許可ヲ受クヘシ此ノ場合ニ於テ財産處分ヲ要スルトキハ關係府縣ノ協議ニ依リ之ヲ定ム

第百二十六條ノ五　前三條ノ場合ニ於テハ府縣會ノ議決ヲ經ルコトヲ要ス

第百二十六條ノ六　公益上必要アル場合ニ於テハ内務大臣ハ關係アル府縣會ノ意見ヲ徵シ府縣組合ヲ設ケ若ハ之ヲ除キ組合規約ヲ定メ若ハ之ヲ變更シ又ハ財産處分ノ方法ヲ定ムルコトヲ得

第百二十六條ノ七　府縣組合ニ關シテハ法律勅令中別段ノ規定ヲ除ク外府縣ニ關スル規定ヲ準用ス但シ府縣ニ組合ハ參事會ヲ置カス其ノ權限ニ屬スヘキ事項ハ組合事務ヲ管理スル府縣知事之ヲ行フ

第六章　府縣行政ノ監督

第百二十七條　府縣ノ行政ハ内務大臣之ヲ監督ス

第百二十八條　異議ノ申立又ハ訴願ノ提起ハ處分ヲ受ケ又ハ決定書若ハ裁決書ノ交付ヲ受ケタル日ヨリ二十一日以内ニ之ヲ爲スヘシ但シ本法中別ニ期間ヲ定メタルモノハ此ノ限ニ在ラス

行政訴訟ノ提起ハ處分ヲ受ケ又ハ決定書若ハ裁決書ノ交付ヲ受ケタル日ヨリ三十日以内ニ之ヲ爲スヘシ但シ第八十二條第二項ノ規定ニ依リ告示ヲ爲シタル場合ニ於テハ告示ノ日ヲ以テ處分ヲ受ケタル日ト看做ス

決定書又ハ裁決書ノ交付ヲ受ケサル者ニ關シテハ前二項ノ期間ハ告示ノ日ヨリ起算ス

異議ノ申立ニ關スル期間ノ計算ニ付テハ訴願法ノ規定ニ依ル

異議ノ申立ハ期限經過後ニ於テモ宥恕スヘキ事由アリト認ムルトキハ仍之ヲ受理スルコトヲ得

異議ノ決定ハ文書ヲ以テ之ヲ爲シ其ノ理由ヲ附シ之ヲ申立人ニ交付スヘシ

異議ノ申立アルモ處分ノ執行ハ之ヲ停止セス但シ行政廳ハ其

ノ職權ニ依リ又ハ關係者ノ請求ニ依リ必要ト認ムルトキハ之ヲ停止スルコトヲ得

第百二十八條ノ二　異議ノ決定ハ本法中別ニ期間ヲ定メタルモノヲ除ク外其ノ決定ニ付セラレタル日ヨリ三箇月以內ニ之ヲ爲スヘシ

府縣參事會訴願ヲ受理シタルトキハ其ノ日ヨリ三箇月以內ニ之ヲ裁決スヘシ

第百二十九條　內務大臣ハ府縣行政ノ法律命令ニ背戾セサルヤ又ハ公益ヲ害セサルヤ否ヲ監視スヘシ內務大臣ハ之カ爲行政事務ニ關シテ報告ヲ爲サシメ書類帳簿ヲ徵シ竝實地ニ就キ事務ヲ視察シ出納ヲ檢閱スルノ權ヲ有ス

內務大臣ハ府縣行政ノ監督上必要ナル命令ヲ發シ處分ヲ爲スノ權ヲ有ス

第百三十條　（削除）

第百三十一條　內務大臣ハ府縣會ノ解散ヲ命スルコトヲ得

府縣會解散ノ場合ニ於テハ三箇月以內ニ議員ヲ選擧スヘシ

解散後始メテ府縣會ヲ招集スルトキハ府縣知事ハ第五十條第二項ノ規定ニ拘ラス會期ヲ定ムルコトヲ得

第五十條第三項及第四項ノ規定ハ前項ノ府縣會ニ之ヲ準用ス

第百三十二條　府縣吏員ノ服務規律ハ內務大臣之ヲ定ム

第百三十三條　左ニ揭クル事件ニシテ勅令ヲ以テ定ムルモノハ內務大臣ノ許可ヲ受クヘシ

一　使用料ヲ新設シ又ハ變更スルコト

二　繼續費ヲ定メ又ハ變更スルコト

第百三十四條　府縣債ヲ起シ又ハ起債ノ方法利息ノ定率若ハ償還ノ方法ヲ定メ若ハ變更セムトスルトキハ內務大臣及大藏大臣ノ許可ヲ受クヘシ但シ第百十七條第三項ノ借入金ハ此ノ限ニ在ラス

第百三十五條　府縣ノ行政ニ關シ主務大臣ノ許可ヲ要スヘキ事項ニ付テハ主務大臣ハ許可申請ノ趣旨ニ反セスト認ムル範圍內ニ於テ更正シテ許可ヲ與フルコトヲ得

第百三十六條　府縣ノ行政ニ關シ主務大臣ノ許可ヲ要スヘキ事項中其ノ輕易ナルモノハ勅令ノ規定ニ依リ許可ヲ經スシテ處分スルコトヲ得

第七章　附則

第百三十七條　此ノ法律ハ明治二十三年法律第三十五號府縣制ヲ施行シタル府縣ニハ明治三十二年七月一日ヨリ之ヲ施行シ其ノ他ノ府縣ニ關スル施行ノ時期ハ府縣知事ノ具申ニ依リ內

務大臣之ヲ定ム

第百三十八條　島嶼ニ關スル府縣ノ行政ニ付テハ勅令ヲ以テ特例ヲ設クルコトヲ得

町村制ヲ施行セサル島嶼ヨリ選出スヘキ府縣會議員ノ選擧ニ關スル事項ハ勅令ノ定ムル所ニ依ル

沖繩縣ニ於テハ第十三條中二十日トアルハ三十日、七日トアルハ十日、第十五條中五日トアルハ十日、第三十一條中十日トアルハ二十日、二十日トアルハ三十日第三十四條及第五十一條中十四日トアルハ二十五日トス（大正十一年法律第五十五號ヲ以テ本項改正）

第百三十九條　町村制ヲ施行セサル地方ニ於テハ本法中町村ニ關スル規定ハ町村ニ準スヘキモノニ、町村長ニ關スル規定ハ町村長ニ準スヘキモノニ、町村吏員ニ關スル規定ハ町村吏員ニ準スヘキモノニ、町村役場ニ關スル規定ハ町村役場ニ準スヘキモノニ之ヲ準用ス（大正十五年法律第七十三號ヲ以テ本項改正）

第百三十九條ノ二　第四十九條及第七十六條ノ規定ニ依ル府縣知事ノ職權ハ東京府ニ在リテハ警視總監亦之ヲ行フ（大正三年法律第三十五號ヲ以テ追加）

第百四十條　從前郡市經濟ヲ異ニシタル府縣ノ財產處分ニ關スル規定ハ内務大臣之ヲ定ム

特別ノ事情アル府縣ニ於テハ勅令ノ定ムル所ニ依リ市部郡部ノ經濟ヲ分別シ市部會郡部會市部參事會郡部參事會ヲ置キ其ノ他必要ナル事項ニ關シ別段ノ規定ヲ設クルコトヲ得

第百四十一條　明治二十三年法律第八十八號府縣稅徵收法及地方稅ニ關スル從前ノ規定ハ此ノ法律ニ依リ變更シタルモノヲ除ク外勅令ヲ以テ別段ノ規定ヲ設クルマテ其ノ效力ヲ有ス

第百四十二條　本法中官吏ニ關スル規定ハ待遇官吏ニ之ヲ適用ス（大正十五年法律第七十三號ヲ以テ本條改正）

第百四十三條　第四條第二項但書ノ市ニ於テハ第二章第一款中市ニ關スル規定ハ區ニ、市長ニ關スル規定ハ區長ニ、市役所ニ關スル規定ハ區役所ニ之ヲ適用ス（同上）

第百四十四條　町村組合ニシテ町村ノ事務ノ全部又ハ役場事務ヲ共同處理スルモノハ本法ノ適用ニ付テハ之ヲ一町村、其ノ組合管理者ハ之ヲ町村長、其ノ組合吏員ハ之ヲ町村吏員、其ノ組合役場ハ之ヲ町村役場ト看做ス（同上）

第百四十五條　從前郡長又ハ島司ノ管轄シタル區域内ニ於テ市ノ設置アリタルトキ又ハ其ノ區域ノ境界ニ渉リテ市町村ノ境

界ノ變更アリタルトキハ其ノ區域モ亦自ラ變更シタルモノト看做ス（同上）

從前郡長又ハ島司ノ管轄シタル區域ノ境界ニ渉リテ町村ノ設置アリタル場合ニ於テハ本法ノ適用ニ付其ノ町村ノ屬スヘキ區域ハ内務大臣之ヲ定ム

第百四十六條　明治十三年第十五號布告府縣會規則明治十四年第八號布告區郡部會規則明治二十二年法律第六號府縣會議員選擧規則其ノ他此ノ法律ニ牴觸スル規則ハ此ノ法律施行ノ府縣ニ於テハ其ノ效力ヲ失フ

第百四十七條　此ノ法律ヲ施行スル爲必要ナル事項ハ命令ヲ以テ之ヲ定ム

附　則　（大正三年法律第三十五號附則）

本法施行ノ期日ハ勅令ヲ以テ之ヲ定ム（大正三年勅令第百二十八號ヲ以テ同年七月一日ヨリ之ヲ施行ス）

名譽職參事會員及其ノ補充員ノ任期ニ關シテハ次ノ總選擧マテ仍從前ノ規定ニ依ル

附　則　（大正十一年法律第五十五號附則）

本法中選擧ニ關スル規定ハ次ノ總選擧ヨリ之ヲ施行シ其ノ他ノ規定ノ施行ノ期日ハ勅令ヲ以テ之ヲ定ム（大正十一年勅令第二百五十五號ヲ以テ選擧ニ關スル以外ノ規定ハ同年五月十五日ヨリ施行ス）

大正十年法律第五十八號又ハ法律第五十九號中公民權ニ關スル規定ハ之ヲ施行セサル市町村ニ於テハ府縣制中市町村公民ニ關スル規定ノ適用ニ付之ヲ施行シタルモノト看做ス

本法ニ依リ初テ議員ヲ選擧スルニ必要ナル選擧人名簿ニ關シ第九條乃至第十二條ニ規定スル期日又ハ期間ニ依リ難キトキハ勅令ヲ以テ別ニ期日又ハ期間ヲ定ム但シ其ノ選擧人名簿ハ次ノ選擧人名簿確定ノ日迄其ノ效力ヲ有ス

附　則　（大正十五年法律第七十三號附則）

本法中議員選擧ニ關スル規定ハ次ノ總選擧ヨリ之ヲ施行シ其ノ他ノ規定ノ施行ノ期日ハ勅令ヲ以テ之ヲ定ム（大正十五年勅令第二百三號ヲ以テ議員選擧ニ關スル規定ヲ除ク外同年七月一日ヨリ施行ス）

次ノ總選擧ニ至ルマテノ間從前ノ第九條、第十二條、第十四條、第二十一條、第二十三條乃至第二十五條、第三十條及第三十四條ノ規定ニ依リ難キ事項ニ付テハ勅令ヲ以テ特別ノ規定ヲ設クルコトヲ得（大正十五年勅令第二百四號ヲ以テ特例ヲ定ム）

大正十五年市制中改正法律又ハ町村制中改正法律中公民權ニ關スル規定ハ之ヲ施行セサル市町村ニ於テハ府縣制中市町村公民

條ノ規定ニ依リ難キ事項ニ付テハ勅令ヲ以テ特別ノ規定ヲ設クルコトヲ得

大正十五年市制中改正法律又ハ町村制中改正法律中公民權ニ關スル規定ハ之ヲ施行セサル市町村ニ於テハ府縣制中市町村公民ニ關スル規定ノ適用ニ付之ヲ施行シタルモノト看做ス此ノ場合ニ於テ議員ノ選擧ニ必要ナル選擧人名簿ニ關シテハ命令ヲ以テ特別ノ規定ヲ設クルコトヲ得

大正十五年市制中改正法律又ハ町村制中改正法律中公民權ニ關スル規定ハ之ヲ施行シタル市町村ニ於テハ府縣制中市町村公民ニ關スル規定ノ適用ニ付次ノ總選擧ニ至ルマテノ間未タ之ヲ施行セサルモノト看做ス

本法施行ノ際大正十四年法律第四十七號衆議院議員選擧法未タ施行セラレサル場合ニ於テハ本法ノ適用ニ付テハ同法ハ既ニ施行セラレタルモノト看做ス

本法施行ノ際必要ナル規定ハ命令ヲ以テ之ヲ定ム

●府縣制改正經過規程

（大正十五年六月二十四日 勅令第二百五號）

朕府縣制改正經過規程ヲ裁可シ茲ニ之ヲ公布セシム

府縣制改正經過規程

第一條 從前ノ府縣制第三條第三項ノ規定ニ依リ府縣知事ニ於テ市參事會ノ意見ヲ徵シタル場合ニ於テハ府縣制第三條第三項ノ規定ニ依リ市會ノ意見ヲ徵シタルモノト看做ス

第二條 大正十五年七月一日現ニ在任スル名譽職參事會員及其ノ補闕名譽職參事會員ノ任期ニ付テハ仍從前ノ規定ニ依ル

第三條 郡廳舍建築修繕費及郡役所費ノ負擔ニ關シテハ大正十五年度ニ限リ仍從前ノ規定ニ依ル

第四條 從前ノ府縣制第百十五條第五項ノ規定ニ依リ郡島ノ官吏吏員ノ提起シタル訴訟ハ之ヲ府縣制第百十五條第五項ノ規定ニ依リ府縣知事ノ提起シタルモノト看做ス

第五條 從前府縣制第百十六條第七項ノ規定ニ依リ郡島ノ官吏吏員ノ爲シタル處分ニ關スル訴願ニ付テハ仍從前ノ規定ニ依ル、此ノ場合ニ於テハ訴願ノ提起ハ處分ヲ爲シタル行政廳ヲ經由スルコトヲ要セズ

前項ノ裁決ニ對スル訴訟ニ付テハ仍從前ノ規定ニ依ル

前條ノ規定ハ府縣制第百十六條第八項ノ規定ニ依リ郡島ノ官吏吏員ノ提起シタル訴訟ニ之ヲ準用ス

第六條 從前府縣知事ニ申立テタル異議又ハ府縣參事會ノ決定ニ付セラレタル異議若ハ府縣參事會ニ於テ受理シタル訴願ニシテ大正十五年六月三十日迄ニ府縣參事會ノ決定ニ付セラレザルモノ又ハ府縣參事會ノ決定若ハ裁決ナキモノニ付テハ府

縣制第九十六條第二項、第百十五條第三項又ハ第百二十八條ノ二ノ期間ハ同年七月一日ヨリ之ヲ起算ス

附 則

本令ハ大正十五年七月一日ヨリ之ヲ施行ス

●府縣制暫行特例

（大正十五年六月二十四日 勅令第二百四號）

朕府縣制暫行特例ヲ裁可シ玆ニ之ヲ公布セシム

府縣制暫行特例

第一條 本令ハ大正十五年府縣制中改正法律附則第二項ノ規定ニ依ル特例ヲ定ムルモノトス

第二條 町村長ハ毎年九月十五日ヲ期トシ其ノ日ノ現在ニ依リ十月十五日迄ニ其ノ町村内ノ選擧人名簿ヲ調製スベシ

第三條 町村長ハ十月二十日ヨリ十五日間其ノ町村役場ニ於テ選擧人名簿ヲ關係者ノ縱覽ニ供スヘシ、若シ關係者ニ於テ異議アルトキ又ハ正當ノ事故ニ依リ府縣制第十一條ノ手續ヲ爲スコト能ハスシテ名簿ニ登錄セラレサルトキハ縱覽期限内ニ之ヲ町村長ニ申立ツルコトヲ得、此ノ場合ニ於テハ町村長ハ其ノ申立ヲ受ケタル日ヨリ十日以内ニ之ヲ決定スヘシ

前項町村長ノ決定ニ不服アル者ハ府縣參事會ニ訴願シ其ノ裁決ニ不服アル者ハ行政裁判所ニ出訴スルコトヲ得

前項ノ裁決ニ付テハ府縣知事町村長ヨリモ訴訟ヲ提起スルコトヲ得

府縣參事會ノ裁決確定シ又ハ訴訟ノ判決ニ依リ名簿ノ修正ヲ要スルトキハ町村長ニ於テ直ニ之ヲ修正スヘシ

本條ノ規定ニ依リ町村長ニ於テ名簿ヲ修正シタルトキハ其ノ要領ヲ告示スヘシ

第四條 府縣制第二十一條ノ規定ニ依リ町村長ニ於テ投票函及投票錄ヲ選擧會場ニ送致スルトキハ併セテ選擧人名簿ヲ送致スヘシ

第五條 選擧長ハ府縣制第三十一條第一項ノ報告ヲ爲シタルトキハ府縣制第三十條ノ規定ニ拘ラス直ニ選擧人名簿ヲ町村長ニ返付スヘシ、町村長ハ選擧及當選ノ效力確定スルニ至ル迄之ヲ保存スヘシ

府縣知事ノ指定シタル官吏選擧長タル場合ニ於テハ府縣制第三十條ノ規定ニ依リ選擧長ノ保存スヘキ選擧錄、投票其ノ他關係書類ハ府縣知事之ヲ保存スヘシ

第六條 府縣制第十四條、第二十三條第一項及第二項、第二十四條第一項、第二十五條第一項及第二項竝ニ第三十四條第六項ノ規定ニ依ル郡長ノ職務權限ハ府縣知事ノ指定シタル官吏之ヲ行フ

第七條　本令ニ依ル異議、訴願及訴訟ニ付テハ府縣制第三十八條及第百二十八條ノ例ニ依ル

第八條　府縣制第三十九條第二項ノ規定ハ本令ノ適用ニ付之ヲ準用ス

第九條　本令中郡長ニ關スル規定ハ島司ニ之ヲ適用ス

附　則

本令ハ大正十五年七月一日ヨリ之ヲ施行ス

府縣制第十二條第一項ノ規定ニ依リ郡長ニ爲シタル異議ノ申立ハ之ヲ第三條第一項ノ規定ニ依リ町村長ニ爲シタル異議ノ申立ト看做ス

府縣制第十二條第一項ノ規定ニ依リ郡長ノ爲シタル異議ノ決定ニ關スル訴願ニ付テハ仍從前ノ規定ニ依ル、此ノ場合ニ於テハ訴願ノ提起ハ處分ヲ爲シタル行政廳ヲ經由スルコトヲ要セス

前項ノ裁決ニ對スル訴訟ニ付テハ仍從前ノ規定ニ依ル

府縣制第十二條第三項及第三十四條第六項ノ規定ニ依リ郡長ノ提起シタル訴訟ハ之ヲ府縣知事ノ提起シタル訴訟ト看做ス

●府縣制改正中法律附則第三項ノ規定ニ依ル命令ニ關スル件

（大正十五年八月五日内務省令第三十九號）

大正十五年法律第七十三號府縣制中改正法律附則第三項ノ規定ニ依ル命令ニ關スル件左ノ通定ム

第一條　大正十五年法律第七十三號附縣制中改正法律ニ依リ議員ヲ選擧スル場合ニ於テ其ノ選擧ニ用フヘキ市町村會議員選擧人名簿ナキ市町村ニ於テハ附縣會議員ノ選擧ハ本令ニ依リ調製スル選擧人名簿ニ依リ之ヲ行フ

第二條　前條ノ市町村ニ於テハ市町村長ハ府縣會議員ノ總選擧ノ期日ニ屬スル年ノ前年ヨリ毎年九月十五日ノ現在ニ依リ選擧人名簿ヲ調製スヘシ

第三條　前條ノ選擧人名簿アル市町村ト大正十五年法律第七十四號市制中改正法律又ハ同年法律第七十五號町村制中改正法律ニ依リ調製シタル選擧人名簿アル市町村トノ區域ノ境界ニ渉リ市町村ノ廢置分合又ハ境界變更アリタル場合ニ於テハ大正十五年法律第七十四號市制中改正法律又ハ同年法律第七十五號町村制中改正法律ニ依リ調製シタル選擧人名簿中市町村ノ廢置分合又ハ境界變更ニ因リ異動アリタル區域ニ係ル部分ハ之ヲ本令ニ依リ調製シタル選擧人名簿ト看做ス

第四條　第二條ノ選擧人名簿アル市町村ト同條ノ選擧人名簿ナキ市町村（大正十五年法律第七十四號市制中改正法律又ハ同年法律第七十五號町村制中改正法律ニ依リ調製シタル選擧人名簿アル市町村ヲ除ク）トノ區域ノ境界ニ渉リ市町村ノ廢

置分合又ハ境界變更アリタル場合ニ於テ選擧人名簿ナキ市町村ノ區域ニ屬シタル地域ニ關シ必要ナル選擧人名簿ハ其ノ地域ノ新ニ屬シタル市町村ノ市町村長之ヲ調製スヘシ、此ノ場合ニ於テ市制第二十一條乃至第二十一條ノ五又ハ町村制第十八條乃至第十八條ノ五ノ規定ノ準用ニ依ル期日又ハ期間ニ依リ難キトキハ府縣知事ニ於テ其ノ期日又ハ期間ヲ定ムヘシ

第五條　市制第二十一條乃至第二十一條ノ五、第三十九條、第百六十條及第百六十條ノ二又ハ町村制第十八條乃至第十八條ノ五、第三十六條、第百四十條及第百四十條ノ二竝ニ市制町村制施行令第八條乃至第十條ノ規定ハ本令ニ依リ調製スル選擧人名簿ニ之ヲ準用ス

第六條　本令ニ依リ調製スル選擧人名簿ノ樣式ハ市制町村制施行規則別記樣式ノ例ニ依ル

第七條　府縣制第百四十四條ノ規定ハ本令ノ適用ニ付之ヲ準用ス

第八條　本令ニ依リ準用スル府縣制、市制及町村制ノ規定ハ次ノ總選擧ヨリ施行セラルル規定ヲ謂フ

附　則

本令ハ公布ノ日ヨリ之ヲ施行ス

●府縣制施行令

（大正十五年六月二十四日　勅令第二百號）

改正、昭二一勅三六

朕府縣制施行令ヲ裁可シ茲ニ之ヲ公布セシム

府縣制施行令

第一章　府縣會議員ノ選擧

第一條　府縣制第六條第二項ノ規定ニ依リ除外スヘキ學生生徒左ノ如シ

一　陸軍各部依託學生生徒

二　海軍軍醫學生藥劑學生主計學生造船學生造機學生造兵學生竝ニ海軍豫備生徒及海軍豫備練習生

第二條　府縣制第十五條第四項ノ規定ニ依リ市町村ノ區域ヲ分チテ數投票區ヲ設ケ又ハ數町村ノ區域ヲ合セテ一投票區ヲ設ケタルトキハ府縣知事ハ直ニ其ノ區劃ヲ告示スヘシ

第三條　府縣制第十五條第四項ノ規定ニ依リ市町村ノ區域ヲ分チテ數投票區ヲ設ケタル場合ニ於テハ左ノ規定ニ依ル

一　投票管理者ハ投票區ノ一ニ於テハ市町村長トシ其ノ他ノ投票區ニ於テハ市町村長ノ指定シタル市町村吏員ヲ以テ之ニ充ツ

二　市町村長ハ選擧人名簿ニ依リ投票區（市町村長投票管理者タル投票區ヲ除ク）每ニ名簿ノ抄本ヲ調製シ選擧ノ期日ノ告示アリタルトキハ直ニ之ヲ關係投票管理者ニ送付スヘシ

三　市町村長ノ指定シタル市町村吏員投票管理者タル投票區ニ於テハ府縣制第十八條第三項及第二十一條竝ニ本令第八條中選擧人名簿トアルハ選擧人名簿ノ抄本トス

四　選擧人名簿ノ抄本ハ市町村長ニ於テ議員ノ任期間之ヲ保存スヘシ

第四條　府縣制第十五條第四項ノ規定ニ依リ數町村ノ區域ヲ合セテ一投票區ヲ設ケタル場合ニ於テハ左ノ規定ニ依ル

一　投票管理者ハ府縣知事ニ於テ關係町村長ノ中ニ就キ之ヲ指定ス

二　町村長ハ選擧ノ期日ノ告示アリタルトキハ直ニ選擧人名簿ヲ投票管理者ニ送付スヘシ

三　町村費ヲ以テ支辨スヘキ投票所ノ費用ハ之ヲ關係町村ニ平分スヘシ

第五條　府縣制第十八條第七項ノ規定ニ依リ盲人カ投票ニ關スル記載ニ使用スルコトヲ得ル點字ハ市制町村制施行令別表ノ定ムル所ニ依ル

點字ニ依リ投票ヲ爲サントスル選擧人ハ投票管理者ニ對シ其ノ旨ヲ申立ツヘシ、此ノ場合ニ於テハ投票管理者ハ投票用紙ニ點字投票ナル旨ノ印ヲ押捺シテ交付スヘシ

點字ニ依ル投票ノ拒否ニ付テハ府縣制第十九條ノ例ニ依ル、此ノ場合ニ於テハ封筒ニ點字投票ナル旨ノ印ヲ押捺シテ交付スヘシ

前項ノ規定ニ依リ假ニ爲サシメタル投票ハ府縣制第二十五條第二項及第三項ノ規定ノ適用ニ付テハ同法第十九條第二項及第四項ノ投票ト看做ス

第六條　府縣制第二十三條ノ二ノ規定ニ依リ開票區ヲ設ケタルトキハ府縣知事ハ直ニ其ノ區劃ヲ告示スヘシ

第七條　開票管理者ハ府縣知事ノ指定シタル官吏又ハ吏員ヲ以テ之ニ充ツ

開票管理者ハ開票ニ關スル事務ヲ擔任ス

開票所ハ開票管理者ノ指定シタル場所ニ之ヲ設ク

開票管理者ハ豫メ開票ノ場所及日時ヲ告示スヘシ

第八條　開票區ノ區劃內ノ投票管理者ハ其ノ指定シタル投票立會人ト共ニ町村ノ投票區ニ於テハ投票ノ翌日迄ニ、市ノ投票區ニ於テハ投票ノ當日投票函、投票錄及選擧人名簿ヲ開票管理者ニ送致スヘシ

第九條　投票ノ點檢終リタルトキハ開票管理者ハ直ニ其ノ結果ヲ選擧長ニ報告スヘシ

第十條　開票管理者ハ開票錄ヲ作リ開票ニ關スル顚末ヲ記載シ

之ヲ朗讀シ二人以上ノ開票立會人ト共ニ之ニ署名シ直ニ投票錄及投票ト併セテ之ヲ選擧長ニ送致スヘシ

第十一條　開票管理者ハ第九條ノ報告ヲ爲シタルトキハ直ニ選擧人名簿（選擧人名簿ノ抄本アルトキハ併セテ其ノ抄本）ヲ町村長ニ返付スヘシ

第十二條　選擧長ハ總テノ開票管理者ヨリ第九條ノ報告ヲ受ケタル日若ハ其ノ翌日（又ハ總テノ投票函ノ送致ヲ受ケタル日若ハ其ノ翌日）選擧會ニ於テ選擧立會人立會ノ上其ノ報告ヲ調査シ府縣制第二十五條第三項ノ規定ニ依リ爲シタル點檢ノ結果ト併セテ各議員候補者ノ得票總數ヲ計算スヘシ

第十三條　選擧ノ一部無効ト爲リ更ニ選擧ヲ行ヒタル場合ニ於テハ選擧長ハ前條ノ規定ニ準シ其ノ部分ニ付前條ノ手續ヲ爲シ他ノ部分ニ於ケル各議員候補者ノ得票數ト併セテ其ノ得票總數ヲ計算スヘシ

第十四條　開票區ヲ設ケタル場合ニ於テハ選擧長ハ府縣制第三十一條第一項ノ報告ニ開票錄ノ寫ヲ添附スヘシ

第十五條　第四條第一號若ハ第七條第一項又ハ府縣制第二十三條第一項ノ規定ニ依リ投票管理者、開票管理者又ハ選擧長ヲ指定シタルトキハ府縣知事ハ直ニ之ヲ告示スヘシ

前項ノ規定ハ第三條第一號ノ規定ニ依リ市町村長ニ於テ投票管理者ヲ指定シタル場合ニ之ヲ準用ス

第十六條　府縣制第十六條ノ規定ハ開票立會人ニ、同法第十七條第一項及第二項ノ規定ハ開票所ニ、同法第二十二條、第二十五條、第二十六條及第二十八條ノ規定ハ開票所ニ於ケル開票ニ之ヲ準用ス

第二章　府縣會議員ノ選擧運動及其ノ費用竝ニ公立學校等ノ設備ノ使用

第十七條　選擧事務所ハ議員候補者一人ニ付選擧區ノ配當議員數ヲ以テ選擧人名簿確定ノ日ニ於テ之ニ登錄セラレタル者ノ總數ヲ除シテ得タル數一萬以上ナルトキハ三箇所ヲ、一萬未滿ナルトキハ二箇所ヲ超ユルコトヲ得ス

選擧ノ一部無効ト爲リ更ニ選擧ヲ行フ場合又ハ府縣制第十三條第二項ノ規定ニ依リ投票ヲ行フ場合ニ於テハ選擧事務所ハ前項ノ規定ニ依ル數ヲ超エサル範圍内ニ於テ府縣知事（東京府ニ於テハ警視總監）ノ定メタル數ヲ超ユルコトヲ得ス

府縣知事（東京府ニ於テハ警視總監）ハ選擧ノ期日ノ告示アリタル後直ニ前二項ノ規定ニ依ル選擧事務所ノ數ヲ告示スヘシ

第十八條　選擧委員及選擧事務員ハ議員候補者一人ニ付選擧區ノ配當議員數ヲ以テ選擧人名簿確定ノ日ニ於テ之ニ登錄セラレタル者ノ總數ヲ除シテ得タル數一萬以上ナルトキハ通シテ二十人ヲ、一萬未滿ナルトキハ通シテ十五人ヲ超ユルコトヲ得ス

前條第二項及第三項ノ規定ハ選擧委員及選擧事務員ニ之ヲ準用ス

第十九條　選擧運動ノ費用ハ議員候補者一人ニ付左ノ各號ノ額ヲ超ユルコトヲ得ス

一　選擧區ノ配當議員數ヲ以テ選擧人名簿確定ノ日ニ於テ之ニ登錄セラレタル者ノ總數ヲ除シテ得タル數ヲ四十錢ニ乘ジテ得タル額

二　選擧ノ一部無效ト爲リ更ニ選擧ヲ行フ場合ニ於テハ選擧區ノ配當議員數ヲ以テ選擧人名簿確定ノ日ニ於テ關係區域ノ選擧人名簿ニ登錄セラレタル者ノ總數ヲ除シテ得タル數ヲ四十錢ニ乘シテ得タル額

三　府縣制第十三條第二項ノ規定ニ依リ投票ヲ行フ場合ニ於テハ前號ノ規定ニ準シテ算出シタル額但シ府縣知事（東京府ニ於テハ警視總監）必要アリト認ムルトキハ之ヲ減額スルコトヲ得

府縣知事（東京府ニ於テハ警視總監）ハ選擧ノ期日ノ告示アリタル後直ニ前項ノ規定ニ依ル額ヲ告示スヘシ

第二十條　衆議院議員選擧法施行令第八章、第九章及第十二章ノ規定ハ府縣會議員ノ選擧ニ之ヲ準用ス

第三章　府縣出納吏及府縣吏員ノ身元保證及賠償責任

第二十一條　府縣出納吏其ノ管掌ニ屬スル現金、證券其ノ他ノ財產ヲ亡失又ハ毀損シタルトキハ府縣知事ハ期間ヲ指定シ其ノ損害ヲ賠償セシムヘシ但シ避クヘカラサル事故ニ原因シタルトキ又ハ他ノ者ノ使用ニ供シタル場合ニ於テ合規ノ監督ヲ怠ラサリシトキハ府縣參事會ノ議決ヲ經テ其ノ賠償ノ責任ヲ免除スヘシ

第二十二條　府縣出納吏以外ノ吏員其ノ執務上必要ナル物品ノ交付ヲ受ケ故意又ハ怠慢ニ因リ之ヲ亡失又ハ毀損シタルトキハ府縣知事ハ期間ヲ指定シ其ノ損害ヲ賠償セシムヘシ

第二十三條　前二條ノ處分ヲ受ケタル者其ノ處分ニ不服アルトキハ府縣知事ニ異議ノ申立ヲ爲スコトヲ得

前項ノ異議ノ申立アリタルトキハ府縣知事ハ七日以內ニ之ヲ府縣參事會ノ決定ニ付スヘシ、府縣參事會ハ其ノ送付ヲ受ケタル日ヨリ三月以內ニ之ヲ決定スヘシ

前項ノ決定ニ不服アル者ハ行政裁判所ニ出訴スルコトヲ得

第二項ノ決定ニ付テハ府縣知事ヨリモ訴訟ヲ提起スルコトヲ得

府縣制第三十八條及第百二十八條ノ規定ハ本條ノ規定ノ適用ニ付之ヲ準用ス

第二十四條　賠償金ノ徵收ニ付テハ府縣制第百十六條ノ例ニ依ル

第二十五條　府縣出納吏ニ對シ身元保證ヲ徵スルノ必要アリト認ムルトキハ府縣知事ハ其ノ種類、價格、程度其ノ他必要ナル事項ヲ定ムヘシ

第四章　府縣費ノ分賦

第二十六條　府縣ハ臨時少額ノ費用ノ爲特ニ賦課徵收ヲ爲スヲ要スル場合ニ於テハ當該年度ノ府縣税既定豫算額ノ十分ノ一ノ範圍内ニ於テ其ノ費用ヲ府縣内市町村ニ分賦スルコトヲ得

第二十七條　前條分賦ノ割合ハ豫算ノ屬スル年度ノ前前年度ニ於ケル市町村ノ直接國税及直接府縣税ノ賦課額ニ依ル但シ本條ノ分賦方法ニ依リ難キ事情アルトキハ府縣知事ハ府縣會ノ議決ヲ經内務大臣ノ許可ヲ受ケ特別ノ分賦方法ヲ設クルコトヲ得

第二十八條　市部會及郡部會ヲ設ケタル府縣ニ於テハ府縣會ノ議決ヲ經テ市部ニ屬スル部分ニ賦課スヘキ額ヲ市ニ分賦スルコトヲ得

第二十九條　第二十七條ニ規定スル直接國税及直接府縣税ノ種類左ノ如シ

國税

地租　所得税（所得税法第三條第二種ニ係ル所得税ヲ除ク）

營業税　營業收益税　鑛業税　砂鑛區税　取引所營業税

府縣税

特別地税　戸數割　家屋税　營業税　雜種税（遊興税及觀覽税ヲ除ク）

第五章　府縣税ノ賦課徵收

第三十條　府縣ノ内外ニ渉リ營業所ヲ定メテ爲ス營業ニ付營業收益税ヲ分別シテ納メサル者ニ對スル營業收益税附加税ノ賦課ニ關シテハ府縣制第百八條第一項ノ例ニ依ル

第三十一條　市町村ハ其ノ市町村内ノ府縣税ヲ徵收シ之ヲ府縣ニ納入スルノ義務ヲ負フ

府縣ハ前項徵收ノ費用トシテ地租附加税及特別地税ニ對シテハ其ノ徵收金額ノ千分ノ七、其ノ他ノ府縣税ニ關シテハ其ノ徵收金額ノ百分ノ四ヲ其ノ市町村ニ交付スヘシ

第三十二條　市町村ハ避クヘカラサル災害ニ因リ既收ノ税金ヲ失ヒタルトキハ其ノ税金納入義務ノ免除ヲ府縣知事ニ申請スルコトヲ得

府縣知事前項ノ申請ヲ受ケタルトキハ七日以内ニ之ヲ府縣參事會ノ決定ニ付スヘシ、府縣參事會ハ其ノ送付ヲ受ケタル日ヨリ三月以内ニ之ヲ決定スヘシ

前項ノ決定ニ不服アル者ハ内務大臣ニ訴願スルコトヲ得

第二項ノ決定ニ付テハ府縣知事ヨリモ訴願ヲ提起スルコトヲ得

府縣制第三十八條及第百二十八條ノ規定ハ本條ノ規定ノ適用

ニ付之ヲ準用ス

第三十三條　府縣税ヲ徴收セントスルトキハ府縣知事又ハ其ノ委任ヲ受ケタル官吏吏員ハ市町村ニ對シ徴税令書ヲ發シ市町村長ハ徴税令書ニ依リ徴税傳令書ヲ調製シ之ヲ納税人ニ交付スヘシ

府縣知事又ハ其ノ委任ヲ受ケタル官吏吏員ハ直ニ納税人ニ對シ徴税令書ヲ發スルコトヲ得

府縣ハ内務大臣及大藏大臣ノ許可ヲ得タル場合ニ限リ前二項ノ規定ニ依ラス其ノ府縣ニ於テ發行スル證紙ヲ以テ府縣税ヲ納入セシムルコトヲ得

第三十四條　徴税傳令書ヲ受ケタル納税人ハ其ノ税金ヲ市町村ニ拂込ミ其ノ領收證ヲ得テ納税ノ義務ヲ了ス

徴税令書ヲ受ケタル納税人ハ其ノ税金ヲ府縣金庫ニ拂込ミ其ノ領收證ヲ得テ納税ノ義務ヲ了ス但シ府縣知事ハ市町村吏員ヲシテ納税人ニ對シ徴税令書ヲ發セシムル場合ニ於テハ前項ノ例ニ依ラシムルコトヲ得

市町村ハ其ノ徴收シタル府縣税ヲ府縣金庫ニ拂込ミ其ノ領收證ヲ得テ税金納入ノ義務ヲ了ス

税金ノ拂込又ハ其ノ拂込金ノ納入ニ付郵便振替貯金ノ方法ニ依リタル場合ニ於テハ納税人又ハ市町村ハ税金ヲ郵便官署ニ拂込ミ又ハ納入スルニ依リテ其ノ義務ヲ了ス

第三十五條　第三十三條第二項ノ規定ニ依リ市町村吏員ヲシテ徴税令書ヲ發セシメタル場合ニ於テハ府縣知事ノ定ムル所ニ依リ其ノ市町村ニ對シ取扱費ヲ交付スルコトヲ得

第三十六條　徴税令書又ハ徴税傳令書ヲ受ケタル納税人期限内ニ税金ヲ完納セサルトキハ府縣知事又ハ其ノ委任ヲ受ケタル官吏吏員ハ直ニ督促狀ヲ發スヘシ

督促狀ニハ府縣知事ノ定メタル期間内ニ於テ相當ノ期限ヲ指定スヘシ

第三十七條　督促狀ヲ發シタルトキハ手數料ヲ徴收ス

手數料ノ額ハ府縣知事之ヲ定ム

市町村吏員ヲシテ督促狀ヲ發セシメタル場合ニ於ケル手數料ハ其ノ市町村ノ收入トス

第三十八條　市制町村制施行令第四十五條乃至第五十二條ノ規定ハ府縣税ノ賦課徴收ニ之ヲ準用ス

第三十九條　府縣ハ内務大臣及大藏大臣ノ指定シタル府縣税ニ付テハ第三十一條第一項ノ規定ニ拘ラス其ノ徴收ノ便宜ヲ有スル者ヲシテ之ヲ徴收セシムルコトヲ得

前項ノ府縣税ノ徴收ニ付テハ第三十三條ノ規定ニ依ラサルコトヲ得

第四十條　前條第一項ノ規定ニ依リ府縣税ヲ徴收セシムル場合ニ於テハ納税人ハ其ノ税金ヲ徴收義務者ニ拂込ムニ依リテ納

税ノ義務ヲ了ス

第四十一條　第三十九條第一項ノ規定ニ依ル徴收義務者ハ徴收スヘキ府縣税ヲ府縣知事ノ指定シタル期日迄ニ府縣金庫又ハ郵便官署ニ拂込ムヘシ其ノ期日迄ニ拂込マサルトキハ府縣知事ハ相當ノ期限ヲ指定シ督促状ヲ發スヘシ

第四十二條　第三十一條第二項、第三十二條及第三十四條第三項、第四項竝ニ市制町村制施行令第四十五條乃至第四十八條ノ規定ハ第三十九條第一項ノ規定ニ依リ府縣税ヲ徴收セシムル場合ノ拂込金ニ之ヲ準用ス

第四十三條　府縣税ノ徴收期ハ府縣知事之ヲ定ム

第四十四條　府縣税ノ徴收ニ關スル細則ハ府縣知事之ヲ定ム

第四十五條　町村制ヲ施行セサル地ニ於ケル府縣税ノ徴收ニ關シテハ本章ノ規定ヲ準用ス、其ノ準用シ難キ事項ハ府縣知事之ヲ定ム

第六章　府縣ノ監督

第四十六條　府縣行政ニ關シ主務大臣ノ許可ヲ要スル事項中左ニ掲クルモノハ其ノ許可ヲ受クルコトヲ要セス

一　公會堂、公園、病院、試驗場、商品陳列所、倉庫、教員養成所、產婆看護婦養成所、棧橋、墓地、火葬場、上屋、荷揚場、繋船浮標、種畜、種畜場、用水其ノ他之ニ類スルモノノ使用料ニ關スルコト

二　市部會及郡部會ヲ設ケタル府縣ニ於テ府縣ノ費用ヲ以テ支辨スヘキ事件ニシテ其ノ市部ト郡部ト利益ノ程度ヲ異ニシ均一ノ賦課ヲ爲シ難キ事情アルトキ其ノ費用ニ限リ不均一ノ賦課ヲ爲スコト

三　支出總額五十萬圓以内ノ繼續費ニ關スルコト

四　繼續費ヲ減額スルコト

五　元本總額五十萬圓ニ達スル迄ノ府縣債ニ關スルコト

六　借入ノ翌年度ニ於テ償還スル府縣債ニ關スルコト但シ借入金ヲ以テ償還スルモノニ付テハ此ノ限ニ在ラス

七　府縣債ノ借入額ヲ減少シ利息ノ定率ヲ低減スルコト

八　府縣債ノ借入先ヲ變更シ又ハ債劵發行ノ方法ニ依ル府縣債ヲ其ノ他ノ方法ニ依ル府縣債ニ變更スルコト

九　府縣債ノ償還年限ヲ短縮シ又ハ其ノ償還年限ヲ延長セスシテ低利借替ヲ爲シ若ハ繰上償還ヲ爲スコト但シ外資ニ依リタル府縣債ノ借入又ハ外資ヲ以テスル借替ニ付テハ此限ニ在ラス

十　府縣債ノ償還年限ヲ延長セスシテ不均等償還ヲ元利均等償還ニ變更シ又ハ年度内ノ償還期若ハ償還期數ヲ變更スルコト

第七章　市部及郡部ノ經濟ヲ分別シタル府縣ノ行政ニ關スル特例

第四十七條　從來市部及郡部ノ經濟ヲ分別シタル府縣ニ於テハ內務大臣ハ其ノ區域ニ依リ市部及郡部ノ經濟ヲ分別シ市部會及市部參事會並ニ郡部會及郡部參事會ヲ設ケシムルコトヲ得

第四十八條　市部會及郡部會ハ各市部郡部ニ於テ選出シタル府縣會議員ヲ以テ之ヲ組織ス

市部又ハ郡部ニ於テ選出スヘキ府縣會議員ノ數十二人ニ滿タサルトキハ府縣制第五條ノ定員ニ拘ラス之ヲ十二人トス

第四十九條　府縣會ノ權限ニ屬スル事件ニシテ府縣會ノ議決ヲ經ヘキモノト市部會又ハ郡部會ノ議決ヲ經ヘキモノトノ分別ハ府縣會ノ議決ヲ經內務大臣ノ許可ヲ受ケ府縣知事之ヲ定ム許可スヘカラスト認ムルトキハ內務大臣之ヲ定ム

第五十條　市部會及郡部會ヲ設ケタル府縣ニ於テハ名譽職參事會員ノ定員ヲ十二人トス

市部會及郡部會ヲ設ケタル府縣ノ名譽職參事會員ハ各會ニ於テ其ノ定員ノ半數ヲ選擧ス

市部參事會及郡部參事會ハ議長及各部會ニ於テ選擧シタル名譽職參事會員ヲ以テ之ヲ組織ス

第五十一條　府縣費ニ關スル市部及郡部ノ分擔及收入ノ割合ハ府縣會ノ議決ヲ經內務大臣ノ許可ヲ受ケ府縣知事之ヲ定ム、許可スヘカラスト認ムルトキハ內務大臣之ヲ定ム

第五十二條　第四十九條及前條ノ事件ニ付テハ議員定員ノ五分ノ四以上出席スルニ非サレハ會議ヲ開クコトヲ得ス

第五十三條　市部及郡部ノ經濟ヲ分別スル府縣ノ行政ニ關シテハ本章ニ規定スルモノノ外府縣制ノ規定ヲ準用ス

第五十四條　市部會又ハ郡部會解散ヲ命セラレタルトキハ其ノ議員ハ府縣會議員ノ職ヲ失フ

第五十四條ノ二　市部會及郡部會ヲ設ケタル府縣カ之ヲ廢シタル場合ニ於テハ其ノ際現ニ名譽職參事會員及其ノ補充員タル者ハ最近ノ改選期ニ於テ其ノ職ヲ失フ但シ各十人ノ定員ヲ超ユル員數ニ付テハ府縣知事抽籤シテ解任スヘキ者ヲ定ム

前項ノ場合ニ於テ名譽職參事會員ノ補充員ノ補闕順位ハ府縣知事抽籤シテ之ヲ定ム（昭和二年勅令第三十六號ヲ以テ本條ヲ追加）

第八章　島嶼ニ於ケル府縣ノ行政ニ關スル特例

第五十五條　島嶼ノ經濟ト所屬本地ノ經濟トハ府縣會ノ議決ヲ經內務大臣ノ許可ヲ受ケ之ヲ分別スルコトヲ得

第五十六條　東京府下伊豆七島及小笠原島ニ於ケル府税ノ賦課及府會議員ノ選擧ニ關シテハ當分從前ノ例ニ依ル

第九章　雜則

第五十七條　町村組合ニシテ町村ノ事務ノ全部又ハ役場事務ヲ共同處理スルモノハ本令ノ適用ニ付テハ之ヲ一町村、其ノ組

合管理者ハ之ヲ町村長、其ノ組合吏員ハ之ヲ町村吏員ト看做ス

附　則

本令中議員選擧ニ關スル規定ハ次ノ總選擧ヨリ、其ノ他ノ規定ハ大正十五年七月一日ヨリ之ヲ施行ス

左ノ勅令ハ之ヲ廢止ス

明治三十二年勅令第二百二十七號

明治三十二年勅令第二百二十八號

明治三十二年勅令第二百八十五號

明治三十二年勅令第三百十六號

明治三十三年勅令第八十一號

明治三十三年勅令第二百四十八號

府縣會議員選擧區分區令

大正十三年勅令第二百二十七號

從前ノ規定ニ依ル手續其ノ他ノ行爲ハ本令ニ別段ノ規定アルモノヲ除クノ外之ヲ本令ニ依リ爲シタルモノト看做ス

明治三十三年勅令第二百四十八號第二條ノ規定ニ依ル處分ニ關シ提起シタル訴願ニ付テハ仍從前ノ規定ニ依ル

明治三十三年勅令第二百四十八號第二條又ハ同年勅令第八十一號第三條ノ規定ニ依リ爲シタル決定又ハ處分ニ對スル異議ノ申立期間又ハ訴願ノ提起期間ハ決定又ハ處分アリタル日ノ翌日ヨリ之ヲ起算ス

明治三十三年勅令第八十一號第三條ノ規定ニ依リ府縣知事ニ爲シタル申請又ハ同令第三條ノ規定ニ依リ府縣參事會ノ決定ニ付セラレタル申請ニシテ大正十五年六月三十日迄ニ府縣參事會ノ決定ニ付セラレサルモノ又ハ府縣參事會ノ決定ナキモノニ付テハ第三十二條第二項ノ期間ハ同年七月一日ヨリ之ヲ起算ス

本令中議員選擧ニ關スル規定施行ノ際大正十五年勅令第三號衆議院議員選擧法施行令又ハ市制町村制施行令中公民權及議員選擧ニ關スル規定未タ施行セラレサル場合ニ於テハ本令ノ適用ニ付テハ同令又ハ同規定ハ既ニ施行セラレタルモノト看做ス

附　則（昭和二年勅令第三十六號附則）

本令ハ公布ノ日ヨリ之ヲ施行ス

●府縣制施行規則

（大正十五年六月二十四日 内務省令第十八號）

府縣制施行規則左ノ通定ム

府縣制施行規則

第一章　府縣會議員ノ選擧

第一條　府縣制第五條及本令第三條ニ規定スル人口ハ内閣ニ於テ官報ヲ以テ公示シタル最近ノ人口ニ依ル

前項公示ノ人口現在ノ日以後ニ於テ府縣、市、區、從前郡長又ハ島司ノ管轄シタル區域ノ境界ニ渉リテ市區町村ノ廢置分合、境界變更ヲ爲シタルトキ又ハ所屬未定地ヲ市區町村ノ區域ニ編入シタルトキハ府縣、從前郡長又ハ島司ノ管轄シタル區域ノ人口ハ左ノ區別ニ依リ府縣知事ノ告示シタル人口ニ依リ、市區ノ人口ハ市制町村制施行規則第一條第二項乃至第四項ノ規定ニ依リ府縣知事ノ告示シタル人口ニ依ル但シ市區町村ノ境界變更又ハ所屬未定地編入ノ區域ニ現住者ナキトキハ此ノ限ニ在ラス

一　從前郡長又ハ島司ノ管轄シタル區域ニ於テハ市制町村制施行規則第一條ノ規定ニ依ル町村ノ人口ヲ集計シタルモノ

二　府縣ニ在リテハ市制町村制施行規則第一條ノ規定ニ依ル市區町村ノ人口ヲ集計シタルモノ

前項ノ規定ハ市區町村ノ境界確定シタル場合ニ之ヲ準用ス

前三項ノ人口中ニハ部隊艦船及監獄内ニアリタル人員ヲ含マス

第二條　府縣ノ廢置分合又ハ境界變更アリタルトキハ前條第二項及第四項ノ例ニ依ル

第三條　府縣制第五條ニ依リ各選擧區ニ於テ選擧スヘキ府縣會議員ノ數ハ人口ニ比例シテ之ヲ定ムヘシ

第四條　新ニ市ヲ置キタル爲之ニ配當スヘキ府縣會議員ハ從前其ノ市ノ屬シタル選擧區ヨリ選出シタル議員ノ中ニ就キ府縣知事抽籤ヲ以テ之ヲ定ム但シ市ニ住所ヲ有スル議員アルトキハ其ノ議員ヲ以テ市選出ノ議員トス若シ市ニ住所ヲ有スル議員市ノ配當議員數ヨリ多キトキハ其ノ議員ノ中ニ就キ抽籤ヲ以テ之ヲ定ム

前項中市トアルハ府縣制第四條第二項但書ノ市ニ於テハ區トス

第五條　議員候補者ノ屆出又ハ推薦屆出ハ文書ヲ以テ之ヲ爲シ議員候補者タルヘキ者ノ氏名、職業、住所及生年月日（推薦屆出ノ場合ニ於テハ併セテ推薦屆出者ノ氏名、住所及生年月日）ヲ記載シ且府縣制第十三條ノ三第一項ノ供託ヲ爲シタルコトヲ證スヘキ書面ヲ添附スヘシ

議員候補者タルコトヲ辭スルコトノ屆出ハ文書ヲ以テ之ヲ爲シ其ノ被選擧權ヲ有セサルニ至リタル爲選擧ノ期日前十日以内ニ議員候補者タルコトヲ辭スル場合ニ於テハ其ノ事由ヲ記載スヘシ

第六條　議員候補者ノ屆出又ハ推薦屆出アリタルトキハ選擧長ハ直ニ其ノ旨ヲ議員候補者ノ住所地ノ市町村長ニ通知シ開票區アル場合ニ於テハ同時ニ議員候補者ノ氏名、職業、住所、生年月日其ノ他必要ナル事項ヲ開票管理者ニ通知スヘシ

前項ノ通知ヲ受ケタル市町村長ハ當該議員候補者死亡シタルトキハ直ニ其ノ旨ヲ選擧長ニ通知スヘシ

開票區アル場合ニ於テハ選擧長ハ議員候補者ノ議員候補者タルコトヲ辭シタルトキ又ハ其死亡シタルコトヲ知リタルトキハ直ニ其ノ旨ヲ開票管理者ニ通知スヘシ

第七條　議員候補者ノ屆出若ハ推薦屆出又ハ議員候補者タルコトヲ辭スルコトノ屆出ヲ受理シタルトキハ選擧長ハ直ニ其ノ受理ノ年月日時ヲ屆出書ノ餘白ニ記載スヘシ

第八條　議員候補者選擧ノ期日前十一日目迄ニ議員候補者タルコトヲ辭シタルトキ、選擧ノ期日ニ於ケル投票所ヲ開クヘキ時刻迄ニ死亡シタルトキ若ハ被選擧權ヲ有セサルニ至リタル爲議員候補者タルコトヲ辭シタルトキ又ハ選擧ノ全部無效ト爲リタルトキハ直ニ府縣制第十三條ノ三第一項ノ供託物ノ還付ヲ請求スルコトヲ得

議員候補者ノ得票數府縣制第十三條ノ三第二項ノ規定ニ該當セサルモノナルトキ又ハ議員候補者同法第二十九條ノ三ノ規定ノ適用ヲ受ケタルモノナルトキハ其ノ選擧及當選ノ効力確定後直ニ同法第十三條ノ三第一項ノ供託物ノ還付ヲ請求スルコトヲ得

第九條　投票立會人ノ屆出ハ文書ヲ以テ之ヲ爲シ投票立會人ノ氏名、住所及生年月日ヲ記載シ且本人ノ承諾書ヲ添附スヘシ

第十條　投票管理者必要アリト認ムルトキハ投票所入場劵及到着番號札ヲ選擧人ニ交付スルコトヲ得

第十一條　投票記載ノ場所ハ選擧人ノ投票ヲ覗ヒ又ハ投票ノ交換其ノ他不正ノ手段ヲ用フルコト能ハサラシムル爲相當ノ設備ヲ爲スヘシ

第十二條　投票函ハ二重ノ蓋ヲ造リ各別ニ鎖鑰ヲ設クヘシ

第十三條　投票管理者ハ投票ヲ爲サシムルニ先チ投票所ニ參會シタル選擧人ノ面前ニ於テ投票函ヲ開キ其ノ空虛ナルコトヲ示シタル後內蓋ヲ鎖スヘシ

第十四條　投票管理者ハ投票立會人ノ面前ニ於テ選擧人ヲ選擧人名簿（又ハ選擧人名簿ノ抄本）ニ對照シタル後投票用紙（假ニ投票ヲ爲サシムヘキ選擧人ニ對シテハ併セテ封筒）ヲ交付スヘシ

第十五條　選擧人誤リテ投票ノ用紙又ハ封筒ヲ汚損シタルトキハ其ノ引換ヲ請求スルコトヲ得

第十六條　投票ハ投票管理者及投票立會人ノ面前ニ於テ選擧人自ラ之ヲ投函スヘシ

第十七條　選擧人投票前投票所外ニ退出シ又ハ退出ヲ命セラレタルトキハ投票管理者ハ投票用紙（交付シタル封筒アルトキハ併セテ封筒）ヲ返付セシムヘシ

第十八條　投票ヲ終リタルトキハ投票管理者ハ投票函ノ内蓋ノ投票口及外蓋ヲ鎖シ其ノ内蓋ノ鑰ハ投票函ヲ送致スヘキ投票立會人之ヲ保管シ外蓋ノ鑰ハ投票管理者之ヲ保管スヘシ

第十九條　投票函ハ其ノ閉鎖後選舉長又ハ開票管理者ニ送致ノ爲ノ外之ヲ投票所外ニ搬出スルコトヲ得ス

第二十條　投票ニ關スル書類（選舉長又ハ開票管理者ニ送致シタルモノヲ除ク）ハ投票管理者ニ於テ議員ノ任期間之ヲ保存スヘシ但シ市町村ノ區域ヲ分チテ數投票區ヲ設ケタル場合ニ於テハ市町村長タル投票管理者ハ其ノ他ノ投票管理者ノ保存スヘキ書類ヲ併セテ保存スヘシ

第二十一條　府縣知事府縣制第十三條第二項ノ規定ニ依リ投票ノ期日ヲ定メタルトキハ直ニ之ヲ投票管理者、開票管理者及選舉長ニ通知スヘシ

第二十二條　第九條ノ規定ハ開票立會人及選舉立會人ニ之ヲ準用ス

第二十三條　投票ヲ點檢スルトキハ選舉長ハ選舉會ノ事務ニ從事スル者二人ヲシテ各別ニ同一議員候補者ノ得票數ヲ計算セシムヘシ

第二十四條　前條ノ計算終リタルトキハ選舉長ハ投票區毎ニ各議員候補者ノ得票數ヲ朗讀シ終リニ各議員候補者ノ得票總數ヲ朗讀スヘシ

第二十五條　前二條ノ規定ハ開票區ヲ設ケタル場合ニ於ケル開票ニ之ヲ準用ス

開票區ヲ設ケタル場合ニ於テハ選舉長ハ自ラ開票ヲ行ヒタル投票區ニ於ケル各議員候補者ノ得票數ヲ朗讀シタル後開票區毎ニ各議員候補者ノ得票數ヲ朗讀シ終リニ各議員候補者ノ得票總數ヲ朗讀スヘシ

第二十六條　選舉長又ハ開票管理者ハ投票區毎ニ點檢濟ニ係ル投票ノ有效無效ヲ區別シ各之ヲ封筒ニ入レ二人以上ノ選舉立會人又ハ開票立會人ト共ニ封印ヲ施スヘシ

受理スヘカラスト決定シタル投票ハ其ノ封筒ヲ開披セス前項ノ例ニ依リ封印ヲ施スヘシ

第二十七條　開票管理者府縣制第二十五條第四項ノ規定ノ準用ニ依リ開票ノ期日ヲ定メタルトキハ直ニ之ヲ選舉長ニ報告スヘシ

第二十八條　點字投票ナル旨ノ印ハ投票用紙及封筒ノ表面ニ之ヲ押捺スヘシ

第二十九條　立會人ノ屆出書及之ニ添附スヘキ承諾書、議員候補者ノ屆出書、議員候補者ノ推薦屆出書、議員候補者タルコトヲ辭スルコトノ屆出書、投票錄、選舉錄、開票錄及選舉運動ノ費用ノ精算屆書ハ別記樣式ニ依リ之ヲ調製スヘシ

府縣制施行令第三條第二號ノ規定ニ依リ調製スル選舉人名簿

ノ抄本ハ市制町村制施行規則別記ニ定ムル樣式ニ依リ之ヲ調製スヘシ

第二章　府縣ノ財務

第三十條　府縣税其ノ他一切ノ收入ヲ歳入トシ一切ノ經費ヲ歳出トシ歳入歳出ハ豫算ニ編入スヘシ

第三十一條　各年度ニ於テ決定シタル歳入ヲ以テ他ノ年度ニ屬スヘキ歳出ニ充ツルコトヲ得ス

第三十二條　歳入ノ所屬年度ハ左ノ區分ニ依ル

一　納期ノ一定シタル收入ハ其ノ納期末日ノ屬スル年度

二　定期ニ賦課スルコトヲ得サルカ爲特ニ納期ヲ定メタル收入、又ハ隨時ノ收入ニシテ徴税令書、賦課令書又ハ納額告知書ヲ發スルモノハ令書又ハ告知書ヲ發シタル日ノ屬スル年度

三　隨時ノ收入ニシテ徴税令書、賦課令書又ハ納額告知書ヲ發セサルモノハ領收ヲ爲シタル日ノ屬スル年度但シ府縣債補助金、寄附金、負擔金其ノ他之ニ類スル收入ニシテ其ノ收入ヲ豫算シタル年度ノ出納閉鎖前ニ領收シタルモノハ其ノ豫算ノ屬スル年度

第三十三條　歳出ノ所屬年度ハ左ノ區分ニ依ル

一　費用辨償、給料、旅費、退隱料、退職給與金、死亡給與金、遺族扶助料、其ノ他ノ給與、傭人料ノ類ハ其ノ支給スヘキ事實ノ生シタル時ノ屬スル年度但シ別ニ定マリタル支拂期日アルトキハ其ノ支拂期日ノ屬スル年度

二　通信運搬費、土木建築費其ノ他物件ノ購入代價ノ類ハ契約ヲ爲シタル時ノ屬スル年度但シ契約ニ依リ定メタル支拂期日アルトキハ其ノ支拂期日ノ屬スル年度

三　府縣債ノ元利金ニシテ支拂期日ノ定アルモノハ其ノ支拂期日ノ屬スル年度

四　補助金、寄附金、負擔金ノ類ハ其ノ支拂ヲ豫算シタル年度

五　缺損補塡ハ其ノ補塡ノ決定ヲ爲シタル日ノ屬スル年度

六　前各號ニ掲クルモノヲ除クノ外ハ總テ支拂命令ヲ發シタル日ノ屬スル年度

第三十四條　各年度ニ於テ歳計ニ剩餘アルトキハ翌年度ノ歳入ニ編入スヘシ

第三十五條　府縣税ハ徴税令書、徴税傳令書ニ依リ夫役現品ハ賦課令書ニ依リ負擔金、使用料、手數料、過料、過怠金及物件ノ賃貸料ノ類ハ納額告知書ニ依リ之ヲ徴收シ其ノ他ノ收入ハ納付書ニ依リ收入スヘシ但シ府縣制施行令第三十三條第三項又ハ第三十九條ノ規定ニ依リ徴收スル府縣税及急迫ノ場合ニ賦課スル夫役ニ納額告知書又ハ納付書ニ依リ難キモノニ付テハ此ノ限ニ在ラス

第三十六條　支出ハ債主ニ對スルニ非サレハ之ヲ爲スコトヲ得ス

第三十七條　左ノ經費ニ付テハ府縣ノ官吏吏員ヲシテ現金支拂ヲ爲サシムル爲其ノ資金ヲ當該官吏吏員ニ前渡スルコトヲ得

一　府縣債ノ元利支拂

二　外國ニ於テ物品ヲ購入スル爲必要ナル經費

三　遠隔ノ地又ハ交通不便ノ地ニ於テ支拂ヲ爲ス經費

特別ノ必要アルトキハ前項ノ資金前渡ハ府縣ノ官吏吏員以外ノ者ニ之ヲ爲スコトヲ得

第三十八條　旅費及訴訟費用ニ付テハ概算拂ヲ爲スコトヲ得

第三十九條　前二條ニ揭クルモノノ外必要アルトキハ府縣參事會ノ議決ヲ經テ資金前渡又ハ概算拂ヲ爲スコトヲ得

第四十條　前金支拂ニ非サレハ購入又ハ借入ノ契約ヲ爲シ難キモノニ付テハ前金拂ヲ爲スコトヲ得

第四十一條　歳入ノ誤納過納ト爲リタル金額ノ拂戻ハ各之ヲ收入シタル歳入ヨリ支拂フヘシ

歳出ノ誤拂過渡ト爲リタル金額、資金前渡、概算拂、前金拂及繰替拂ノ返納ハ各之ヲ支拂ヒタル經費ノ定額ニ戻入スヘシ

第四十二條　出納閉鎖後ノ收入支出ハ之ヲ現年度ノ歳入歳出ト爲スヘシ、前條ノ拂戻金戻入金ノ出納閉鎖後ニ係ルモノ亦同シ

第四十三條　繼續費ハ毎年度ノ支拂殘額ヲ繼續年度ノ終リ迄遞次繰越使用スルコトヲ得

第四十四條　歳入歳出豫算ハ之ヲ經常臨時ノ二部ニ別チ且各部ヲ款項ニ區分スヘシ

第四十五條　歳入歳出豫算ニハ各項ヲ各目ニ區分シ其ノ豫算ノ基ク所ヲ詳記シタル豫算說明ヲ附スヘシ

第四十六條　特別會計ニ屬スル歳入歳出ハ別ニ其ノ豫算ヲ調製スヘシ

第四十七條　府縣歳入歳出豫算ハ別記府縣歳入歳出豫算樣式ノ一ニ依リ之ヲ調製スヘシ

府縣制第百四十條ノ府縣ニ於テハ府縣歳入歳出豫算ハ別記府縣歳入歳出豫算樣式ノ二ニ依リ、其ノ市部又ハ郡部限リノ豫算ハ別記府縣歳入歳出豫算樣式ノ三ニ依リ之ヲ調製スヘシ

第四十八條　繼續費ノ年期及支出方法ハ別記繼續費ノ年期及支出方法樣式ニ依リ之ヲ調製スヘシ

第四十九條　豫算ハ會計年度經過後ニ於テ更正又ハ追加ヲ爲スコトヲ得ス

第五十條　豫算ニ定メラレタル各款ノ金額ハ彼此流用スルコトヲ得ス

豫算各項ノ金額ハ府縣參事會ノ議決ヲ經テ之ヲ流用スルコトヲ得但シ機密費ハ此ノ限ニ在ラス

第五十一條　府縣ノ收入支出ニシテ命令ヲ發スルヲ要スルモノハ府縣知事又ハ其ノ委任ヲ受ケタル官吏吏員其ノ他ノ職員ニ於テ之ヲ發ス

第五十二條　府縣ノ出納ハ翌年度五月三十一日ヲ以テ閉鎖ス

第五十三條　府縣ノ出納ニ關スル事項ハ會計年度經過後三月以內ニ之ヲ完結スヘシ

第五十四條　決算ハ豫算ト同一ノ區分ニ依リ之ヲ調製シ豫算ニ對スル過不足ノ說明ヲ附スヘシ

第五十五條　會計年度經過後ニ至リ歲入ヲ以テ歲出ニ充ツルニ足ラサルトキハ翌年度ノ歲入ヲ繰上ケ之ニ充用スルコトヲ得

第五十六條　府縣出納吏ノ保管ニ關スル現金及帳簿ハ府縣知事ニ於テ檢查員ヲ命シ少クトモ每年度一回之ヲ檢查セシムヘシ

府縣出納吏ニ異動アリタルトキハ府縣知事ハ檢查員ヲシテ現金及帳簿ヲ檢查セシムヘシ

第五十七條　府縣ニ屬スル現金ノ出納及保管ノ爲府縣金庫ヲ置ク

第五十八條　府縣金庫ハ府縣本金庫府縣支金庫トス

府縣本金庫ハ府縣廳所在地ニ之ヲ置キ府縣支金庫ハ府縣知事ニ於テ必要ト認ムル地ニ之ヲ置ク

府縣本金庫ハ府縣支金庫ヲ總轄ス

第五十九條　金庫事務ノ取扱ヲ爲サシムヘキ銀行ハ府縣知事之ヲ定ム

金庫事務ノ取扱ヲ爲ス者ハ府縣知事ノ許可ヲ得其ノ責任ヲ以テ他ノ銀行又ハ其ノ他ノ者ヲシテ金庫事務ノ一部ヲ取扱ハシムルコトヲ得

第六十條　金庫事務ノ取扱ヲ爲ス者ハ現金ノ出納保管ニ付府縣ニ對シ責任ヲ有ス

第六十一條　金庫事務ノ取扱ヲ爲ス者ハ府縣知事ノ定ムル所ニ依リ擔保ヲ提出スヘシ

第六十二條　府縣知事ハ豫算ニ關スル現金ヲ支出ニ妨ケナキ限度ニ於テ金庫事務ノ取扱ヲ爲ス者ニ運用ヲ許スコトヲ得

前項ノ場合ニ於テハ金庫事務ノ取扱ヲ爲ス者ハ府縣知事ノ定ムル所ニ依リ利子ヲ府縣ニ納付スヘシ

第六十三條　府縣知事ハ府縣金庫ヲ監督シ檢查員ヲシテ定期及臨時ニ現金帳簿ヲ檢查セシメ又必要アリト認ムルトキハ臨機ノ處分ヲ爲スコトヲ得

第六十四條　本章ニ規定スルモノノ外必要ナル規定ハ府縣知事之ヲ定ム

第三章　雜則

第六十五條　府縣制第四條第二項但書ノ市ニ於テハ本令第六條第一項、第二項及第二十條中市ニ關スル規定ハ區ニ、市長ニ

關スル規定ハ區長ニ之ヲ適用ス

第六十六條　町村組合ニシテ町村ノ事務ノ全部又ハ役場事務ヲ共同處理スルモノハ本令ノ適用ニ付テハ之ヲ一町村、其ノ組合管理者ハ之ヲ町村長ト看做ス

附　則

本令中議員選擧ニ關スル規定ハ次ノ總選擧ヨリ之ヲ施行シ其ノ他ノ規定ハ大正十六年度分ヨリ之ヲ施行ス

左ノ内務省令ハ之ヲ廢止ス

明治二十四年内務省令第十二號
明治三十二年内務省令第　六　號
明治三十二年内務省令第二十九號
明治三十三年内務省令第　七　號
大正　三　年内務省令第　九　號
大正　三　年内務省令第　十　號
大正　三　年内務省令第十一號
大正十一年内務省令第十五號

前條ノ規定ニ依ル手續其ノ他ノ行爲ハ本令ニ依リ之ヲ爲シタルモノト看做ス

本令中議員選擧ニ關スル規定施行ノ際市制町村制施行規則中議員選擧ニ關スル規定未タ施行セラレサル場合ニ於テハ本令ノ適用ニ付テハ同規定ハ既ニ施行セラレタルモノト看做ス

(別記)

立會人ノ屆出書樣式

投票立會人(開票立會人)(選擧立會人)屆

立　會　人　氏　名
住　所　何府(縣)何市〔何郡何町(村)〕大字何(町)何番地
生年月日　何年何月何日
選　擧　大正何年何月何日執行ノ府(縣)會議員選擧

右別紙本人ノ承諾書相添屆出候也

大正何年何月何日

議員候補者　氏　名印

投票管理者(開票管理者)(選擧長)氏　名宛

立會人ノ屆出書ニ添附スヘキ承諾書樣式

投票立會人(開票立會人)(選擧立會人)承諾書

大正何年何月何日執行ノ府(縣)會議員選擧ニ於ケル投票立會人(開票立會人)(選擧立會人)タルコトヲ承諾候也

大正何年何月何日

何府(縣)(何市)〔何郡何町(村)〕大字何(町)何番地

氏　名印

議員候補者　氏　名宛

議員候補者ノ屆出書樣式

府(縣)會議員候補者屆

議員候補者　氏　名
職　　業　何々（官公吏、陸海軍軍人ニ在リテハ成ル可ク明
　細ニ記載スルコト）
住　　所　何府（縣）何市【何郡何町（村）】大字何（町）何番地
生年月日　何年何月何日
選　　擧　大正何年何月何日執行ノ府（縣）會議員選擧
右別紙供託ヲ證スヘキ書面相添立候補屆出候也
　大正何年何月何日
　　　　　　　　　　氏　名印
選擧長　氏　名宛

議員候補者ノ推薦屆出書樣式

府（縣）會議員候補者推薦屆
議員候補者　氏　名
職　　業　何々（公官吏、陸海軍軍人ニ在リテハ成ル可ク
　明細ニ記載スルコト）
住　　所　何府（縣）何市【何郡何町（村）】大字何（町）何番地
生年月日　何年何月何日
選　　擧　大正何年何月何日執行ノ府（縣）會議員選擧
推薦屆出者　氏　名
住　　所　何府（縣）何市【何郡何町（村）】大字何（町）何番地
生年月日　何年何月何日
（推薦屆出者）（氏　名）
（住　　所）｛何府（縣）何市【何郡何町（村）】大字何（町）何番地｝
（生年月日）（何年何月何日）
右別紙供託ヲ證スヘキ書面相添推薦屆出候也
　大正何年何月何日
　　　　　　　　　　氏　名印
　　　　　　　　　（氏　名印）
選擧長　氏　名宛

議員候補者タルコトヲ辭スルコトノ屆出書樣式

府（縣）會議員候補者辭退屆
議員候補者　氏　名
事　　由　大正何年何月何日何々ノ爲被選擧權ヲ有セサル
　ニ至リタリ
右辭退屆出候也
　大正何年何月何日
　　　　　　　　議員候補者　氏　名印
選擧長　氏　名宛
備考
　事由ハ被選擧權ヲ有セサルニ至リタル爲議員候補者タル
　コトヲ辭スル場合ニ限リ記載スヘシ

投票錄樣式

大正何年何月何日 執行何府(縣)何市【何郡何町(村)】

府(縣)會議員(何)投票所投票錄

一 投票所ハ何市役所【何町(村)役場】(何ノ場所)ニ之ヲ設ケタリ

二 左ノ投票立會人ハ何レモ投票所ヲ開クヘキ時刻迄ニ投票所ニ參會シタリ

住所　氏名

住所　氏名

投票所ヲ開クヘキ時刻ニ至リ投票立會人中參會スル者三人ニ達セサルニ依リ投票管理者ハ臨時ニ投票區內ニ於ケル選擧人名簿ニ登錄セラレタル者ノ中ヨリ左ノ者ヲ投票立會人ニ選任シタリ

住所　氏名

三 投票所ハ昭和何年何月何日午前(午後)何時ニ之ヲ開キタリ

四 投票立會人中氏名ハ一旦參會シタルモ午前(午後)何時何々ノ事故ヲ以テ其ノ職ヲ辭シタル爲其ノ數三人ニ達セサルニ至リタルニ依リ投票管理者ハ臨時ニ投票區內ニ於ケル選擧人名簿ニ登錄セラレタル者ノ中ヨリ午前(午後)何時左ノ者ヲ投票立會人ニ選任シタリ

住所　氏名

五 投票管理者ハ投票立會人ト共ニ投票ニ先チ投票所ニ參會シタル選擧人ノ面前ニ於テ投票函ヲ開キ其ノ空虛ナルコトヲ示シタル後內蓋ヲ鎖シ投票管理者及投票立會人ノ列席スル面前ニ之ヲ置キタリ

六 投票管理者ハ投票立會人ノ面前ニ於テ選擧人ヲ選擧人名簿(選擧人名簿ノ抄本)ニ對照シタル後(到著番號札ト引換)ニ投票用紙ヲ交付シタリ

七 選擧人ハ自ラ投票ヲ認メ投票管理者及投票立會人ノ面前ニ於テ之ヲ投函シタリ

八 左ノ選擧人ハ選擧人名簿ニ登錄セラルヘキ確定裁決書(判決書)ヲ所持シ投票所ニ到リタルニ依リ投票管理者ハ之ヲシテ投票ヲ爲サシメタリ

住所　氏名

九 左ノ選擧人ハ點字ニ依リ投票ヲ爲サントスル旨ヲ申立タルヲ以テ投票管理者ハ投票用紙ニ點字投票ナル旨ノ印ヲ押捺シテ交付シ投票ヲ爲サシメタリ

住所　氏名

十 左ノ選擧人ハ何々ノ事由ニ因リ投票管理者ニ於テ投票立會人ノ意見ヲ聽キ投票ヲ拒否シタリ

左ノ選擧人ハ何々ノ事由ニ因リ投票管理者ニ於テ投票立會人ノ意見ヲ聽キ投票ヲ拒否スヘキ旨決定シタルモ同選擧人ニ於テ不服ヲ申立テタルヲ以テ（投票立會人氏名ニ於テ異議アリシヲ以テ）投票用紙ト共ニ封筒ヲ交付シ假ニ投票ヲ爲サシメタリ

住所　氏　名

十一　左ノ選擧人ハ何々ノ事由ニ因リ投票管理者ニ於テ投票立會人ノ意見ヲ聽キ點字投票ヲ拒否シタリ

住所　氏　名

左ノ選擧人ハ何々ノ事由ニ因リ投票管理者ニ於テ投票立會人ノ意見ヲ聽キ點字投票ヲ拒否スヘキ旨決定シタルモ同選擧人ニ於テ不服ヲ申立テタルヲ以テ（投票立會人氏名ニ於テ異議アリシヲ以テ）投票用紙及封筒ニ點字投票ナル旨ノ印ヲ押捺シテ交付シ假ニ點字投票ヲ爲サシメタリ

住所　氏　名

十二　左ノ選擧人ハ誤リテ投票用紙（封筒）ヲ汚損シタル旨ヲ以テ更ニ之ヲ請求シタルニ依リ其ノ相違ナキヲ認メ之ト引換ニ投票用紙（封筒）ヲ交付シタリ

住所　氏　名

十三　左ノ選擧人ハ投票所ニ於テ演說討論ヲ爲シ（喧擾ニ渉リ）（投票ニ關シ協議ヲ爲シ）（何々ヲ爲シ）投票所ノ秩序ヲ紊シタルニ依リ投票管理者ニ於テ之ヲ制止シタルモ其ノ命ニ從ハサルヲ以テ投票用紙（投票用紙及封筒）（到著番號札）ヲ返付セシメ之ヲ投票所外ニ退出セシメタリ

住所　氏　名

十四　投票管理者ハ投票所外ニ退出ヲ命シタル左ノ選擧人ニ對シ投票所ノ秩序ヲ紊スノ虞ナシト認メ投票ヲ爲サシメタリ

住所　氏　名

投票管理者ニ於テ投票所外ニ退出ヲ命シタル左ノ選擧人ハ最後ニ入場シテ投票ヲ爲シタリ

住所　氏　名

十五　午前（午後）何時ニ至リ投票管理者ハ投票所ヲ閉ツヘキ時刻ニ至リタル旨ヲ告ケ投票所ノ入口ヲ閉シタリ

十六　午前（午後）何時投票所ニ在ル選擧人ノ投票結了シタルヲ以テ投票管理者ハ投票立會人ト共ニ投票函ノ內蓋ノ投票口及外蓋ヲ鎖シタリ

十七　投票函ヲ閉鎖シタルニ依リ其ノ內蓋ノ鑰ハ投票函ヲ送致スヘキ左ノ投票立會人之ヲ保管シ外蓋ノ鑰ハ投票管

理者之ヲ保管ス　氏　名

十八　投票ヲ為シタル選擧人ノ總數　何　人

内

選擧人名簿ニ登錄セラレタル選擧人ニシテ投票ヲ為シタル者　何　人

確定裁決書(判決書)ニ依リ投票ヲ為シタル者　何　人

投票拒否ノ決定ヲ受ケタル者ノ總數　何　人

内

假ニ投票ヲ為サシメタル者　何　人

十九　投票函、投票錄及選擧人名簿ノ選擧長(開票管理者)ニ送致スヘキ投票立會人左ノ如シ　氏　名

二十　午前(午後)何時投票所ノ事務ヲ結了シタリ

二十一　左ノ者ハ投票所ノ事務ニ從事シタリ　職　氏　名

二十二　投票所ニ臨監シタル官吏左ノ如シ　職　氏　名

官　職　氏　名

投票管理者ハ此ノ投票錄ヲ作リ之ヲ朗讀シタル上投票立會人ト共ニ茲ニ署名ス

大正何年何月何日

投票管理者　職　氏　名

投票立會人　氏　名

氏　名

氏　名

備考

様式ニ揭クル事項ノ外投票管理者ニ於テ投票ニ關シ緊要ト認ムル事項アルトキハ之ヲ記載スベシ

選擧錄様式ノ一

大正何年何月何日執行何府(縣)何郡(市)府(縣)會議員選擧會選擧錄

一　選擧會ハ何市役所(何ノ場所)ニ之ヲ設ケタリ

二　左ノ選擧立會人ハ何レモ選擧會ヲ開クヘキ時刻迄ニ選擧會ニ參會シタリ

住所　氏　名

住所　氏名

選擧會ヲ開クヘキ時刻ニ到リ選擧立會人中參會スル者三人ニ達セサルニ依リ選擧長ハ臨時ニ選擧區內ニ於ケル選擧人名簿ニ登錄セラレタル者ノ中ヨリ左ノ者ヲ選擧立會人ニ選任シタリ

住所　氏名

三　大正何年何月何日選擧長ハ總テノ投票函ノ送致ヲ受ケタルヲ以テ其ノ翌何日（當日）午前（午後）何時ニ選擧會ヲ開キタリ

四　選擧立會人中氏名ハ一旦參會シタルモ午前（午後）何時何々ノ事故ヲ以テ其ノ職ヲ辭シタル爲其ノ數三人ニ達セサルニ至リタルニ依リ選擧長ハ臨時ニ選擧區內ニ於ケル選擧人名簿ニ登錄セラレタル者ノ中ヨリ午前（午後）何時左ノ者ヲ選擧立會人ニ選任シタリ

住所　氏名

五　選擧長ハ選擧立會人立會ノ上逐次投票函ヲ開キ投票ノ總數ト投票人ノ總數トヲ計算シタルニ左ノ如シ

投票總數　何票

投票人總數　何人

外

假ニ爲シタル投票數　何票

假ニ爲シタル投票人數　何人

右投票區別內譯左ノ如シ

何町（村）投票區（何市何投票區）

投票數　何票

投票人數　何人

外

假ニ爲シタル投票數　何票

假ニ爲シタル投票人數　何人

投票數ト投票人數ト符合ス（投票數ト投票人數ト符合セス卽チ投票數ハ投票人數ニ比シ何票多シ（少シ）（其ノ理由ノ明カナルモノハ之ヲ記載スヘシ））

何町（村）投票區（何市何投票區）

、、、、　、、

、、、、　、、

六　投票管理者ヨリ拒否ノ決定ヲ受ケタル者ニシテ假ニ投票ヲ爲シタル者左ノ如シ

住所　氏名

住所　氏名

選擧長ハ右ノ投票ヲ檢査シ選擧立會人ノ意見ヲ聽キ左ノ通之ヲ決定セリ

受理セシモノ

一事由何々　住所　氏名

一事由何々　住所　氏名

受理セサリシモノ

一事由何々　住所　氏名

七　選擧長ハ投票區毎ニ（假ニ爲シタル投票ニシテ受理スヘキモノト決定シタル投票ノ封筒ヲ開披シタル上）總テノ投票ヲ混同シ選擧立會人ト共ニ之ヲ點檢シタリ

八　選擧會ノ事務ニ從事スル官職氏名及官職氏名ノ二人ハ各別ニ同一議員候補者ノ得票數ヲ計算シタリ

九　選擧長ニ於テ選擧立會人ノ意見ヲ聽キ有效又ハ無效ト決定シタル投票左ノ如シ

一有效ト決定シタルモノ　何票

一無效ト決定シタルモノ　何票

内

一成規ノ用紙ヲ用ヒサルモノ　何票

二議員候補者ニ非サル者ノ氏名ヲ記載シタル者　何票

三、、、、、、　何票

總計　何票

右投票區別内譯左ノ如シ

何町（村）投票區（何市何投票區）

一有效ト決定シタルモノ　何票

一無效ト決定シタルモノ　何票

内

一成規ノ用紙ヲ用ヒサルモノ　何票

二議員候補者ニ非サル者ノ氏名ヲ記載シタルモノ　何票

三、、、、、、　何票

計　何票

何町（村）投票區（何市何投票區）

一、、、、、、、、、、、、

一、、、、、、、、、、、、、

十　午前（午後）何時投票ノ點檢ヲ終リタルヲ以テ選擧長ハ投票區毎ニ各議員候補者ノ得票數ヲ朗讀シ終リニ其ノ得票總數ヲ朗讀シタリ

十一　各議員候補者ノ得票數左ノ如シ

何票　氏名

内

何町（村）投票區（何市何投票區）　何票

何町（村）投票區（何市何投票區）　何票

何票　氏名

内

何町（村）投票區（何市何投票區）　何票

何町（村）投票區（何市何投票區）　何票

十二　選擧長ハ投票區毎ニ點檢濟ニ係ル投票ノ有效無效及受理スヘカラスト決定シタル投票ヲ大別シ尚有效ノ決定アリタル投票ニ在リテハ得票者毎ニ之ヲ區別シ無效ノ決定アリタル投票ニ在リテハ之ヲ類別シ各之ヲ一括シ更ニ有效無效及受理スヘカラスト決定シタル投票別ニ之ヲ封筒ニ入レ選擧立會人ト共ニ封印ヲ施シタリ

十三　大正何年何月何日總テノ開票管理者ヨリ府縣制施行令第九條ノ報告ヲ受ケタルヲ以テ其ノ當日（翌何日）選擧立會人立會ノ上逐次其ノ報告ヲ調査シ自ラ開票ヲ行ヒタル部分ニ付各議員候補者ノ得票數ヲ朗讀シタル後開票區毎ニ各議員候補者ノ得票數ヲ朗讀シ終リニ各議員候補者ノ得票總數ヲ朗讀シタリ

十四　各議員候補者ノ得票總數左ノ如シ

何票　氏名

内

選擧會　何票

何開票區　何票

何開票區　何票

何票　氏名

内

選擧會　何票

何開票區　何票

何開票區　何票

十五　選擧區ノ配當議員數何人ヲ以テ有效投票ノ總數何票ヲ除シテ得タル數ハ何票ニシテ此ノ五分ノ一ノ數ハ何票ナリ

議員候補者中其ノ得票數此ノ數ニ達スル者左ノ如シ

何票　氏名

何票　氏名

右ノ内有效投票ノ最多數ヲ得タル左ノ何人ヲ以テ當選者トス

氏　名
氏　名
但シ氏名及氏名ハ得票ノ數相同シキニ依リ其ノ年齢ヲ調査スルニ氏名ハ何年何月何日生、氏名ハ何年何月何日生ニシテ氏名年長者ナルヲ以テ氏名ヲ以テ當選者ト定メタリ（同年月日ナルヲ以テ選擧長ニ於テ抽籤シタルニ氏名當籤セリ依テ氏名ヲ以テ當選者ト定メタリ）

十六　選擧區ノ配當議員數何人ヲ以テ有效投票ノ總數何票ヲ除シテ得タル數ハ何票ニシテ此ノ十分ノ一ノ數ハ何票ナリ
議員候補者中其ノ得票數此ノ數ニ達セサル者左ノ如シ
何票　氏名
何票　氏名

十七　午前（午後）何時選擧會ノ事務ヲ結了シタリ

十八　左ノ者ハ選擧會ノ事務ニ從事シタリ
官職　氏名
官職　氏名

十九　選擧會ニ臨監シタル官吏左ノ如シ
官職　氏名

選擧長ハ此ノ選擧錄ヲ作リ之ヲ朗讀シタル上選擧立會人ト共ニ茲ニ署名ス
大正何年何月何日
選擧長　官職　氏名
選擧立會人　氏名
氏名
氏名

備考
樣式ニ揭クル事項ノ外選擧長ニ於テ選擧會ニ關シ緊要ト認ムル事項アルトキハ之ヲ記載スヘシ

選擧錄樣式ノ二

大正何年何月何日開會
何府（縣）何郡（市）府（縣）會議員選擧會選擧錄

一　選擧會場ハ何市役所（何ノ場所）ニ之ヲ設ケタリ

二　左ノ選擧立會人ハ何レモ選擧會ヲ開クヘキ時刻迄ニ選擧會ニ參會シタリ
住所　氏名
住所　氏名

選擧會ヲ開クヘキ時刻ニ至リ選擧立會人中參會スル者

三人ニ達セサルニ依リ選擧長ハ臨時ニ選擧區内ニ於ケル選擧人名簿ニ登録セラレタル者ノ中ヨリ左ノ者ヲ選擧立會人ニ選任シタリ

住所　氏　名

三　屆出アリタル議員候補者ノ數何人ニシテ選擧スヘキ議員ノ數何人ヲ超エサル爲投票ヲ行ハサルコト大正何年何月何日確定シタルヲ以テ大正何年何月何日午前（午後）何時ニ選擧會ヲ開キタリ

四　選擧立會人中氏名ハ一旦參會シタルモ午前（午後）何時何々ノ事故ヲ以テ其ノ職ヲ辭シタル爲其ノ數三人ニ達セサルニ至リタルニ依リ選擧長ハ臨時ニ選擧區内ニ於ケル選擧人名簿ニ登録セラレタル者ノ中ヨリ午前（午後）何時左ノ者ヲ選擧立會人ニ選任シタリ

住所　氏　名

五　屆出アリタル議員候補者ノ氏名左ノ如シ

氏　名

氏　名

氏　名

六　選擧長ハ選擧立會人ノ意見ヲ聽キ議員候補者ノ被選擧權ノ有無ヲ決定シタリ

有リト決定シタル者

氏　名

氏　名

無シト決定シタル者

一事由何々　氏　名

七　選擧スヘキ議員ノ數何人ニシテ被選擧權有リト決定シタル議員候補者ノ數何人ナリ依テ左ノ何人ヲ以テ當選者ト定ム

氏　名

氏　名

八　午前（午後）何時選擧會ノ事務ヲ結了シタリ

九　左ノ者ハ選擧會ノ事務ニ從事シタリ

官職　氏　名

官職　氏　名

十　選擧會ニ臨監シタル官吏左ノ如シ

官職　氏　名

選擧長ハ此ノ選擧録ヲ作リ之ヲ朗讀シタル上選擧立會人ト共ニ茲ニ署名ス

大正何年何月何日

選擧長

官職　氏　名

選擧立會人

氏　名

氏　名

氏　名

備考

様式ニ掲クル事項ノ外選擧長ニ於テ選擧會ニ關シ緊要ト認ムル事項アルトキハ之ヲ記載スヘシ

開票錄樣式

大正何年何月何日何府（縣）何郡（市）府（縣）會議員何

執　行

開票所開票錄

一　開票所ハ市役所（何ノ場所）ニ之ヲ設ケタリ

二　左ノ開票立會人ハ何レモ開票所ヲ開クヘキ時刻迄ニ開票所ニ參會シタリ

住所　氏　名

住所　氏　名

開票所ヲ開クヘキ時刻ニ至リ開票立會人中參會スル者三人ニ達セサルニ依リ開票管理者ハ臨時ニ開票區內ニ於ケル選擧人名簿ニ登錄セラレタル者ノ中ヨリ左ノ者ヲ開票立會人ニ選任シタリ

住所　氏　名

三　大正何年何月何日開票管理者ハ總テノ投票函ノ送致ヲ受ケタルヲ以テ其ノ翌何日（當日）午前（午後）何時ニ開票所ヲ開キタリ

四　開票立會人中氏名ハ一旦參會シタルモ午前（午後）何時何々ノ事故ヲ以テ其ノ職ヲ辭シタル爲其ノ數三人ニ達セサルニ至リタルニ依リ開票管理者ハ臨時ニ開票區內ニ於ケル選擧人名簿ニ登錄セラレタル者ノ中ヨリ午前（午後）何時左ノ者ヲ開票立會人ニ選任シタリ

住所　氏　名

五　開票管理者ハ開票立會人立會ノ上逐次投票函ヲ開キ投票ノ總數ト投票人ノ總數トヲ計算シタルニ左ノ如シ

投票總數　何票

投票人總數　何人

外

假ニ爲シタル投票數　何票

假ニ爲シタル投票人數　何人

右投票區別內譯左ノ如シ

何町（村）投票區（何市何投票區）

投票數　何票

投票人數　何人

外

假ニ爲シタル投票數　何票

假ニ爲シタル投票人數　　何　人

【投票數ト投票人數ト符合ス【投票數ト投票人數ト符合セス即チ投票數ハ投票人數ニ比シ何票多シ（少シ）（其ノ理由ノ明カナルモノハ之ヲ記載スヘシ）】

何町（村）投票區（何市投票區）

、、、、　、、

、、、、　、、

六　投票管理者ヨリ拒否ノ決定ヲ受ケタル者ニシテ假ニ投票ヲ爲シタル者左ノ如シ

住所　氏名

住所　氏名

開票管理者ハ右ノ投票ヲ調査シ開票立會人ノ意見ヲ聽キ左ノ通之ヲ決定シタリ

受理セシモノ

一事由何々　住所　氏名

一事由何々　住所　氏名

受理セサリシモノ

一事由何々　住所　氏名

七　開票管理者ハ投票區毎ニ（假ニ爲シタル投票ニシテ受理スヘキモノト決定シタル投票ノ封筒ヲ開披シタル上）總テノ投票ヲ混同シ開票立會人ト共ニ之ヲ點檢シタリ

八　開票事務ニ從事スル官職氏名及官職氏名ノ二人ハ各別ニ同一議員候補者ノ得票數ヲ計算シタリ

九　開票管理者ニ於テ開票立會人ノ意見ヲ聽キ有效又ハ無效ト決シタル投票左ノ如シ

一有效ト決シタルモノ　何票

一無效ト決シタルモノ　何票

内

一　成規ノ用紙ヲ用ヒサルモノ　何票

二　議員候補者ニ非サル者ノ氏名ヲ記載シタルモノ　何票

三　、、、、、、、、　何票

總計　何票

右投票區別内譯左ノ如シ

何町（村）投票區（何市何投票區）

一有效ト決定シタルモノ　何票

一無效ト決定シタルモノ　何票

内

一　成規ノ用紙ヲ用ヒサルモノ　何票

二　議員候補者ニ非サル者ノ氏名ヲ記載シタル

モノ　何票

三、、、、、、、、、、、　何票

計　何票

何町（村）投票區（何市何投票區）

一、、、、、、、、、、、、

一、、、、、、、、、、、、

一、、、、、、、、、、、

十　午前（午後）何時投票ノ點検ヲ終リタルヲ以テ開票管理者ハ投票區毎ニ各議員候補者ノ得票數ヲ朗讀シ終リニ其ノ得票總數ヲ朗讀シタリ

十一　各議員候補者ノ得票總數左ノ如シ

何票　氏名

内

何町（村）投票區（何市何投票區）　何票

何町（村）投票區（何市何投票區）　何票

何票　氏名

内

何町（村）投票區（何市何投票區）　何票

何町（村）投票區（何市何投票區）　何票

十二　開票管理者ハ投票區毎ニ點検濟ニ係ル投票ノ有效無效及受理スヘカラスト決定シタル投票ヲ大別シ尚有效ノ決定アリタル投票ニ在リテハ投票者毎ニ之ヲ區別シ無效ノ決定アリタル投票ニ在リテハ之ヲ類別シ各之ヲ一括シ更ニ有效無效及受理スヘカラスト決定シタル投票別ニ之ヲ封筒ニ入レ開票立會人ト共ニ封印ヲ施シタリ

十三　午前（午後）何時開票所ノ事務ヲ結了シタリ

十四　左ノ者ハ開票所ノ事務ニ從事シタリ

官職　氏名

官職　氏名

十五　開票所ニ臨監シタル官吏左ノ如シ

官職　氏名

開票管理者ハ此ノ開票錄ヲ作リ之ヲ朗讀シタル上開票立會人ト共ニ玆ニ署名ス

大正何年何月何日

開票管理者

官職　氏名

開票立會人

氏名

氏名

氏名

備考

様式ニ掲クル事項ノ外開票管理者ニ於テ開票ニ關シ緊要ト認ムル事項アルトキハ之ヲ記載スヘシ

選擧運動ノ費用ノ精算屆出書樣式

選擧運動費用精算屆

何府(縣)何郡(市)

議員候補者　氏　名

前記議員候補者ノ大正何年何月何日執行府(縣)會議員選擧【府(縣)會議員選擧再投票】ニ於ケル選擧運動ノ費用精算ノ結果左記ノ通相違無之依テ府縣制第三十九條ニ依リ屆出候也

大正何年何月何日

選擧事務長　氏　名印

府(縣)知事(警視總監)宛

記

一支出總額　金何圓何錢

(一)選擧事務長ノ支出シタル額　金何圓何錢

(二)選擧事務長ノ承諾ヲ得テ支出シタル額　金何圓何錢

內

議員候補者ノ支出シタル額　金何圓何錢

選擧委員ノ支出シタル額　金何圓何錢

選擧事務員ノ支出シタル額　金何圓何錢

(三)議員候補者、選擧事務長、選擧委員又ハ選擧事務員ニ非サル者ノ支出シタル額　金何圓何錢

內

議員候補者ト意思ヲ通シテ支出シタル額　金何圓何錢

選擧事務長ト意思ヲ通シテ支出シタル額　金何圓何錢

(四)立候補準備ノ爲ニ支出シタル額　金何圓何錢

一支出明細

(一)報酬　金何圓何錢

選擧事務員　金何圓何錢

何某へ　金何圓何錢

何某へ　金何圓何錢

傭人　金何圓何錢

何某へ　金何圓何錢

何某へ　金何圓何錢

(二)家屋費　金何圓何錢

選擧事務所　金何圓何錢

何選擧事務所　金何圓何錢

何選擧事務所　金何圓何錢

集會會場	金何圓何錢
何集會會場	金何圓何錢
何集會會場	金何圓何錢
(三)通信費	金何圓何錢
郵便料	金何圓何錢
電報料	金何圓何錢
電話料	金何圓何錢
其ノ他	金何圓何錢
(四)船車馬費	金何圓何錢
汽車賃	金何圓何錢
電車賃	金何圓何錢
自動車賃	金何圓何錢
馬車賃	金何圓何錢
人力車賃	金何圓何錢
船賃	金何圓何錢
其ノ他	金何圓何錢
(五)印刷費	金何圓何錢
(六)廣告費	金何圓何錢
(七)筆墨紙費	金何圓何錢

(八)休泊費	金何圓何錢
(九)飲食物費	金何圓何錢
(十)雜費	金何圓何錢
計	金何圓何錢
一 實費辨償	金何圓何錢
(一)選擧事務長	金何圓何錢
(二)選擧委員	金何圓何錢
何某へ	金何圓何錢
何某へ	金何圓何錢
(三)選擧事務員	金何圓何錢
何某へ	金何圓何錢
何某へ	金何圓何錢
(四)傭人	金何圓何錢
何某へ	金何圓何錢
何某へ	金何圓何錢

備考

一　府縣制第十三條第二項ノ規定ニ依リ投票ヲ行フ場合ニ於テハ別ニ精算屆書ヲ作成スヘシ

二　精算ノ屆出ハ最後ニ選擧事務長ノ職ニ在リタル者ヨ

リ之ヲ爲スヘシ

三　實費辨償ノ項ニハ支出明細ノ項ニ記載シタルモノノ中實費辨償ニ係ルモノヲ重ネテ記載スヘシ

府縣歳入歳出豫算樣式ノ一

大正何年度何府(縣)歳入歳出豫算

歳入

經常部

第一款　地租附加稅　金

第一項　地租附加稅　金

但シ地租豫算金高若干
本稅一圓ニ付若干

第二款　特別地稅　金

第一項　特別地稅　金

但シ地價金高若干
地價一圓ニ付若干

第三款　營業收益稅附加稅　金

第一項　營業收益稅附加稅　金

但シ營業收益稅豫算金高若干
本稅一圓ニ付若干

第四款　所得稅附加稅　金

第一項　所得稅附加稅　金

但シ所得稅豫算金高若干
本稅一圓ニ付若干

第五款　鑛業稅附加稅　金

第一項　鑛業稅附加稅　金

但シ鑛業稅豫算金高若干
本稅一圓ニ付若干
採堀鑛區稅豫算金高若干
本稅一圓ニ付若干
試堀鑛區稅豫算金高若干
本稅一圓ニ付若干

第六款　砂鑛區稅附加稅　金

第一項　砂鑛區稅附加稅　金

但シ砂鑛區稅豫算金高若干
本稅一圓ニ付若干

第七款　取引所營業稅附加稅　金

第一項　取引所營業稅附加稅　金

但シ取引所營業稅豫算金

高若干
本稅一圓ニ付若干

第八款　家屋稅　金
第一項　家屋稅　金
但シ家屋賃貸價格金高若干
家屋賃貸價格一圓ニ付若干
第九款　營業稅　金
第一項　營業稅　金
第十款　雜種稅　金
第一項　何稅　金
第二項　何稅　金
第十一款　分賦　金
第一項　市町村分賦金　金
第十二款　財產收入　金
第一項　不動產收入　金
第二項　動產收入　金
第十三款　使用料及手數料　金
第一項　使用料　金
第二項　手數料　金
第十四款　國庫下渡金　金
第一項　學校費下渡金　金

第十五款　雜收入　金
第一項　納付金　金
第二項　懲罰及沒收金　金
第三項　辨償金　金
第四項　作業益金　金
第五項　物品賣拂代金　金
第六項　賦金　金
第七項　何々　金
經常部計金
臨時部
第一款　繰越金　金
第一項　前年度繰越金　金
第二款　國庫補助金　金
第一項　何費補助金　金
第二項　何費補助金　金
第三款　寄附金　金
第一項　何費寄附金　金
第二項　何費寄附金　金
第四款　財產賣拂代金　金
第一項　不動產賣拂代金　金
第二項　動產賣拂代金　金

第五款　府（縣）債　金
第一項　府（縣）債　金
臨時部計金
歳入合計金
歳出
經常部
第一款　神社費　金
第一項　神社費　金
第二款　會議費　金
第一項　府（縣）會議費　金
第二項　府（縣）參事會費　金
第三款　府（縣）職員費　金
第一項　俸給給料　金
第二項　諸給　金
第三項　廳費　金
第四款　警察費　金
第一項　俸給及諸給　金
第二項　廳費　金
第三項　機密費　金
第五款　警察廳舍修繕費　金
第一項　修繕費　金

第六款　土木費　金
第一項　道路橋梁費　金
第二項　治水堤防費　金
第三項　港灣費　金
第四項　何費　金
第七款　教育費　金
第一項　師範學校費　金
第二項　何學校費　金
第三項　學事諸費　金
第八款　衛生及病院費　金
第一項　何病院費　金
第二項　何費　金
第三項　衛生諸費　金
第九款　勸業費　金
第一項　勸業會費　金
第二項　地方測候所費　金
第三項　農事試驗場費　金
第四項　蠶業取締所費　金
第五項　何費　金
第六項　勸業諸費　金
第十款　社會事業費　金

第一項　救育費　金
第二項　何　費　金
第十一款　都市計畫事業費　金
第一項　都市計畫地方委員會費　金
第十二款　史蹟名勝天然記念物保存費　金
第一項　史蹟名勝天然記念物保存費　金
第十三款　選擧費　金
第一項　衆議院議員選擧費　金
第二項　府縣(會)議員選擧費　金
第十四款　財産費　金
第一項　維持費　金
第二項　管理費　金
第十五款　府(縣)税取扱費　金
第一項　徵收費　金
第二項　金庫諸費　金
第十六款　豫備費　金
第一項　豫備費　金
經常部計　金

臨時部
第一款　警察廳舍建築費　金
第一項　何警察署建築費　金
第二項　何建築費　金
第二款　土木費　金
第一項　道路橋梁費　金
第二項　治水堤防費　金
第三項　何　費　金
第三款　市町村土木費補助　金
第一項　道路橋梁費補助　金
第二項　何費補助　金
第四款　勸業補助費　金
第一項　縣農會費補助　金
第二項　何費補助　金
第五款　市町村教育費補助　金
第一項　何學校費補助　金
第六款　何費本年度支出額　金
第一項　何費本年度支出額　金

第七款　府(縣)債費　金
第一項　元金償還金　金
第二項　利子　金
第三項　諸費　金
臨時部計金
歳出合計金
大正何年何月何日提出
何府(縣)知事　氏名

備考
一　歳入經常部第八款第一項但書ハ大正十八年度分迄ハ適宜記載スヘシ
二　特別會計ニ屬スル豫算ハ本樣式ニ準シ之ヲ調製スヘシ
三　追加又ハ更正ノ豫算ハ本樣式ニ準シ之ヲ調製スヘシ

府縣歳入歳出豫算樣式ノ二

歳入　(ニ)(ホ)(ヘ)(ト)ノ符印ハ府縣歳入歳出豫算樣式ノ三ノ式ト對照
何部
第一款　何々　金
内　市部收入　金(ヘ)
　　郡部收入　金(ニ)
第一項　何々　金
内　市部收入　金(ヘ)
　　郡部收入　金(ニ)
第何款　市郡分賦金　金
内　市部收入　金(ト)
　　郡部收入　金(ホ)
第一項　市郡分賦金　金
何部計金
内　市部收入　金
　　郡部收入　金
歳入合計　金(イ)
内　市部收入　金(ロ)
　　郡部收入　金(ハ)
歳出
何部
第一款　何費　金(款ニ付テ市郡ノ負擔額ヲ分ツノ例)
内　市部負擔　金
　　郡部負擔　金
第一項　何々　金
第二項　何々　金
第何款　何費　金
内　市部負擔　金
　　郡部負擔　金

第一項 何費 金（項ニ付テ市郡ノ負擔額ヲ分ツノ例）
内 市部負擔 金
郡部負擔 金
何部計金
内 市部負擔 金
郡部負擔 金
歳出合計 金（イ）
内 市部負擔 金（ロ）
郡部負擔 金（ハ）

大正何年何月何日提出

何府（縣）知事 氏名

府縣歳入歳出豫算樣式ノ三

大正何年度何府（縣）市（郡）部歳入歳出豫算書

（ニ）（ホ）（ヘ）（ト）ノ符印ハ府縣歳入歳出豫算樣式ノ二ト對照

歳入
何部
第一款 市郡連帯市（郡）部收入 金（ヘ）（ニ）
第一項 市郡連帯市（郡）部收入 金（ヘ）（ニ）
第二款 財産收入 金
第一項 不動産收入 金
第二項 動産收入 金
第何款 市豫算編入額 金
第一項 市豫算編入額 金
何部計金
歳入合計金

歳出
何部
第一款 何費 金
第一項 何々 金
第二項 何々 金
第何款 市部分賦市（郡）部負擔 金（ト）（ホ）
第一項 市部分賦市（郡）部負擔 金（ト）（ホ）
何部計金
歳出合計金

大正何年何月何日提出

何府（縣）知事 氏名

繼續費ノ年期及支出方法樣式

自大正何年度 至大正何年度 何府（縣）何費繼續年期及支出方法

一金 何費中何費

内　譯

金　大正何年度支出額

金　大正何年度支出額

右何々（議決ヲ要スヘキ事業ノ大要ヲ記載ス）

大正何年何月何日提出

何府（縣）知事　氏　名

●地方議會議員ノ選擧運動ノ爲ニスル文書圖畫ニ關スル件

（大正十五年六月二十四日内務省令第二十一號）

改正、昭二―内令四二

北海道會法第十四條、府縣制第三十九條、市制第三十九條ノ二、町村制第三十六條ノ二竝北海道一級町村制第一條及北海道二級町村制第四十七條ニ依リ選擧運動ノ爲頒布シ又ハ掲示スル文書圖畫ノ制限ニ關スル件左ノ通定ム

地方議會議員ノ選擧運動ノ爲ニスル文書圖畫ニ關スル件

北海道會、府縣會、市會（市制第六條ノ市ノ區ノ區會ヲ含ム）、町村會竝北海道一級町村及北海道二級町村ノ町村會ノ議員ノ選擧ニ付テハ大正十五年内務省令第五號選擧運動ノ爲ニスル文書圖畫ニ關スル件ヲ準用ス但シ同令第三條中百箇トアルハ左ノ各號ニ依ル

一　北海道會議員、府縣會議員及市制第三十九條ノ二ノ市（又ハ區）ノ市會議員（又ハ區會議員）ノ選擧ニ付テハ三十箇

二　前號ノ市（又ハ區）以外ノ市（又ハ區）ノ市會議員（又ハ區會議員）、町村會議員竝北海道一級町村及北海道二級町村ノ町村會議員ノ選擧ニ付テハ十箇

附　則

本令ハ次ノ總選擧ヨリ之ヲ施行ス

本令施行ノ際大正十五年内務省令第五號選擧運動ノ爲ニスル文書圖畫ニ關スル件未タ施行セラレサル場合ニ於テハ本令ノ適用ニ付テハ同令ハ既ニ施行セラレタルモノト看做ス

附　則（昭和二年内務省令第四十二號附則）

本令ハ公布ノ日ヨリ之ヲ施行ス

●直接税及間接税ノ種類、類別

（大正十五年五月七日内務省告示第六十八號）

北海道會法第十五條、府縣制第百四十五條、市制第百七十五條町村制第百五十五條、北海道一級町村制第百二十三條、北海道

二級町村制第七十條及島嶼町村制第百二條ノ規定ニ依リ直接税及間接税ノ種類、類別左ノ通之ヲ定ム

一 北海道會法第十五條直接國税ノ種類

地租 所得税（所得税法第三條第二種ノ所得中無記名債券ノ所得ニ依ル所得税ヲ除ク）營業税 營業收益税 資本利子税（資本利子税法第二條甲種ノ資本利子中無記名債券ノ資本利子ニ係ル資本利子税ヲ除ク）鑛業税 砂鑛區税

一 府縣制第百四十五條直接税ノ種類

地租 所得税（所得税法第三條第二種ノ所得中無記名債券ノ所得ニ係ル所得税ヲ除ク）國税營業税 營業收益税 資本利子税（資本利子税法第二條甲種ノ資本利子中無記名債券ノ資本利子ニ係ル資本利子ヲ除ク）鑛業税 砂鑛區税

一 市制第百七十五條及町村制第百五十五條直接税及間接税ノ種類

國税

左ノ諸税ヲ直接税トシ其ノ他ヲ間接税トス

地租 所得税（所得税法第三條第二種ノ所得中無記名債券ノ所得ニ係ル所得税ヲ除ク）營業税 營業收益税 資本利子税（資本利子税法第二條甲種ノ資本利子中無記名債券ノ資本利子ニ係ル資本利子税ヲ除ク）鑛業税 砂鑛區税 取引所營業税

府縣税

左ノ諸税ヲ直接税トシ其ノ他ヲ間接税トス

特別地税 戸數割 家屋税 營業税 雜種税（遊興税、觀覽税ヲ除ク）

市町村税

左ノ諸税ヲ間接税トシ其ノ他ヲ直接税トス

遊興税 觀覽税 宴席消費税 特別消費税 觀覽税 入湯税 遊興税附加税 觀覽税附加税

一 北海道一級町村制第百二十三條及北海道二級町村制第七十條直接税及間接税ノ類別

國税

左ノ諸税ヲ直接税トシ其ノ他ヲ間接税トス

地租 所得税（所得税法第三條第二種ノ所得中無記名債券ノ所得ニ係ル所得税ヲ除ク）營業税 營業收益税 資本利子税（資本利子税法第二條甲種ノ資本利子中無記名債券ノ資本利子ニ係ル資本利子税ヲ除ク）鑛業税 砂鑛區税

區税 取引所營業税

北海道地方税

左ノ諸税ヲ直接税トシ其ノ他ヲ間接税トス

特別地税　戸數割　家屋税　雜種税（遊興税ヲ除ク）

町村税

左ノ諸税ヲ間接税トシ其ノ他ヲ直接税トス

遊興税附加税

一

島嶼町村制第百二條直接國税ノ種類

地租　所得税（所得税法第三條第二種ノ所得中無記名債券ノ所得ニ係ル所得税ヲ除ク）

營業税　營業收益税　資本利子税（資本利子税法第二條甲種ノ資本利子中無記名債券ノ資本利子ニ係ル資本利子税ヲ除ク）　鑛業税　砂鑛區税

國税營業税ハ大正十五年度分迄北海道地方税及府縣税中戸數割ハ大正十五年度分迄營業收益税ハ大正十六年度分ヨリ資本利子税ハ大正十五年度分ヨリ特別地税ハ大正十七年度分ヨリ之ヲ適用ス

明治三十四年内務省告示第二十六號、明治三十二年内務省告示第六十九號、大正十二年内務省告示第百六十七號、明治三十二年内務省告示第九十六號及明治四十一年内務省告示第二十六號ハ之ヲ廢止ス

●府縣吏員服務紀律

（明治三十五年二月十四日　内務省令第三號）

府縣「郡」吏員服務紀律左ノ通定ム

府縣「郡」吏員服務紀律

第一條　府縣「郡」吏員ハ法令ニ從ヒ忠實ニ其ノ職務ヲ盡スヘシ

府縣「郡」吏員ハ其ノ職務ニ付指揮監督者ノ命令ヲ遵守スヘシ

第二條　府縣「郡」吏員ハ職務ノ内外ヲ問ハス職權ヲ濫用シ廉恥ヲ破リ其ノ品位ヲ傷フノ所爲アルヘカラス

第三條　府縣「郡」吏員ハ總テ公務ニ關スル機密ヲ私ニ漏洩シ又ハ未發ノ事件若ハ文書ヲ私ニ漏示スルコトヲ得ス其ノ職ヲ退クノ後ニ於テモ亦同シ但裁判所ノ召喚ニ依リ職務上ノ祕密ニ付訊問ヲ受ケタル場合ニ於テ指揮監督者ノ許可ヲ得タル事件ニ付テハ此ノ限ニ在ラス

第四條　府縣「郡」吏員ハ職務ノ爲出張ヲ命セラレタル場合ヲ除ク外指揮監督者ノ許可ヲ受クルニ非サレハ其ノ職務ノ地ヲ離ルルコトヲ得ス

第五條　府縣「郡」吏員ハ其ノ職務ニ關シ直接ト間接トヲ問ハス自己若ハ其ノ他ノモノノ爲ニ贈與其ノ他ノ利益ヲ供給セシムルノ約束ヲ爲スコトヲ得ス

府縣「郡」吏員ハ指揮監督者ノ許可ヲ受クルニ非サレハ其ノ職務ニ關シ直接ト間接トヲ問ハス自己若ハ其ノ他ノモノノ爲ニ贈與其ノ他ノ利益ヲ受クルコトヲ得ス

第六條　左ニ掲クル者ト直接ニ關係ノ職務ニ在ル府縣「郡」吏員ハ其ノ者又ハ其ノ者ノ爲ニスルモノノ饗燕ヲ受クルコトヲ得

ス

一　府縣「郡」ノ爲ニ工事又ハ物件調達ノ請負ヲ爲ス者
二　府縣「郡」ニ關スル金錢ノ出納保管ヲ擔任スル者
三　府縣「郡」ヨリ補助金又ハ利益ノ保證ヲ受クル起業者
四　府縣「郡」ト土地物件ノ賣買贈與貸借若ハ交換ノ契約ヲ爲ス者
五　其ノ他府縣「郡」ヨリ現ニ利益ヲ得又ハ得ムトスル者

第七條　有給ノ府縣「郡」吏員ハ指揮監督者ノ許可ヲ受クルニ非サレハ營業ヲ爲シ若ハ家族ヲシテ營業ヲ爲サシメ又ハ給料若ハ報酬ヲ受クヘキ他ノ事務ヲ行フコトヲ得ス

第八條　本令ニ於テ指揮監督者ト稱スルハ府縣吏員ニ付テハ府縣知事、「郡吏員ニ付テハ郡長」ヲ謂フ

第九條　「郡組合ノ吏員ニ關シテハ郡吏員ニ關スル規定ヲ準用ス」

●國庫ヨリ補助スル公共團體ノ事業ニ關スル法律

（明治三十年四月一日法律第三十七號）

朕帝國議會ノ協贊ヲ經タル國庫ヨリ補助スル公共團體ノ事業ニ關スル法律ヲ裁可シ玆ニ之ヲ公布セシム

第一條　府縣郡市區町村其ノ他公共團體ノ事業ニシテ國庫ヨリ費用ヲ補助スルモノニ關シ必要アリト認ムルトキハ主務大臣ハ其ノ事業ノ設計施行管理竝經費收支ノ方法等ニ付期間ヲ指定シテ之カ變更ヲ命シ若シ命ニ從ハサルトキハ直ニ之ヲ變更スルコトヲ得

主務大臣ハ必要アリト認ムルトキハ前項ノ事業ノ全部若クハ一部ヲ直接施行スルコトヲ得

第二條　前條ノ事業ニ關シ經費ノ負擔ヲ爲シ又ハ經費ノ變更ヲ爲スヘキ場合ニ於テ主務大臣ノ指定シタル期間内ニ之ヲ爲ササルトキハ主務大臣ハ直ニ豫算ヲ定メ又ハ豫算ヲ追加シ若クハ更正シ必要ナル費用ヲ支辨セシムルコトヲ得

第三條　此ノ法律ニ規定シタル主務大臣ノ職權ハ其ノ委任ヲ受ケタル地方長官ヲシテ之ヲ執行セシムルコトヲ得

第四條　府縣郡市區町村其ノ他公共團體ノ事業ニシテ國ノ事業ト關聯スル場合ニ於テハ此ノ法律ノ規程ヲ準用スルコトヲ得

第五條　此ノ法律ヲ施行スル爲ニ必要ナル規程ハ命令ヲ以テ之ヲ定ム

●國庫ヨリ補助スル公共團體ノ事業ニ關スル法律施行ニ關スル件

（明治三十一年八月二日勅令第百八十四號）

朕明治三十年法律第三十七號ノ施行ニ關スル件ヲ裁可シ茲ニ之ヲ公布セシム

第一條　內務大臣ニ於テ府縣郡市區町村其ノ他公共團體ノ事業ヲ直接施行スルトキハ官報ヲ以テ其ノ事業ノ屬スル公共團體竝其ノ施行スヘキ事業及其ノ始期ヲ告示スヘシ

內務大臣ニ於テ前項事業ノ直接施行ヲ廢止シ又ハ事業ヲ終了シタルトキハ官報ヲ以テ之ヲ告示スヘシ

第二條　府縣郡市區町村其ノ他公共團體ハ內務大臣ノ直接施行ニ係ル事業ニ要スル費用ノ豫算金額ヲ國庫ニ納付スヘシ

前項ニ依リ納付スヘキ期間竝豫算金額ハ內務大臣之ヲ定ム

第三條　府縣郡市區町村其ノ他公共團體ニ於テ內務大臣ノ直接施行ニ係ル事業ノ爲取得シタル物件及權利ヲ有スルトキハ之ヲ內務大臣ニ移付スヘシ

前項ニ依リ移付ヲ爲スヘキ期間竝物件及權利ノ範圍ハ內務大臣之ヲ定ム

第四條　內務大臣ハ其ノ直接施行ニ係ル事業ニ關シ必要ナルトキハ其ノ事業ノ屬スル府縣郡市區町村其ノ他公共團體ヲ管轄スル行政廳ノ有スル職權ヲ直接施行スルコトヲ得

第五條　內務大臣ニ於テ其ノ直接施行ニ係ル事業ヲ終了シタルトキハ之ヲ其ノ所屬府縣郡市區町村其ノ他公共團體ニ引渡スヘシ但シ其ノ事業ノ數年ニ涉ル場合ニ於テハ其ノ完了シタル部分ヲ順次引渡スコトヲ得

第六條　內務大臣ニ於テ前條ニ依リ事業ノ引渡ヲ爲シタルトキハ其ノ事業ノ爲取得シ又ハ第三條ニ依リ移付ヲ受ケタル物件及權利ニシテ現存スルモノハ之ヲ其ノ事業ノ屬スル府縣郡市區町村其ノ他公共團體ニ移付スヘシ

前項ニ依リ移付ヲ爲スヘキ物件及權利ノ範圍竝其ノ移付シ難キモノニ關スル處分ハ內務大臣之ヲ定ム

第七條　內務大臣ノ直接施行ニ係ル事業ニ要スル費用ノ不足額ノ補充及殘餘金ノ處分等ハ內務大臣之ヲ定ム

第八條　內務大臣ニ於テ府縣郡市區町村其ノ他公共團體ニ屬スル事業ノ直接施行ヲ廢止シタルトキハ前三條ノ規定ヲ準用ス

第九條　此ノ勅令ニ規定シタルモノノ外內務大臣ハ必要ナル命令ヲ發スルコトヲ得

昭和六年九月十五日印刷
昭和六年九月二十日發行

定價金四拾錢
送料金六錢

不許複製

編輯者　崇文館編輯部　由多仁吉之助
發行者　東京市神田區錦町一丁目九番地　藤谷芳長
發行者　大阪市西區靱下通二丁目八番地　藤谷芳三郎
印刷者　大阪市西區阿波座中通二丁目四番地　井下精一郎

發行所　東京市神田區錦町一丁目九番地
大阪市西區靱下通二丁目八番地
藤谷崇文館
振替口座　大阪　二七八五番

ポケット形特漉上等紙印刷皮製

特製

特價金壹圓五拾錢　送料拾貳錢

ポケット形特漉上等紙印刷模皮製

上製

特價金壹圓拾錢　送料拾貳錢

地方自治法研究復刊大系〔第275巻〕

市制町村制 府県制〔昭和6年初版〕

日本立法資料全集 別巻 1085

2019(令和元)年8月25日　復刻版第1刷発行　7685-5:012-010-005

編　輯　由多仁吉之助
発行者　今　井　貴
稲　葉　文　子
発行所　株式会社信山社

〒113-0033 東京都文京区本郷6-2-9-102東大正門前
Ⓣ03(3818)1019　Ⓕ03(3818)0344
来栖支店〒309-1625 茨城県笠間市来栖2345-1
Ⓣ0296-71-0215　Ⓕ0296-72-5410
笠間才木支店〒309-1611 笠間市笠間515-3
Ⓣ0296-71-9081　Ⓕ0296-71-9082
印刷所　ワイズ書籍
製本所　カナメブックス
用　紙　七洋紙業

printed in Japan　分類 323.934 g 1085

ISBN978-4-7972-7685-5 C3332 ¥28000E

日本立法資料全集 別巻

地方自治法研究復刊大系

改正 市制町村制逐條示解〔改訂54版〕第一分冊〔大正13年5月発行〕／五十嵐鑛三郎 他 著
改正 市制町村制逐條示解〔改訂54版〕第二分冊〔大正13年5月発行〕／五十嵐鑛三郎 他 著
台湾 朝鮮 関東州 全国市町村便覧 各学校所在地 第一分冊〔大正13年5月発行〕／長谷川好太郎 編纂
台湾 朝鮮 関東州 全国市町村便覧 各学校所在地 第二分冊〔大正13年5月発行〕／長谷川好太郎 編纂
市町村特別税之栞〔大正13年6月発行〕／三邊長治 序文 水谷平吉 著
市制町村制実務要覧〔大正13年7月発行〕／梶康郎 著
正文 市制町村制 並 附属法規〔大正13年10月発行〕／法曹閣 編輯
地方事務叢書 第三編 市町村公債 第3版〔大正13年10発行〕／水谷平吉 著
市町村大字読方名彙 大正14年度版〔大正14年1月発行〕／小川琢治 著
通俗財政経済体系 第五編 地方予算と地方税の見方〔大正14年1月発行〕／森田久 編輯
市制町村制実例総覧 完 大正14年第5版〔大正14年1月発行〕／近藤行太郎 主纂
町村会議員選挙要覧〔大正14年3月発行〕／津田東璋 著
実例判例文例 市制町村制総覧〔第10版〕第一分冊〔大正14年5月発行〕／法令研究会 編纂
実例判例文例 市制町村制総覧〔第10版〕第二分冊〔大正14年5月発行〕／法令研究会 編纂
町村制要義〔大正14年7月発行〕／若槻禮次郎 題字 尾崎行雄 序文 河野正義 述
地方自治之研究〔大正14年9月発行〕／及川安二 編輯
市町村 第1年合本 第1号-第6号〔大正14年12月発行〕／帝國自治研究会 編輯
市制町村制 及 府県制〔大正15年1月発行〕／法律研究会 著
農村自治〔大正15年2月発行〕／小橋一太 著
改正 市制町村制示解 全 附録〔大正15年5月発行〕／法曹研究会 著
市町村民自治読本〔大正15年6月発行〕／武藤榮治郎 著
改正 地方制度輯覽 改訂増補第33版〔大正15年7月発行〕／良書普及会 編著
市制町村制 及 関係法令〔大正15年8月発行〕市町村雑誌社 編輯
改正 市町村制義解〔大正15年9月発行〕／内務省地方局 安井行政課長 校閱 内務省地方局 川村芳次 著
改正 地方制度解説 第6版〔大正15年9月発行〕／挟間茂 著
地方制度之栞 第83版〔大正15年9月発行〕／湯澤睦雄 著
改訂増補 市制町村制逐條示解〔改訂57版〕第一分冊〔大正15年10月発行〕／五十嵐鑛三郎 他 著
実例判例 市制町村制釈義 大正15年再版〔大正15年9月発行〕／梶康郎 著
改訂増補 市制町村制逐條示解〔改訂57版〕第二分冊〔大正15年10月発行〕／五十嵐鑛三郎 他 著
註釈の市制と町村制 附 普通選挙法 大正15年初版〔大正5年11月発行〕／法律研究会 著
実例町村制 及 関係法規〔大正15年12月発行〕自治研究会 編纂
改正 地方制度通義〔昭和2年6月発行〕／荒川五郎 著
都市行政と地方自治 初版〔昭和2年7月発行〕／菊池愼三 著
普通選挙と府県会議員 初版〔昭和2年8月発行〕／石橋孫治郎 編輯
逐条示解 地方税法 初版〔昭和2年9月発行〕／自治館編輯局 編著
市制町村制 実務詳解 初版〔昭和2年10月発行〕／坂千秋 監修 自治研究会 編纂
註釈の市制と町村制 附 普通選挙法〔昭和3年1月発行〕／法律研究会 著
市町村会 議員の常識 初版〔昭和3年4月発行〕／東京仁義堂編集部 編纂
地方自治と東京市政 初版〔昭和3年8月発行〕／菊池愼三 著
註釈の市制と町村制 施行令他関連法収録〔昭和4年4月発行〕／法律研究会 著
市町村会議員 選挙戦術 第4版〔昭和4年4月発行〕／相良一休 著
現行 市制町村制 並 議員選挙法規 再版〔昭和5年1月発行〕／法曹閣 編輯
地方制度改正大意 第3版〔昭和4年6月発行〕／狭間茂 著
改正 市町村会議提要 昭和4年初版〔昭和4年7月発行〕／山田民蔵 三浦教之 共著
市町村税戸数割正義 昭和4年再版〔昭和4年8月発行〕／田中廣太郎 著
倫敦の市制と市政 昭和4年初版〔昭和4年8月発行〕／小川市太郎 著
改正 市制町村制 並ニ 府県制 初版〔昭和4年10月発行〕／法律研究会 編
実例判例 市制町村制釈義 第4版〔昭和4年5月発行〕／梶康郎 著
新旧対照 市制町村制 並 附属法規〔昭和4年7月発行〕／良書普及会 著
市町村制ニ依ル 書式ノ草稿 及 実例〔昭和4年9月発行〕／加藤治彦 編
改訂増補 都市計画と法制 昭和4年改訂3版〔昭和4年10月発行〕／岡崎早太郎 著
いろは引市町村名索引〔昭和4年10月発行〕／杉田久信 著
市町村税務 昭和5年再版〔昭和5年1月発行〕／松岡由三郎 序 堀内正作 著
市会町村会 議事必携 訂正再版〔昭和5年2月発行〕／大塚辰治 著
市町村予算の見方 初版〔昭和5年3月発行〕／西野喜興作 著
市町村会議員 及 公民提要 初版〔昭和5年1月発行〕／自治行政事務研究会 編輯
地方事務叢書 第九編 市町村事務提要 第1分冊 初版〔昭和5年3月発行〕／村田福次郎 編
地方事務叢書 第九編 市町村事務提要 第2分冊 初版〔昭和5年3月発行〕／村田福次郎 編
町村会事務必携 昭和5年初版〔昭和5年7月発行〕／原田知壯 編著
改正 市制町村制解説〔昭和5年11月発行〕／挟間茂 校 土谷覺太郎 著
加除自在 参照條文附 市制町村制 附 関係法規〔昭和6年5月発行〕／矢島和三郎 編纂
地租法 耕地整理法 釈義〔昭和6年11月発行〕／唯野喜八 伊東久太郎 河沼高輝 共著
改正版 市制町村制 並ニ 府県制 及ビ重要関係法令〔昭和8年1月発行〕／法制堂出版 著
改正版 註釈の市制と町村制 最近の改正を含む〔昭和8年1月発行〕／法制堂出版 著
市制町村制 及 関係法令 第3版〔昭和9年5月発行〕／野田千太郎 編輯
実例判例 市制町村制釈義 昭和10年改正版〔昭和10年9月発行〕／梶康郎 著
改訂増補 市制町村制実例総覧 第一分冊〔昭和10年10月発行〕／良書普及会 編纂
改訂増補 市制町村制実例総覧 第二分冊〔昭和10年10月発行〕／良書普及会 編

信山社

日本立法資料全集 別巻

地方自治法研究復刊大系

旧制対照 改正市町村制 附 改正理由〔明治44年5月発行〕／博文館編輯局 編
改正 市制町村制〔明治44年5月発行〕／石田忠兵衛 編輯
改正 市制町村制詳解〔明治44年5月発行〕／坪谷善四郎 著
改正 市制町村制註釈〔明治44年5月発行〕／中村文城 註釈
改正 市制町村制正解〔明治44年6月発行〕／武知彌三郎 著
改正 市町村制講義〔明治44年6月発行〕／法典研究会 著
新旧対照 改正 市制町村制新釈 明治44年初版〔明治44年6月発行〕／佐藤貞雄 編纂
改正 町村制詳解〔明治44年8月発行〕／長峰安三郎 三浦通太 野田千太郎 著
新旧対照 市制町村制正文〔明治44年8月発行〕自治館編輯局 編纂
地方革新講話〔明治44年9月発行〕西内天行 著
改正 市制町村制釈義〔明治44年9月発行〕／中川健藏 宮内國太郎 他 著
改正 市制町村制正解 附 施行諸規則〔明治44年10月発行〕／福井淳 著
改正 市制町村制講義 附 施行諸規則 及 市町村事務摘要〔明治44年10月発行〕／樋山廣業 著
新旧比照 改正市制町村制註釈 附 改正北海道二級町村制〔明治44年11月発行〕／植田鹽惠 著
改正 市町村制 並 附属法規〔明治44年11月発行〕／楠綾雄 編輯
改正 市制町村制精義 全〔明治44年12月発行〕／平田東助 題字 梶康郎 著述
改正 市制町村制義解〔明治45年1月発行〕／行政法研究会 講述 藤田謙堂 監修
増訂 地方制度之栞 第13版〔明治45年2月発行〕／警眼社編集部 編纂
地方自治 及 振興策〔明治45年3月発行〕／床次竹二郎 著
改正 市制町村制正解 附 施行諸規則 第7版〔明治45年3月発行〕福井淳 著
改正 市制町村制講義 全 第４版〔明治45年3月発行〕秋野沆 著
増訂 農村自治之研究 大正2年第5版〔大正2年6月発行〕／山崎延吉 著
自治之開発訓練〔大正元年6月発行〕／井上友一 著
市制町村制逐條示解〔初版〕第一分冊〔大正元年9月発行〕／五十嵐鑛三郎 他 著
市制町村制逐條示解〔初版〕第二分冊〔大正元年9月発行〕／五十嵐鑛三郎 他 著
改正 市町村制問答説明 附 施行細則 訂正増補3版〔大正元年12月発行〕／平井千太郎 編纂
改正 市制町村制註釈 附 施行諸規則〔大正2年3月発行〕／中村文城 註釈
改正 市町村制正文 附 施行法〔大正2年5月発行〕／林甲子太郎 編輯
増訂 地方制度之栞 第18版〔大正2年6月発行〕／警眼社 編集 編纂
改正 市制町村制詳解 附 関係法規 第13版〔大正2年7月発行〕／坪谷善四郎 著
改正 市制町村制 第5版〔大正2年7月発行〕／修学堂 編
細密調査 市町村便覧 附 分類官公衙公私学校銀行所在地一覧表〔大正2年10月発行〕／白山榮一郎 監修 森田公美 編著
改正 市制 及 町村制 訂正10版〔大正3年7月発行〕／山野金蔵 編輯
市制町村制正義〔第3版〕第一分冊〔大正3年10月発行〕／清水澄 末松偕一郎 他 著
市制町村制正義〔第3版〕第二分冊〔大正3年10月発行〕／清水澄 末松偕一郎 他 著
改正 市制町村制 及 附属法令〔大正3年11月発行〕／市町村雑誌社 編著
以呂波引 町村便覧〔大正4年2月発行〕／田山宗堯 編輯
改正 市制町村制講義 第10版〔大正5年6月発行〕／秋野沆 著
市制町村制実例大全〔第3版〕第一分冊〔大正5年9月発行〕／五十嵐鑛三郎 著
市制町村制実例大全〔第3版〕第二分冊〔大正5年9月発行〕／五十嵐鑛三郎 著
市町村名辞典〔大正5年10月発行〕／杉野耕三郎 編
市町村吏員提要 第3版〔大正6年12月発行〕／田邊好一 著
改正 市制町村制と衆議院議員選挙法〔大正6年2月発行〕／服部喜太郎 編輯
新旧対照 改正 市制町村制新釈 附 施行細則 及 執務條規〔大正6年5月発行〕／佐藤貞雄 編纂
増訂 地方制度之栞 大正6年第44版〔大正6年5月発行〕／警眼社編輯部 編纂
実地応用 町村制問答 第2版〔大正6年7月発行〕／市町村雑誌社 編纂
帝国市町村便覧〔大正6年9月発行〕／大西林五郎 編
地方自治講話〔大正7年12月発行〕／田中四郎左右衛門 編輯
最近検定 市町村名鑑 附 官国幣社及諸学校所在地一覧〔大正7年12月発行〕／藤澤衛彦 著
農村自治之研究 明治41年再版〔明治41年10月発行〕／山崎延吉 著
市制町村制講義〔大正8年1月発行〕／樋山廣業 著
改正 町村制詳解 第13版〔大正8年6月発行〕／長峰安三郎 三浦通太 野田千太郎 著
改正 市町村制註釈〔大正10年6月発行〕／田村浩 編集
大改正 市制 及 町村制〔大正10年6月発行〕／一書堂書店 編
市制町村制 並 附属法 訂正再版〔大正10年8月発行〕／自治館編集局 編纂
改正 市町村制詳解〔大正10年11月発行〕／相馬昌三 菊池武夫 著
増補訂正 町村制詳解 第15版〔大正10年11月発行〕／長峰安三郎 三浦通太 野田千太郎 著
地方施設改良 訓諭演説集 第6版〔大正10年11月発行〕／鹽川玉江 編輯
戸数割規則正義 大正11年増補四版〔大正11年4月発行〕／田中廣太郎 著 近藤行太郎 著
東京市会先例彙輯〔大正11年6月発行〕／八田五三 編纂
市町村国税事務取扱手続〔大正11年8月発行〕／広島財務研究会 編纂
自治行政資料 斗米遺粒〔大正12年6月発行〕／樫田三郎 著
市町村大字読方名彙 大正12年度版〔大正12年6月発行〕／小川琢治 著
地方自治制要義 全〔大正12年7月発行〕／末松偕一郎 著
北海道市町村財政便覧 大正12年初版〔大正12年8月発行〕／川西輝昌 編纂
東京市政論 大正12年初版〔大正12年12月発行〕／東京市政調査会 編輯
帝国地方自治団体発達史 第3版〔大正13年3月発行〕／佐藤亀齢 編輯
自治制の活用と人 第3版〔大正13年4月発行〕／水野錬太郎 述

信山社

日本立法資料全集 別巻

地方自治法研究復刊大系

日本之法律 府県制郡制正解〔明治23年5月発行〕／宮川大壽 編輯
府県制郡制註釈〔明治23年6月発行〕／田島彦四郎 註釈
日本法典全書 第一編 府県制郡制註釈〔明治23年6月発行〕／坪谷善四郎 著
府県制郡制義解 全〔明治23年6月発行〕／北野竹次郎 編著
市町村役場実用 完〔明治23年7月発行〕／福井淳 編纂
市町村制実務要書 上巻 再版〔明治24年1月発行〕／田中知邦 編纂
市町村制実務要書 下巻 再版〔明治24年3月発行〕／田中知邦 編纂
米国地方制度 全〔明治32年9月発行〕／板垣退助 序 根本正 纂訳
公民必携 市町村制実用 全 増補第3版〔明治25年3月発行〕／進藤彬 著
訂正増補 議制全書 第3版〔明治25年4月発行〕／岩藤良太 編纂
市町村制実務要書続編 全〔明治25年5月発行〕／田中知邦 著
地方學事法規〔明治25年5月発行〕／鶴鳴社 編
増補 町村制執務備考 全〔明治25年10月発行〕／増澤鐵 國吉拓郎 同輯
町村制執務要録 全〔明治25年12月発行〕／鷹巣清二郎 編輯
府県制郡制便覧 明治27年初版〔明治27年3月発行〕／須田健吉 編輯
郡市町村史員 収税実務要書〔明治27年11月発行〕／荻野千之助 編纂
改訂増補鼇頭参照 市町村制講義 第9版〔明治28年5月発行〕／蟻川堅治 講述
改正増補 市町村制実務要書 上巻〔明治29年4月発行〕／田中知邦 編纂
市町村制詳解 附 理由書 改正再版〔明治29年5月発行〕／島村文耕 校閲 福井淳 著述
改正増補 市町村制実務要書 下巻〔明治29年7月発行〕／田中知邦 編纂
府県制 郡制 町村制 新税法 公民之友 完〔明治29年8月発行〕／内田安蔵 五十野譲 著述
市制町村制註釈 附 市制町村制理由 第14版〔明治29年11月発行〕／坪谷善四郎 著
府県制郡制註釈〔明治30年9月発行〕／岸本辰雄 校閲 林信重 註釈
市町村新旧対照一覧〔明治30年9月発行〕／中村芳松 編輯
町村至宝〔明治30年9月発行〕／品川彌二郎 題字 元田肇 序文 桂虎次郎 編纂
市制町村制應用大全 完〔明治31年4月発行〕／島田三郎 序 大西多典 編纂
傍訓註釈 市制町村制 並ニ 理由書〔明治31年12月発行〕／筒井時治 著
改正 府県郡制問答講義〔明治32年4月発行〕／木内英雄 編纂
改正 府県制郡制正文〔明治32年4月発行〕／大塚宇三郎 編纂
府県制郡制〔明治32年4月発行〕／徳田文雄 編輯
郡制府県制 完〔明治32年5月発行〕／魚住嘉三郎 編輯
参照比較 市町村制註釈 附 問答理由 第10版〔明治32年6月発行〕／山中兵吉 著述
改正 府県制郡制註釈 第2版〔明治32年6月発行〕／福井淳 著
府県制郡制釈義 全 第3版〔明治32年7月発行〕／栗本勇之助 森惣之祐 同著
改正 府県制郡制註釈 第3版〔明治32年8月発行〕／福井淳 著
地方制度通 全〔明治32年9月発行〕／上山満之進 著
市町村新旧対照一覧 訂正第五版〔明治32年9月発行〕／中村芳松 編輯
改正 府県制郡制 並 関係法規〔明治32年9月発行〕／鷲見金三郎 編纂
改正 府県制郡制釈義 再版〔明治32年11月発行〕／坪谷善四郎 著
改正 府県制郡制釈義 第3版〔明治34年2月発行〕／坪谷善四郎 著
再版 市町村制例規〔明治34年11月発行〕／野元友三郎 編纂
地方制度実例総覧〔明治34年12月発行〕／南浦西郷侯爵 題字 自治館編集局 編纂
傍訓 市制町村制註釈〔明治35年3月発行〕／福井淳 著
地方自治提要 全〔明治35年5月発行〕／木村時義 校閲 吉武則久 編纂
市制町村制釈義〔明治35年6月発行〕／坪谷善四郎 著
帝国議会 府県会 郡会 市町村会 議員必携 附 関係法規 第一分冊〔明治36年5月発行〕／小原新三 口述
帝国議会 府県会 郡会 市町村会 議員必携 附 関係法規 第二分冊〔明治36年5月発行〕／小原新三 口述
地方制度実例総覧〔明治36年8月発行〕／芳川顯正 題字 山脇玄 序文 金田謙 著
市町村是〔明治36年11月発行〕／野田千太郎 編纂
市制町村制釈義 明治37年第4版〔明治37年6月発行〕／坪谷善四郎 著
府県郡市町村 模範治績 附 耕地整理法 産業組合法 附属法例〔明治39年2月発行〕／荻野千之助 編輯
自治之模範〔明治39年6月発行〕／江木翼 編
改正 市制町村制〔明治40年6月発行〕／辻本末吉 編輯
実用 北海道郡区町村案内 全 附 里程表 第7版〔明治40年9月発行〕／廣瀬清澄 著述
自治行政例規 全〔明治40年10月発行〕／市町村雑誌社 編著
改正 府県制郡制要義 第4版〔明治40年12月発行〕／美濃部達吉 著
判例挿入 自治法規全集 全〔明治41年6月発行〕／池田繁太郎 著
市町村執務要覧 全 第一分冊〔明治42年6月発行〕／大成会編輯局 編輯
市町村執務要覧 全 第二分冊〔明治42年6月発行〕／大成会編輯局 編輯比較研究
自治要義 明治43年再版〔明治43年3月発行〕／井上友一 著
自治之精髄〔明治43年4月発行〕／水野錬太郎 著
市制町村制講義 全〔明治43年6月発行〕／秋野沆 著
改正 市制町村制講義 第4版〔明治43年6月発行〕／土清水幸一 著
地方自治の手引〔明治44年3月発行〕／前田宇治郎 著
新旧対照 市制町村制 及 理由 第9版〔明治44年4月発行〕／荒川五郎 著
改正 市制町村制 附 改正要義〔明治44年4月発行〕／田山宗尭 編輯
改正 市町村制問答説明 明治44年初版〔明治44年4月発行〕／一木千太郎 編纂
改正 市制町村制〔明治44年4月発行〕／田山宗尭 編輯

信山社